U1000282

即需服务平台的运营策略优化研究

Research on Optimization of Operation Strategies in the On-demand Service Platform

陈铭洋◎著

中国经济出版社
CHINA ECONOMIC PUBLISHING HOUSE
·北京·

图书在版编目(CIP)数据

即需服务平台的运营策略优化研究 / 陈铭洋著. --
北京：中国经济出版社，2023.7
ISBN 978-7-5136-7392-1

Ⅰ. ①即… Ⅱ. ①陈… Ⅲ. ①电子商务-运营管理
Ⅳ. ①F713.365.1

中国国家版本馆 CIP 数据核字(2023)第 127920 号

责任编辑　陈　瑞
责任印制　马小宾
封面设计　任燕飞

出版发行　中国经济出版社
印 刷 者　北京力信诚印刷有限公司
经 销 者　各地新华书店
开　　本　710mm×1000mm　1/16
印　　张　14.75
字　　数　214 千字
版　　次　2023 年 7 月第 1 版
印　　次　2023 年 7 月第 1 次
定　　价　79.00 元
广告经营许可证　京西工商广字第 8179 号

中国经济出版社　**网址** www.economyph.com　**社址** 北京市东城区安定门外大街 58 号　**邮编** 100011
本版图书如存在印装质量问题，请与本社销售中心联系调换(联系电话：010-57512564)

前言

PREFACE

物联网、云计算、大数据以及移动互联网等信息技术的推动和移动通信的创新，使得传统租赁市场中所有者持有资产并将其出租这一性质发生改变，取而代之的是基于平台以使用权分享为特征的新型租赁市场，这些平台依托互联网且允许用户共享和利用闲置的资产，该商业模式下的市场被称为共享经济市场。目前，随着全球经济衰退和对产品可持续性的社会关注度增加，共享经济逐渐呈现惊人的增长速度。腾讯研究院发布的《中国分享经济风潮全景解读报告》中提到：共享经济的风潮已经席卷全球，在美洲、欧洲、亚洲、大洋洲和非洲都有了长足的发展。同样在国内，共享经济也在迅速地成长。国家信息中心分享经济研究中心最新发布的《中国共享经济发展年度报告(2023)》中显示：2022年我国共享经济市场交易规模约为38320亿元，同比增长约3.9%。

共享经济的不断发展促使不同行业中即需服务平台(On-demand Service Platform)的出现和成长，这类平台具有典型的双边市场特性，它们不拥有提供服务的资源，通过移动设备将需求者与空闲的服务提供者进行匹配且在服务完成后抽取一定比例的佣金，同时服务提供者还享有灵活的工作时间。这些特点使得即需服务平台实现了规模经济和迅速扩张。然而，在即需服务逐渐兴起的背后，也伴随着一系列与平台运营策略相关问题的出现且这些问题具有鲜明的双边市场和共享经济特点，从而影响系统中各利益相关者的决策行为。鉴于以往有关传统企业运营管理问题的研究不能较好适用于共享经济情境，本书将利用博弈论、合同理论和前景理论等一些理论方法研究即需服务平台的运营策略优化问题。

本书共计7章。第1章概述了即需服务平台出现的背景和其运营的特点，从而引入对该平台运营策略优化的研究动机，同时还介绍了本书的研究意义和研究方法。第2章从与本书工作相关的四个方面出发回顾和综述研究基础和研究现状，并对比本书研究的不同之处。第3~6章通过建立相关的定量分析模式较为详细地分析了即需服务平台的运营策略优化。其中，第3章和第4章涉及信息披露策略优化（第3章针对即需服务平台出现的不同目的地信息分享模式，研究平台上服务提供者不同的接单模式选择对系统中各利益相关者最优决策和收益的影响；第4章针对即需服务平台之间出现的串谋行为，分析不同的平台串谋类型对系统中成员间信息共享、平台定价策略和服务提供者收益的影响）。第5章和第6章涉及定价策略优化（第5章针对即需服务平台在不同峰期设置的差别定价，探究平台采用基于溢价因子和统一的定价策略对各成员最优决策的影响以及不同定价策略的最优适用区间；第6章利用前景理论的参考点解释了即需服务平台的决策者在不确定需求时表现出与无风险时不一致的行为，同时分析具有参考依赖偏好的平台对服务提供者的能力管理和最优定价策略的影响）。第7章总结了本书的主要内容和管理启示，并展望了即需服务平台运营管理问题的未来研究方向。

本书是笔者在攻读博士阶段的部分研究成果，在此感谢导师赵道致教授（天津大学）的支持和指导。我还要特别感谢法国里昂商学院的龚业明教授、欧洲高等商学院的Yacine Rekik教授和西北工业大学的洪兆富教授等专家学者的支持和帮助，他们对部分章节的问题提出、模型设计和算例改进等方面提供了具有建设性的建议，本书的形成也融入了部分前期大家一起研讨或项目合作的成果。本书的出版得到了教育部人文社会科学研究青年项目（编号：22YJC630009）、河南省哲学社会科学规划项目（编号：2022CJJ132）和河南省重点研发与推广专项（软科学研究）（编号：222400410164）等项目的资助。同时，河南大学商学院和天津大学管理与经济学部也给予了大力支持。在本书出版过程中，中国经济出版社的编辑同志们提出了不少中肯的建议，还有很多同事和朋友也以不同形式提供了帮助，在此就不一一列举，一并表示感谢。

本书内容反映了个人的学术观点，其中难免会存在疏漏或不足之处，敬请学术界同人和读者给予批评指正。

陈铭洋

2023 年 5 月于郑州

目 录
CONTENTS

第1章

绪 论

1.1 研究背景与研究动机

随着移动通信技术的创新，大多数人开始习惯于在需要用车时使用Uber和滴滴出行等出行服务，有做家务的需求时尝试TaskRabbit和Handy等跑腿服务，有用餐的需求时选择UberEats和Yelp Eat24等送餐服务……人们在享受这些服务带来便捷的同时，也可以利用自己的空闲时间或闲置的资源转变为服务提供者以获取额外的收入，而且他们不再受传统固定雇佣合同的限制，享有灵活的工作制度[1]，即可以决定自己的工作时间和工作地点。上述现象产生的背后，都离不开这样一种类型的服务平台：它们本身不拥有提供服务的能力资源，却能够快速地连接需求者和服务提供者。该类型的平台被称为即需服务平台(On-demand Service Platform)①，即将独立的服务提供者与对时间敏感的需求者连接起来的平台[4]，故这里的即需服务平台是一种通过整合闲置或剩余资源后能够及时地提供服务以满足用户需求的移动互联平台。即需服务平台的发展得益于全球不断“蔓延”的共享经济，其迅速地成长推动作为共享经济平台类型之一的即需服务平台持续地向不同领域扩张[5]，而且已经成为共享经济的重要组成部分[6]。现实生活中该类型的平台涉及各行各业，除了上述的交通、跑腿和送餐行业以外，还包括服装行业的Tradesy和Kidizen；快递配送行业的Instacart和Postmates以及短期贷款行业的Lending Club和Funding Circle等[7]。其

① 即需服务是即需经济的一种表现形式，即由数字化市场催生出的一种通过提供即时服务和产品来满足消费者需求的经济活动[2,3]。因此，本书将“On-demand”翻译为“即需”其实是指能够随时随地即刻地满足消费者的需求，更强调提供服务的及时性。

中，由于家用汽车本身较低的利用率①，所以使得即需打车服务迅速崛起并成为即需服务平台中最具有代表性的一类平台[8]。这些平台的出现不仅改变了人们的生活习惯和消费方式，还创造出巨大的经济价值[9]。

与传统服务平台和其他共享经济平台不同，即需服务平台有着自己的特点，①高响应性：它们运营在需求不确定的双边市场中，不占有资源只是充当中介，它们可以设定价格和收取佣金[2]，并且提供"瞬时"和无差异的服务[10]，即平台能够为需求者匹配邻近的服务提供者以最大限度地减少等待时间[11]，进而改善服务体验，例如：即需制造平台 3D Hubs 为需求者匹配附近的服务提供者②。另外，即需服务平台还能够在短时间内形成较大的资源能力池使得供给增长率增加以更好地实现资源配置[12]。②服务提供者的独立性：即需服务平台的服务能力不仅影响需求和受价格或补贴的间接控制，还具有自调度(Self-scheduling)③特点，这是因为服务提供者通常存在异质的机会成本，故而他们在平台上的工作时间因人而异且在异质的工作地点和时间提供异质的服务质量[4]。为了吸引独立的服务提供者积极地加入，平台往往给予参与服务的提供者一定数量的补贴，例如：Uber在特定时期为司机提供的接单补贴[15,16]。③双方参与者的敏感性：需求者在得到服务之前不仅关注价格，还留意服务的质量和服务前的等待时间[3]。与此同时，考虑到服务提供者只有在工作时才能得到收益，所以他们对完成服务后获得的收入和工作时间更为敏感，即根据自己的预留收益选择是否提供服务。当所得收入高于预留收益时，他们才加入平台并提供服务。以上特点使得即需服务平台既可以为服务提供者提供灵活的工作时间和丰厚的收入，又能满足对时间敏感需求者的需求，所以得到许多业内

① http://content.time.com/time/specials/packages/article/0,28804,2094921_2094923_2106141,00.html.

② https://help.3dhubs.com/help-center/about-3d-hubs/about-3d-hubs.

③ 随着零工经济潮流的来临，企业提供服务的方式发生了新的变化，由原有的安排工人轮班提供服务(例如：Munchery 和 Shyp 等[13])转变为允许工人无须事先通知公司独立地安排自己的工作时间。长此以往，企业的角色逐渐平台化，仅负责将现有的服务提供者与需要服务的需求者进行匹配即可。Cachon 等在"Sharing Economy:Making Supply Meet Demand[14]"中将这种关系描述为"Self-scheduling"。

人士和消费者的认可。

然而即需服务平台的特点和一些外部因素的形成在改变其商业模式选择的同时，也为平台的运营策略选择带来了新的挑战，从而影响整个系统的优化和各利益相关者的决策行为。首先，滴滴与快的、滴滴出行与Uber的合并以及一些打车平台在国内多个城市不约而同地出现涨价的行为，都间接流露着即需服务平台之间串谋①的嫌疑，这种形式的串谋不仅严重违反国家反垄断法的规定，还对系统中成员间的信息交换方式产生影响。其次，一些即需服务平台(例如：滴滴出行)在运营初期选择接单前的目的地可见模式，即服务提供者在接单之前可以看到需求者行程的目的地信息。还有一些平台(例如：Uber)却采用接单后目的地可见模式，这样防止服务提供者在获取需求者的行程距离后出现歧视行为②。不同接单模式的选择将直接影响系统中各利益相关者的优化行为以及平台的运营和获利。再次，为了更好缓解高峰期激增的需求，即需服务平台通常根据峰期设置不同的定价策略(例如：Uber和滴滴出行等平台根据峰期进行歧视定价，需求者在高峰期必须接受溢价后才能得到服务[1]。蚂蚁短租和小猪短租等平台往往采用统一的定价)。不同的定价策略也会改变各利益相关者的加入选择行为，从而影响平台优化其运营策略。最后，根据双边市场的特性，服务提供者一般先于需求者到达，所以平台在运营之前需要确定其服务能力池的大小。同时，不确定的市场需求为即需服务平台带来不同程度和类型的风险，使得决策者的行为偏离其在无风险时的行为，这将影响服务平台的能力管理和整个系统的运营优化。本书对上述问题进行整理后，发现即需服务平台在运营中可能面临如下四类情境的优化问题，其中前两类涉及运营策略中的信息披露问题，后两类涉及运营策略中的定价问题：

第一类情境为在不同的需求者目的地信息分享模式下即需服务平台的

---

① 本书将企业之间相互联合以获得较高利润的这一做法视为串谋，而非企业之间的合作，这是因为本书提到的企业均通过交流价格后控制市场，从而形成垄断和危害参与者。同样地，Tirole[17]在其 *The Theory of Industrial Organization* 一书中也将企业的该行为定义为串谋或合谋。

② https://hbr.org/2016/04/the-truth-about-how-ubers-app-manages-drivers

运营策略优化问题。主要结合即需服务中最具有代表性的打车服务的运营特点，考虑平台中存在两种需求者的目的地信息分享方式：接单前目的地可见和接单后目的地可见。但随着平台的逐渐成熟和为了激励更多服务提供者加入平台，接单前目的地可见已经逐步替代或不完全替代接单后目的地可见。虽然这种模式对服务提供者有利，但可能损害了需求者的利益。因此，当即需服务平台面临两种不同获取时间的目的地信息模式时，应该如何选择？不同的信息获取时间如何影响各利益相关者的最优决策？针对以上问题，目前文献还没有关注即需服务平台的目的地信息获取时间。因此，考虑即需服务平台的不同目的地信息分享模式，探究不同模式对各利益相关者影响，这对研究即需服务平台的运营优化问题具有一定的现实意义。

第二类情境为即需服务平台串谋下的运营策略优化问题。当平台之间出现串谋时，串谋的方式可能为默契串谋或明显串谋，不同类型的串谋是否会影响系统的信息共享策略？鉴于无论哪种串谋类型都直接或者间接地违反了《中华人民共和国反垄断法》(简称《反垄断法》)、损害了需求者的利益，所以即需服务平台应该如何协调各成员以及反垄断机构是否能够根据平台之间信息共享的形式以阻止默契串谋的产生？针对以上问题，目前的研究较多关注批发价契约下传统供应链成员间的串谋，少有涉及即需服务平台。由于供应链和即需服务平台均是由多个相关组织组成的网络[18]，二者不同之处在于即需服务平台采用一种类似于收益共享契约的佣金合同，即在每次服务完成后平台会抽取一定比例的服务费用作为佣金。因此，可以借助供应链的理论对即需服务平台明显串谋和默契串谋下的信息共享策略问题进行研究。

第三类情境为不同定价策略下即需服务平台的运营策略优化问题。为了保障即需服务市场的运营更加高效，一些平台(特别是即需服务打车平台)往往在高峰期采用一种基于溢价因子的定价方式，即在非高峰期设置较低的价格，在高峰期需求者需要支付较高的费用且该费用等于非高峰期的价格乘以溢价因子。因此，相比于统一的定价方式，即平台在高峰期和非高峰期使用相同的价格，平台采用基于溢价因子的定价方式是否能够获得较大的收益？服务提供者是否可以得到更多的收益？不同定价策略是否存在最优的适用区间？针对以上问题，虽然有较多文献关注即需服务平台的定价策略问题，但还没有研究基于溢价因子的定价策略。鉴于溢价因子和统一的定价策略普遍存在于较多的即需服务平台中，有必要对比分析这两种定价策略下各利益相关者的优化决策问题。

第四类情境为具有参考依赖偏好下即需服务平台的运营策略优化问题。不确定的市场需求既为即需服务平台带来不同类型的风险(供过于求和供不应求的风险)，又影响了平台的能力管理(如何选择最优的能力池以服务需求者)。另外，理性的决策者在一般情况下不会选择零利润作为参考点，往往将能实现的最大期望利润和最小期望利润的加权平均数视为参考点的最佳选择。以上特点影响了决策者的期望效用，故直接改变其优化决策行为。如果平台仍然按照期望利润最大化的原则优化整个系统，是否对其最优决策产生一定的偏差？针对这些问题，目前的文献还没有关注在具有参考依赖偏好下即需服务平台的能力管理问题。因此，借助前景理论分析平台决策者在面对风险时出现的一些偏离行为，并研究参考点选择对即需服务平台的最优策略和期望利润的影响具有一定的实际意义。

1.2 研究目的与研究意义

本书以现实生活中常见的即需服务平台为研究对象，基于博弈论、合同理论和前景理论等理论描述系统中各利益相关者的最优策略和行为，在此基础上进一步研究即需服务平台的运营策略优化问题。本书旨在通过分析即需服务平台在四类情境下不同的运营特点，探究它们对系统中各利益相关者优化决策的影响并试图发现不同情境下占优策略的适用区间，为即需服务平台的运营策略选择和其他参与者的决策提供一定的建议。

本书主要的理论意义和实际意义如下：

(1)丰富与即需经济相关的研究并为平台的运营策略优化提供依据

目前与即需经济相关的研究更多集中在利用排队理论分析即需服务平

台的定价策略和网络外部性问题或是利用实证研究的方法分析平台供需双方的关系，但本书以博弈论为理论基础综合考虑即需服务平台的运营策略优化问题，探讨委托代理、信息分享、定价策略和参考效用对平台中各利益相关者决策行为的影响。以上问题正是即需服务平台在实际运营时所需要面临的，因此将其纳入即需服务平台运营策略优化进行分析时，更加丰富了对即需经济的研究。另外，近年来信息技术的快速发展也为即需服务平台的资源配置方式与运营管理带来新的问题和产生全方位、深刻的影响，这些新问题是现有文献所不能全部涵盖的。本书在围绕以上问题进行分析时，也为即需服务平台和其运营决策提供理论支持，并丰富运营管理理论。

(2)扩展和补充与双边市场相关的研究并丰富供应链管理理论

由于即需服务平台可以视为由多个相关组织组成的网络，所以它既是一个特殊的双边市场，又是一种新型的网格化云供应链。因此，即需服务平台兼具双边市场和传统供应链的一些共性，但同时与二者也有着部分的差异：服务能力和市场需求相互牵制；服务能力由价格间接控制；服务能力和需求在时间和空间上发生变化。鉴于此，本书在对即需服务平台的运营优化问题进行研究时不仅需要借助传统的双边市场和供应链理论，还根据平台运营的特性结合了其他理论。例如：企业行为理论和前景理论等，这样促进了对多学科交叉领域的研究，丰富了双边市场和供应链理论。

(3)对市场中各利益相关者的决策和市场的监管具有积极的指导意义

通过对平台之间不同类型串谋的研究，为政府和反垄断机构的政策制定提供了建议，使之有效地监管平台并维持正常的市场秩序。通过对平台不同目的地信息分享模式和高峰期歧视定价策略的研究，可以为系统中各利益相关者的决策提供依据，避免他们做出不利的选择。通过对参考依赖偏好下平台能力管理问题的研究，能够为平台的决策者提供参考，使其规避不确定环境带来的决策偏差并制订最优的招募计划，促使平台维持较强的市场竞争力。综上所述，本书的研究为平台企业的决策者在制定运营策略时提供理论上的依据，同时也为政府的监管工作带来一定启示。

1.3 研究内容

本书的研究内容分为以下7章：

第1章绪论部分首先介绍即需服务平台的运营策略优化问题产生的研究背景和研究动机；其次，在此基础上，详细指出本书的研究目的与研究意义；最后，说明本书所要研究的内容和使用的具体研究方法。

第2章分别从与双边市场相关的研究、即需服务平台相关的研究、信息共享相关的研究和能力管理问题相关的研究这四个方面介绍相关理论和回顾已有的文献并对它们进行分析总结，为后续章节的研究奠定理论基础；同时，又对四个方面的理论和文献进行细分，其中与双边市场相关的研究主要分为：双边市场的外部性和定价策略的研究；即需服务平台相关的研究主要分为：高峰负荷定价（Peak-load）策略相关的研究、与即需服务平台峰时（Surge）定价①相关的研究和即需服务平台自调度能力相关的研究；信息共享相关的研究主要分为：有关信息获取、信息泄露、信息共享和串谋问题的研究；能力管理问题相关的研究主要包括：基于参考点选择的能力管理问题研究和基于平台的能力管理问题研究。

第3章以即需服务平台分别向服务提供者分享两种不同的需求者目的地信息为研究背景，利用博弈论的方法分析即需服务平台事前的目的地信息模式和事后的目的地信息模式。本章首先构建平台、服务提供者和需求者在两种信息分享模式下的优化模型；其次比较不同模式下的均衡解并发现系统中各利益相关者选择哪种模型最优；最后将基本模型进行扩展，分析最优策略的变化问题。

第4章以两个即需服务平台之间出现的串谋行为为背景，利用博弈论和合同理论的方法研究即需服务平台之间的信息泄露和串谋行为。本章首

---

① 峰时定价出现在Uber平台中，当某一地区的乘客数量大于提供服务的司机数量时，峰时定价将自动生效。这种定价策略既可以转移消费者的乘车需求，又能够鼓励更多的司机随着时间的推移前往繁忙的地区，所以稳定了市场的供需关系。

先考虑两种类型的串谋和两种形式的信息共享方式，即默契串谋和明显串谋中纵向的信息共享和无纵向的信息共享四种情况；其次，求解和对比不同情况下各利益相关者的最优决策值和最优期望利润；最后，将原有的模型进行扩展并得出新的管理启示。

第 5 章以即需服务平台在高峰期采用的一种基于溢价因子的定价策略为研究对象，具体分析即需服务平台统一定价策略和基于溢价因子定价策略下各利益相关者的优化决策问题。本章首先基于博弈论的方法构建两种定价策略的基本模型；其次分别对每种模型下各利益相关者的最优决策行为进行分析，并比较不同模型下的均衡策略；最后将基本模型扩展后检验其鲁棒性，并得到新的管理启示。

第 6 章研究了参考依赖偏好对即需服务平台能力管理的影响。本章首先分别构建基于期望收益最大化和期望效用最大化为目标的即需服务平台情境，平台在不同情境下通过选择最优的定价策略以间接控制市场中服务提供者的数量；其次对比分析不同情况下的最优策略和期望收益并得出相应的结论；最后将基本模型进行扩展并检验每种扩展下模型的鲁棒性问题。

第 7 章是对前 6 章研究工作的梳理与总结，给出主体章节相应的管理启示，同时指出本书研究存在的不足和今后的研究方向。

1.4 研究方法

本书基于国内外与即需服务平台相关的已有文献，综合运用合同理论、博弈论、前景理论、产业组织理论、信息经济学和市场设计理论等相关理论以及定性和定量的研究方法，分析即需服务平台的运营策略优化问题，主要研究方法如下：

(1)定性研究法

本书通过回顾、整理和分析供应链管理、运营管理、博弈论和信息经济学等国内外的理论研究文献，结合即需服务平台所面临的运营管理实际问题，刻画出系统中各利益相关者的目标度量，定性剖析即需服务平台的运营策略优化问题以及各情境之间的相互作用和联系，对比已有的成果后找出现有研究的不足和缺陷，发现并提炼本书各章的研究问题，为后续定量研究奠定基础。在定量分析所得结果的基础上，又对其进行定性分析以得到更具普遍性的管理启示。

(2)定量研究法

本书第 3~6 章对一些基本参数和参数之间的关系进行刻画，并构建了相应的定量分析模型。首先，在信息披露策略下考虑不同目的地信息分享模式和成员串谋问题并对二者进行刻画，分别探讨它们对即需服务平台运营策略优化的影响，其中第 4 章分别利用博弈论中无限期的单阶段偏离法则和委托代理理论进行模型的构建和求解；其次，在定价策略下分析基于溢价因子的定价问题和平台决策者的期望效用最大化问题，因而需要借助博弈论和前景理论对模型进行分析。此外，在构建模型的同时，还结合了产业组织理论、市场设计理论和信息经济学中的相关知识。

第2章

理论基础与文献综述

本书主要关注即需服务平台的运营策略优化问题。因此，本章将回顾和综述与本书研究相关领域的一些文献，发现本书的研究与已有文献的联系并对比其不同，从而显示本书所关注问题的创新性和研究的科学性与严谨性。本书的工作主要与以下四个研究方向有密切的联系：①与双边市场相关的研究：主要侧重回顾双边市场的外部性和定价策略问题；②与即需服务平台的相关研究：主要关注即需服务平台的高峰负荷定价、峰时定价和自调度能力问题；③与信息共享相关的研究：主要涉及信息获取、信息泄露以及信息共享与串谋问题；④与能力管理问题相关的研究：主要回顾与考虑参考点选择的能力管理问题和基于平台的能力管理问题相关的文献。

2.1 双边市场

双边市场是指平台提供某种服务以促进市场两边的贸易伙伴之间进行交易和交换。现实生活中的双边市场包括一些信用卡系统（持卡人和商户）、健康医疗平台（患者和医生）、电商平台（买家和商户）、旅行预订服务（旅行者和航空公司）、报纸（广告商和读者）以及房地产经纪人和其他中间商（买卖双方）等[19]。Rysman 将双边市场定义为具有如下特点的市场：交易双方需要通过平台建立联系且一方的决策将对另一方产生影响，一般情况下是通过外部性实现的[20]。一些早期的文章也同样包含类似的定义，如 Caillaud 和 Jullien[21]、Rochet 和 Tirole[22,23]、Armstrong[24]、Hagiu[25,26]、Armstrong 和 Wright[27] 及 Ambrus 和 Argenziano[28]。与传统市场不同，双边市场具有以下特征[25]：①平台是买方获取卖方产品的关键要素；②卖方先于买方到达市场；③平台可以同时向买卖双方收取固定费用以及在买卖双方的每次交易中收取变动的费用。导致以上行为出现的根本原因是交叉网络效应的存在，网络外部性也是双边市场中基于平台均衡价格的独有特征[29]。在一般的双边市场中，平台服务提供者的收益随着另一边使用该平台接受者数量的增加而增加[30]。即需服务平台也属于一种特殊的双边市场，因为它们需要一边面对服务需求者，另一边面对服务提供者[31]。它们负责匹配，如果供给端有较多的服务提供者加入平台，则需求端的需求者更有可能被匹配到[32]。因此，下面将分别对双边平台的外部性和定价策略进行综述。

2.1.1 双边市场的外部性

Katz 和 Shapiro 对网络外部性进行了分类，将其分为直接网络外部性和间接网络外部性[33-35]，直接网络外部性是指购买者的数量对产品质量产生的直接物理效果，间接网络外部性表示由于产品之间存在互补性和兼容性，使得消费者产品需求增加的同时也对其互补品的需求增加，从而形成的外部性效应[36]。根据网络外部性的作用范围又可以将其分为单边效应和交叉效应[37]。其中，单边效应是指由市场一边的用户影响同一边其他用户而产生的网络效应，交叉效应是指市场中一边的用户影响另一边的用户而产生的网络效应。由于作用效果的不同，因此产生四种网络效应，即：正单边效应、负单边效应、正交叉效应和负交叉效应[38]。在经济学领域内，已有较多的文献研究关注网络外部性的影响：Katz 和 Shapiro 首次分析了网络外部性问题[36]；Fudenberg 和 Tirole 研究了双边市场中垄断在位者与潜在入侵者之间的竞争问题，他们明确地制定了一个在位者的定价策略以阻止入侵者带来的威胁[39]；Bhargava 和 Choudhary 研究了具有正间接网络外部性信息中介商的最优质量和定价策略问题，研究发现：中介会倾向于提供高质量差异化的服务[40]；Gallaugher 和 Wang 在 Web 服务软件的双边市场背景下，利用实证的方法分析了包括网络外部性在内的不同因素对软件价格的影响[41]；Armstrong 构建了一个类似于 Lerner 指数的最优定价函数，分析需求的价格弹性和网络外部性如何共同影响平台的定价策略[24]；Jing 探讨网络外部性对产品线设计的影响[42]；Griva 和 Vettas 研究了特定产品网络效应下的价格竞争并强调消费者期望形成的作用[43]；Andersen 等研究了双边市场中硬件/软件平台的性能投资策略问题，并发现较强的交叉网络外部性可能会对有关产品开发决策的传统观点产生误导[44]；Kung 和 Zhong 研究了考虑网络外部性时双边平台的利润最大化问题，研究发现当无时间折扣且消费者的订购频率对价格不敏感时，三种策略是等价的[45]。

本书虽然没有用特定的数学符号在模型中刻画出网络外部性，但是即需服务平台本身就具有网络外部性。这是因为市场中服务提供者的数量和需求者的数量相互影响，即：如果市场中需求者的潜在数量增加，平台可能会选择招募更多的服务提供者加入，从而平衡供需关系[10]。鉴于本书四类情境中所建立的供需匹配关系可以间接反映出平台的网络外部性，所以本小节综述了双边市场中与网络外部性相关的研究。本书的工作与上述研究不同，因为在第 3 章中考虑了平台不同信息获取的时间因素。另外，第 5 章与上述研究也有不同，因为将平台的需求划分为高峰和非高峰的需求并且考虑了一种不同的需求者效用函数。

2.1.2　双边市场的定价策略

通常而言，双边市场的定价策略主要有四种：免费、收取注册费、收取交易费和两部收费制(注册费+交易费)[21]。其中，免费是指平台为了吸引某一边市场用户的加入，对其采用免费或者提供补贴的定价策略，例如即需服务平台对需求者提供一定程度的补贴；注册费是指平台向某一方或者双方收取相对固定的费用，采用这种定价策略的优势在于平台可以控制用户进入的门槛，从而调节市场中用户的数量和质量，例如一些网站的注册码制度；交易费用是指平台对其中一方市场的用户或者双方的用户按照交易次数或者金额来收取费用，从而达到盈利的目的，例如即需服务平台对服务提供者按交易次数来抽取佣金；两部收费制是指平台先向用户收取一定数量的注册费以获取消费其产品的权利，再按消费数量向用户收取交易费，例如迪士尼乐园和 IBM 的两部定价政策。在对双边市场的研究中，许多文献所关注的焦点是均衡价格的结构，目的是分析市场双方定价不对称等问题[46]，例如：为了吸引较多的需求者加入，平台对其进行补贴，这同时也吸引另一边服务提供者的加入。与本书相关的文献主要集中在两个方面，一是垄断情形下双边市场的定价策略问题：Rochet 和 Tirole 研究了银行成员对交换费的合作定价机制问题[47]；Rochet 和 Tirole 利用一个在不同竞争压力下具有两种交易类型的模型，分析 HAC(Honor-all-cards)规则的影响[48]；Hagiu 对比分析双边市场中垄断和竞争模式下平台的定价和承诺问题，研究发现：当垄断的平台面临不利的卖方期望时，它可能不会进行承诺；在竞争性平台上，承诺降低了排他性均衡的可能性，但不会影响多归属均衡[25]；Zhen 和 Garrett 分析了双边市场中的最优增长行为问题[49]。二是竞争情形下的价格策略问题：Hu 和 Zhou 考虑了平台的动态匹配需求和异构类型供给问题，研究表明：由于垂直和水平分组的类型不同，使得改进后的 Monge 条件可以被满足而且分别通过质量和距离确定优先级[50]；Cohen 和 Zhang 研究了双边平台之间竞争和合作的问题并设计了一种利润共享契约使得市场中的各部分都能够获利[51]；Bernstein 等研究了在单归属和多归属的环境中，平台之间竞争下的均衡价格问题，并分析在均衡时可能产生的供需结果[46]。

虽然上述文献都详细分析了双边市场中的定价问题，但是本书与它们也有不同的地方：在第 3 章考虑信息获取的时间问题，第 4 章结合信息共享与串谋分析双边市场的定价策略问题，第 5 章分析了溢价因子的问题，第 6 章中引入风险从而使得平台的决策目标不同，本书考虑的这些方面是上述文献所没有涉及的。

2.2 即需服务平台

“共享经济”一词在运营管理领域被认为是基于平台提供的即需获取资源服务而建立的一种商业模式，平台的目的是负责将诸多服务提供者与市场中的需求者相匹配[4]。作为共享经济重要组成部分的即需服务平台，由于其能够通过扩大能力供给和改进资源配置策略的方式提供高质量的服务，所以备受社会的青睐[52]，一些较为知名的即需服务平台有 Uber 和 3D Hubs 等。这些平台能够扩大能力供给的一个主要原因是服务提供者拥有自调度能力，即服务提供者摆脱了传统企业中轮班制的束缚，他们可以自己决定何时工作以及工作多久且不受平台的控制和约束[53]。这种灵活性使得服务提供者既能够调整自己的工作计划以覆盖高收入的需求时段，又可以根据工资率的实时变化进一步决定自己的工作时长[1]。同时，为了保证市场平稳地运转，即需服务平台往往还采用一种实时的定价策略——峰时定价以改善资源配置效率从而提高服务质量[54]。峰时定价的基本原理是平台根据当前区域的市场情况动态地调整服务费用①。通过峰时定价策略，平台在抑制需求和增加供给的双重作用下保证需求者合理的等待时间。该定价类似于一些服务能力有限的行业中使用的高峰负荷定价（例如：电力系统的峰谷定价），不同点在于即需服务平台可能在高峰期设置一个溢价因子[55]且该因子的信息能够在交易发生之前被供需双方所获取。综上所述，下面将从有关高峰负荷定价策略的研究、即需服务平台的峰时定价和服务提供者的自调度行为这三个方面展开评述。

2.2.1　高峰负荷定价策略

高峰负荷定价策略也称 Peak-load 定价，通常情况下使用这种定价策略的平台往往会在非高峰时段内提供较低的价格服务，而在高峰时段内提供较高的价格服务，该定价策略有助于缓解高峰时段内过量的需求[56]。高峰负荷定价策略经常应用在一些能力有限的服务中，例如电力、交通和石油的管道运输等[57]。在早期的经济研究中，已经有诸多专家学者广泛探索高峰负荷定价策略，例如：Houthakker[58]、Hirshleifer[59]、Boiteux[60]和 Williamson[61]。他们的贡献是在垄断性公共企业中发现均衡解的存在和唯一性。在有关高峰负荷定价策略的最新文献研究中：Zöttl 分析了企业在现货市场面临着需求波动且产品可存储性受到限制时的投资动机问题，研究

① http：//www.uber.com/drive/partner-app/how-surge-works/.

发现战略性的公司有动机对基础负荷技术进行过度投资[62]；Yang 等研究了考虑消费者行为下电力系统的高峰负荷定价问题，研究发现：适当地采用该定价策略可以为生产者和消费者创造双赢的局面[63]；Kim 等比较了双寡头垄断中的统一定价和高峰负荷定价策略，他们发现使用高峰负荷定价策略会令平台的收益减少，因为出现严重的价格竞争[64]；Dong 等分析了随机的市场需求下电力系统的高峰负荷定价策略和平稳定价策略问题，他们发现大多数情况下，电力公司在适用高峰负荷定价时对技术的需求比在平稳定价下的要少[65]；Grimm 等借助高峰负荷定价策略考虑了网络均衡的唯一性问题[66]；Yang 等考虑了电力系统的高峰负荷定价问题，他们发现有近三分之二的能源消费者愿意接受高峰负荷价格[67]；Eisenack 和 Mier 将高峰负荷定价理论扩展到考虑不同技术的生产可以在不同的速度范围内进行调整，研究表明如果能力的可调度性不同，则高峰负荷定价的一些标准结果将失效[68]。

尽管基于高峰负荷定价策略已经被普遍实践，但与即需服务平台相关的文献中很少有考虑到高峰时期溢价因子对定价的影响。对于这些即需服务平台而言，其价格包括非高峰时段的价格和非高峰时段价格乘以溢价因子的高峰时段价格。因此，本书第 5 章的工作需要考虑基于溢价因子的定价策略以丰富对高峰负荷定价策略的研究。

2.2.2 即需服务平台的峰时定价

即需服务平台与传统的服务模式有两点不同：一个双边匹配市场的中介企业[25,31]；另一个是需求者对服务延迟有较强的敏感性[69]。以上的不同会令其定价的方式发生改变从而影响整体利润。目前，与即需服务平台峰时定价相关的文献主要集中在两个方面：一方面与实证相关的研究：Hall 等借助案例分析研究 Uber 平台的峰时定价问题并给出平台采用峰时算法的有效性和优势[70]；Chen 和 Sheldon 研究了 Uber 平台中峰时定价对劳动力供给的影响，研究发现：司机在报酬较高时驾驶的时间更长，而且动态定价可以显著地提高许多市场的效率[1]；Cramer 和 Krueger 通过对五个城市的 UberX 司机与传统出租车司机的生产能力利用率进行比较，研究了即需打车服务相对于出租车的效率，他们发现四个因素可能有助于 UberX 司机拥有更高的生产能力利用率，其中包括柔性供给和峰时定价[71]；Cohen 等利用 Uber 的峰时定价和个人层面的丰富数据估计了消费者剩余[72]。另一方面的研究多涉及建模：Banerjee 等研究了打车平台的动态定价策略问题，研究发现相比于静态定价，动态定价策略不一定能带来更高的利润[31]；Bai 等分析了即需服务打车平台的最优定价、薪酬和盈余付出率问题[3]，研究发现当需求增加时，平台收取更高的价格是最优的且随着需求的增加、能力的减少或乘客对等待时间敏感程度的提高，平台应提供更高的支付比例；Courcoubetis 和 Dimakis 研究了峰时定价模式下给定服务提供者数量时乘客队列的稳定性问题[73]；Jacob 和 Roet-Green 研究了单独乘车和拼车对打车平台设定最优价格的影响，研究发现当司机可以独立地自由选择工作时间时，可用的车辆数是内生的且最优定价策略取决于司机的预留价格[74]；Guda 和 Subramanian 等研究了即需服务平台的动态定价和交流预测问题，研究发现当需求大于供给时，动态定价是有利的[2]。

虽然以上文献都分析了即需服务平台的峰时定价问题，但很少考虑溢价因子和峰期这两个因素对定价的影响。对于一般的即需服务平台而言，它们制定高峰期的价格是将基本价格乘以溢价因子后得到的。因此，本书第 5 章综合考虑以上两个因素。另外，本书第 6 章所关注的问题也与以上研究有两点的不同：一方面考虑了即需服务平台的定价问题；另一方面更关注平台的决策者在面对供给不足和需求不足这两种风险时的态度，并结合前景理论对比有无参考点情境下平台的最优策略。

2.2.3　即需服务平台的自调度能力

即需服务平台的一个重要特征是服务提供者相互独立[10]，即这些平台为服务提供者提供灵活的工作时间且服务提供者可以自行安排行程[75]。在最近一项对 Uber 司机的研究中，85%的受访者认为在自己日程安排中有更大的灵活性，这也是他们加入平台的动力[76]，原因是自调度可以帮助他们避免意外的劳动力市场冲击并在需要时改变供给。因此，对于与即需服务平台相关的研究而言，自调度有着重要的意义。然而，目前与自调度研究相关的文献数量还不多：Gurvich 等分析了当平台的服务提供者可以进行自调度时的能力管理问题，研究发现自调度对服务提供者是不利的，当服务提供者的工资水平非常低时，平台可以实现完全灵活的自调度[77]；Cachon 等发现所有的利益相关者可以从自调度中获利，而且动态定价对服务提供者和消费者都是有利的[9]；Taylor 研究了即需服务平台的两个特点——服务延迟的敏感性和参与人相互独立如何影响最优的单位服务价格和工资，研究发现当消费者价值的不确定度适中时，最优价格随着延迟灵敏度的增加而增加[10]；Dong 和 Ibrahim 利用排队论的方法研究了混合劳动力服务系统中的最优人员配置决策问题[78]；Hall 等考虑了费用突变对市场均衡结果的影响，发现打车市场中的司机劳动力供给是具有高度弹性的[79]；Zhong 等考虑了打车平台招募永久和临时服务提供者(自调度)两种方式，研究不同雇佣模式对各利益相关者的影响和平台的最优模式选择问题[80]；Zhou 等分析了具有自调度能力的即需服务平台的契约选择问题，他们将不同的契约进行对比从而发现其对各利益相关者的影响[81]。

本书的研究与以上文献有着显著不同的地方：在第 5 章考虑了非高峰期和高峰期对平台价格的影响，从而构建了一个基于溢价因子的定价策略模型。另外，本书第 6 章也考虑了即需服务平台的决策者面对风险时的态度和能力管理问题，所以决策者在做决策时需要基于期望效用最大化而非期望收益最大化。

2.3 信息共享

本书研究相关的另一个方面涉及信息共享。随着信息技术和网络经济的形成和快速发展，信息已经成为供应链赖以生存的重要资源，可以说信息共享已经成为决定供应链管理成败的关键因素[82]。因此，众多企业正在积极实现渠道成员间信息的交换，加强战略伙伴关系，提供信息流，降低不确定性，提高供应链绩效[83]，例如：Wal-Mart 公司能及时地将消费者的意见反馈给上游的厂商以帮助其不断完善产品；Dell 公司供应链中的

“交易引擎”信息平台等。供应链管理和信息技术管理在过去的十年里一直是热门的研究话题，并且还将继续受到专家和学者们的关注[84-86]。信息共享是供应链成员间协作的重要组成部分，根据成员对信息披露的时间可以将其分为事前的信息共享和事后的信息共享。根据节点成员之间的信息共享程度，又可以将其分为：所有成员之间都共享信息，所有成员之间都不共享信息和仅有部分成员之间进行信息交换。众所周知，纵向的信息共享不可避免地产生两种效应——直接效应和间接效应。其中直接效应直接作用于参与信息共享各方的收益，间接效应则表示其他竞争对手带来的影响[87]。因此，间接效应又称为信息泄露，即横向的信息泄露。这种横向信息交换可能出现串谋效应，从而影响系统中成员的信息共享策略[88]。目前，已经有诸多文献从不同方向研究供应链中信息共享的作用[89]。因此，从以下三个方面进行回顾：与信息获取相关的研究、与信息泄露相关的研究和供应链中的信息共享与串谋问题。

2.3.1　信息获取

有关信息获取的时间问题已经得到诸多学者和专家的广泛关注，并做了大量的相关研究[90]。其中，较多的工作涉及供应链信息获取的时间问题：Bikhchandani 和 Mamer 通过构建两种信息边际价值递减的模型，即事前信息和事后信息，分析了当决策者可以获取多个同分布的信息信号时信息边际价值递减的条件[91]；Guan 和 Chen 研究了垄断环境下信息获取时间对销售策略的影响，研究发现销售商在事后信息下可以获得更高的收益并维持产品的差异性，但有时事后信息激励了销售商获取信息并使其收益减小[90]；Marinovic 和 Sridhar 研究了一个依赖策略的认证者且具有较优信息企业的两种信息揭露问题，研究发现在事前模式下，有利的揭露比不利的揭露更具有信息性，在事后(事前)模式下，认证者有动机增加(降低)披露的精度[92]。另一类涉及委托代理模型和不同信息获取时间的机制设计问题：Bergemann 和 Välimäki 研究了信息获取中的机制设计问题，他们发现在私人价值环境下，Vickrey-Clark-Groves 竞价拍卖机制能够确保事前信息获取和事后信息获取都有效，但在共同价值下二者的效果不能很好地相一致，因此他们设计了一种机制以解决此问题[93]；Nafziger 构建了一个隐藏行动的委托代理模型且委托人能够获取代理人事先和事后的信息，分析委托代理问题中信息获取的时间问题，研究发现事前信息优于事后信息，因为决策者能够通过信息了解代理人的努力程度[94]；Krähmer 和 Strausz 研究了序贯筛查模型下的事后信息租金问题，其中代理人拥有事前和事后的信息[95]。

本书与之前的研究有所不同：首先，更加关注当前的热门话题——共享经济下的即需服务平台，并分析该平台不同信息披露模式对利益相关者的影响；其次，研究中提到的信息也与上述文献有所不同，因为涉及有关需求者目的地的信息，并且不受服务提供者努力程度的影响；最后，对于平台和服务提供者而言，事后信息不一定比事前信息更有利。

2.3.2 信息泄露

信息泄露的概念最早由 Li[87] 提出，他构建了一个市场需求不确定下零售商之间存在 Cournot 竞争的供应链系统，每个零售商从一个共同的供应商购买相同的产品。当他们与供应商共享信息时，需满足假设：①若存在需求信号，一般情况下企业能够收到，即信息获取不是一个决策变量；②共享或不共享信息的决定是事前，而非事后，即在获得需求(或成本)信号之前；③若信息被共享，则共享的信息是真实的。

当供应商制定批发价时(批发价是关于信息的函数)，那些选择不与供应商共享信息的零售商可以从批发价中推断出共享信息零售商的信息，Li[87] 将这种行为称为信息泄露，并且证明无信息共享是均衡情况，导致这个结果的一个可能原因是：供应商没有策略性，即没有制定一个模式去激励下游的零售商共享其需求信息。Zhang 将 Li[87] 的模型扩展为 Bertrand 和 Cournot 竞争下零售商之间的产品有部分替代和互补的情境，研究表明零售商不会自愿与供应商共享其私有需求信息，若存在一定的补贴或者其他激励行为，信息共享可以实现[96]；Li 和 Zhang 随后又考虑一个相似结构的供应链系统，研究不同类型的保密协议与信息共享的关系，研究表明当没有保密性时，信息共享不可能发生，因为这种行为有利于制造商但伤害零售商；当具有保密性且零售商间的竞争激烈时，供应链中双方都愿意参与信息共享[97]；Jain 等考虑了一个相同的情境，研究诱导供应链中各方共享真实信息的价格机制问题，并得到所有零售商在不同定价机制下共享信息的唯一纯策略纳什均衡情况[98]；Anand 和 Goyal 构建了一个在位零售商和入侵零售商的供应链系统且两个零售商有共同的制造商，当存在一个可能进入自己市场且将获得新需求信息的零售商时，共同的制造商可以将在位零售商的信息泄露给将要进入市场的零售商，研究表明制造商更愿意将信息泄露给入侵零售商，以加剧零售商间的竞争[99]；Jain 等研究了企业之间在与共同的供应商交易时是否应该隐瞒信息的问题，研究发现：信息隐藏不总是对先动者有利，并在最后设定新契约以分析供应商参与信息隐藏的激励问题[100]；Kong 等研究了收益共享契约是否能激励供应链中的信息共享和缓解信息泄露带来的负效应问题，研究表明在收益共享契约下，供应商和零售商之间的激励可以很好地统一，而且收益共享契约能够削弱供应商泄漏的动机[101]；Chen 和 Özer 将契约归为对上游保护的契约和对下游保护的契约，研究这两种契约对信息泄露的保护行为，研究证实契约是否可以抑制信息泄露仅取决于系统期望的供需不匹配成本如何在供应商和零售商之间进行分配，而非每部分的期望收益[102]；Shang 等研究了两个相互竞争的制造商通过一个共同零售商销售可替代产品的供应链中的信息共享问题[103]；Shamir 通过建立多个竞争的零售商和一个共同的制造商模型，研究了双渠道下卡特尔信息的策略泄露问题[88]。

本书的工作与上述文献不同，因为更关注即需服务市场下的信息泄露问题，而即需服务平台使用了类似传统供应链中的收益共享契约的佣金合同。尽管 Kong 等[101]已经研究了收益共享契约下供应链的信息共享问题，但研究对象是市场中在位零售商(Incumbent)和入侵零售商(Entrant)之间的信息共享问题。

2.3.3 信息共享与串谋

即需服务平台之间出现的串谋行为类似于供应链成员间的横向信息共享[87,96]，即供应链中横向的成员为了追求较大的边际利润而出现的信息交换，其中公开的信息交换称为卡特尔[88]。一般情况下，对串谋的相关研究分为两类：明显串谋和默契串谋[104]。与明显串谋相关的文献有：Shi 等分析了两个供应商与一个制造商之间的串谋与信息共享问题，研究表明当供应商串谋或共享信息时，对制造商不利，但对供应商和共享信息有利[105]；Gomez-Martine 等研究了 Cournot 市场下竞争对手的行动信息对卡特尔稳定性和形成卡特尔激励机制的影响，研究发现如果成员之间能够进行交流，获得个性化信息可以使市场竞争变得不那么激烈，卡特尔也将更加稳定[106]；Asker 等分析了信息共享的竞争效应，其中涉及串谋信息对企业库存和投标行为的影响，研究发现当企业能够避免低库存状态下的激烈竞争时，获取更多有关竞争对手的信息会增加参与度和库存[107]；Roy 等分析了寡头市场中的行动修正、信息与串谋问题[108]。与默契串谋相关的文献包括：Cason 和 Mason 研究了 45 家实验室寡头市场上的信息共享和默契串谋问题，结果表明在需求不确定的条件下，信息共享可以促使默契串谋的形成[109]；Skrzypacz 等考虑重复拍卖下的默契串谋问题，研究发现串谋中标比招投标更可行，但串谋中标后成员不能提取全部的盈余[110]；Bertomeu等随后研究了同行业间存在默契串谋时的信息共享问题，研究发现当期望需求增加时，预测的频率、范围和准确性都会降低[111]；Sweeting 等分析了不对称信息下动态定价对并购的影响，且在并购时会产生默契串谋[112]。

虽然上述文献对串谋与信息共享进行了详细的分析，但大部分都没有将其与即需服务平台相结合，随着近年来对供应链契约研究热度的增加，本书将即需服务平台与信息共享和串谋相结合，选取即需服务平台普遍使用的合同为研究对象，目前这样的研究还不多。另外，本书研究的背景与其他文献也有区别，不是仅关注研究信息共享和串谋，而是研究即需服务平台为了串谋而共享信息的问题。

2.4 能力管理

最后与本书工作相关的是考虑参考点选择的能力管理问题和基于平台

的能力管理问题研究，因为本书借助报贩模型和前景理论综合考虑了即需服务平台决策者的参考点选择和平台的能力管理问题。报贩问题又称单周期内单个产品随机需求的库存控制问题[113]，它的原型是一名报贩在观察需求之前面临解决在一个报摊上储存多少报纸的问题。如果报贩订购太多或订购太少，他将招致超额或缺货成本。因此，报贩问题的目的是如何进行生产能力的管理以实现决策目标的优化。近年来，基于平台的新经济形式[114]的兴起使得传统的能力管理问题又结合了新背景出现，但不同的研究背景有着相似的建模共性，所以可以借助有关研究传统供应链中报贩能力管理问题的思想分析新形势下即需服务平台的能力管理问题。针对前景理论在即需服务平台中的应用而言，亦有着与传统供应链相似的一面，即均是关于能力管理所做的研究，但不同点在于传统报贩模型的价格是固定的，报贩型企业在随机需求下通过寻找最优的产品订单数量以最大化期望利润[115]。在即需服务平台的研究中，服务提供者存在自调度行为，他们根据平台制定的价格选择是否加入，所以平台能够通过制定最优价格的方式间接控制市场的"最优订购量"[9]。基于此，这里主要对两个方面的文献进行回顾：一是基于参考点选择的能力管理问题研究；二是基于平台的能力管理问题研究。

2.4.1 基于参考点选择的能力管理

关于参考点的描述最早出现在 Thaler[116]中，他在消费者选择的背景下提出交易效用是交易相对于某个参考价格的感知价值。参考点在前景理论中是为了解释一些异于期望效用理论的风险选择行为，即人们做决定时不仅基于他们的经济结果，还关注于结果相对于参考点的变化，这些变化将导致价格的改变从而直接影响市场需求，简称参考效应[117,118]。目前，已有诸多运营管理领域的文献结合前景理论广泛地研究报贩情境下的参考效应问题：Ho 等利用人们具有参考依赖的偏好研究多地点库存系统的实际订购行为问题[119]；Nagarajan 和 Shechter 结合前景理论和报贩模型证明报贩问题下前景理论无法解释一些与实证研究相一致的结论[120]；Zhang 等通过构建垄断情况下由制造商和零售商构成的供应链系统，分析了具有参考效应的定价策略问题，研究发现集中和分散策略下的渠道都希望消费者具有较高的初始参考价格，同时也希望他们对参考价格效应更敏感且有较高的产品忠诚度[121]；Long 和 Nasiry 借助前景理论的参考点解释报贩问题中的"Pull-to-center"效应[122]；Kirshner 和 Ovchinnikov 基于 Ho 等[119]和 Long 和 Nasiry[122]考虑了竞争环境下异质的参考效应问题，研究结果表明参考效应的异质性可以解释在最近关于竞争报贩模型的实验研究中所得到的多种规律，并且很好地证明了报贩型企业可能倾向于使用忽略竞争对手的一些策略[123]；Uppari 和 Hasija 在 Long 和 Nasiry[122]的基础上采用更全面的方法构建了基于前景理论的报贩模型并评估它们是否能够代表已观察到报贩的行为，研究发现：以平均需求为随机参考点的模型始终优于其他模型[124]；Baillon 等利用实证的方法研究了人们在风险决策中使用的参考点问题，研究发现：最常见的参考点选择是基于现状和安全级别的，较少使用基于期望的参考点[125]。

本书与上述研究不同的地方在于：第 6 章的工作关注即需服务市场，将报贩问题和前景理论应用在即需服务平台中。另外，由于在即需服务市场中的服务提供者可以自己决定何时工作以及是否加入平台，所以考虑了一种报贩模型的变形，即平台通过决策价格以实现自调度从而最大化其收益，这在以往研究报贩问题的文献中是没有出现过的。

2.4.2 基于平台的能力管理

一般情况下，平台需要匹配市场中不确定的需求，如何管理服务能力是一个具有挑战性的问题，即如何在控制成本的基础上确保有足够的能力满足需求[77]。但由于供需不匹配问题普遍存在于许多市场中，所以在管理能力的同时还应该促使企业之间进行能力的共享[126,127]。对于即需服务平台而言，它们亦需要确定服务资源池以满足市场需求，并共享闲置资源剩余能力以提高利用率①。因此，这一小节将围绕平台的能力管理和能力分享问题进行综述：Aloui 和 Jebsi 研究了一个垄断的平台在两个不同但相互

① http：//www. sic. gov. cn/News/568/10096. htm.

依存且拥塞的消费者群体之间的固定能力分配问题，结果表明双边平台在共享和管理其能力时，不仅要考虑双方的期望参与程度，还要考虑网络效益的大小[128]；Kostami 等研究了一个为两类消费者提供服务的服务提供商的定价与能力分配问题[129]；Guo 和 Wu 研究了事前和事后合同下竞争企业的能力分享问题并给出不同情境下的最优策略，研究结果表明在能力对称的情况下，承诺过高的能力共享价格不一定能提高企业的收益且事前合同下均衡结果对市场参数的变化比事后合同下的更为敏感。当企业的能力不对称时，能力共享可能加剧竞争并损害企业的利润[130]；Gurvich 等基于报贩情境研究服务提供者具有自调度时即需服务平台的能力管理问题，研究表明自调度的灵活性可以抵消报贩型企业的成本从而使得供给满足不断变化的需求。如果服务提供者的数量相对于高峰需求足够大时，该企业的收入将高于无自调度且供给相对固定情况的收入[77]；Dai 和 Nu 基于 B2C 和 C2C 的两种共享经济模式，分析了平台的定价策略和能力管理问题，研究发现当共享价格适中时，低成本产品的制造商喜欢 B2C 共享，而高成本产品的制造商更倾向于 C2C 共享[131]。

本书第 6 章的工作与上述研究也有着显著的不同：在报贩的情境下加入了决策者对风险的态度，所以此时以期望效用最大化为目标进行优化而非期望利润最大化。另外，本书第 6 章还在基本模型的基础上考虑非高峰和高峰时期对平台价格的影响并构建了一种基于溢价因子的定价策略，这也是上述文献所没有提及的。

2.5　研究评述小结

本章主要从与双边市场、即需服务平台、信息共享和能力管理问题相关研究的文献进行回顾，提供与本书相关领域的研究现状，以突出后续研究的理论贡献并为其打下坚实的基础，其中在双边市场的文献综述中，回顾有关双边市场外部性和定价策略的研究。在有关即需服务平台的文献综述中，主要回顾与高峰负荷定价策略、即需服务平台的峰时定价策略和即需服务平台的自调度能力相关的研究。在与信息共享相关的研究中，综述信息获取、信息泄露和信息共享串谋这三个方面的文献。此外，还从基于参考点选择的能力管理问题研究和基于平台的能力管理问题研究回顾与能力管理问题相关的文献。纵观以上四个方面的文献可以发现，虽然各领域的理论体系和研究范式都在逐渐形成且不断发展，但还存在以下四个方面的研究空白需要完善：

一是在与双边市场相关的研究中，虽然以往文献对外部性和定价策略均做了详细的研究，但是它们都没有考虑信息获取时间的因素，即不同的信息获取时间会影响平台的定价策略从而使得平台的收益不同。同时，本书还在分析平台定价策略的基础上考虑基于峰时的市场需求，即需求者在高峰期对服务的单位时间需求高于在非高峰期的单位时间需求，不同时期的需求将影响平台运营策略的选择和各利益相关者的收益，但相关的文献较少涉及不同需求的划分问题。

二是在与定价策略相关的研究中，虽然已有文章涉及即需服务平台的定价和双边市场的定价问题，但很少有研究考虑即需服务平台采用基于溢价因子的定价策略，即平台在非高峰期采用一般的定价形式，在高峰期采用非高峰期的价格乘以溢价因子的定价策略。这种定价策略不同于高峰负荷定价和峰时定价策略，因为非高峰期和高峰期的价格是相关的并非完全独立。另外，本书还综合考虑了风险对平台定价策略和自调度能力的影响，即决策者以期望效用最大化为原则制定最优策略，这在以往的研究中是较少出现的。

三是在与信息共享相关的研究中，目前的文章主要集中在三个方面：一是横向的信息共享研究，即研究下游或上游企业间的信息共享；二是纵向的信息共享研究，即研究上游和下游市场间的信息共享问题；三是在前两个研究分支的基础上考虑信息泄露效应。本书更关注已经存在于市场中即需服务平台的信息共享和串谋问题，这在传统的信息共享文献中较少涉及。另外，本书主要考虑需求者目的地的信息分享问题且这种信息不受信号和努力程度的影响。

四是在与能力管理问题相关的研究中，大多数研究的背景集中于传统的报贩型企业，较少涉及双边市场中的即需服务平台。本书既不同于传统的报贩模型，又不同于一般的即需服务平台。因为相比于传统的模型，考虑了平台可以通过制定最优的价格以控制市场中实际的服务提供者数量。与一般的即需服务平台相比，引入市场中存在的两种风险，即供大于求和供小于求时分别出现的服务提供者道德风险和需求者等待时间过长等问题产生的风险。因此，平台此时的决策不再是根据期望利润最大化原则，而是考虑决策者的效用最大化，目前较少相关文献对其进行研究。

第3章

即需服务平台的服务提供者接单前与接单后目的地信息可见模式选择

在中国，例如滴滴出行和 Uber 等即需服务平台存在两种不同的目的地信息分享模式：接单前目的地可见模式，即服务提供者接单前能够获取需求者的目的地信息；接单后目的地可见模式，服务提供者在接单后才能获得需求者的目的地信息。服务提供者在不同的目的地信息分享模式下有着不同的接单行为，这也影响了平台的定价策略、平台和服务提供者的收益以及需求者剩余。本章研究供需匹配环境下不同的接单模式对平台决策和各利益相关者收益的影响。研究发现：平台采用接单后目的地可见的模式为其带来较大的利润优势，但却伤害了需求者。另外，平台可以通过提高补贴或增大两种补贴间差距的方式以吸引服务提供者加入。对服务提供者而言，在大多数情况下加入接单前可见模式的平台能够获得更高的收益，当且仅当机会成本较大和补贴较小时，选择接单后可见模式的平台才更有利。最后，对基本模式进行扩展，分别研究了供需不匹配环境下平台的均衡策略、其他形式的补贴策略和社会福利等。研究结果表明：当平台采用与服务提供者所得收入相关的补贴形式时，对自身的收益无较大影响，但却对服务提供者选择接单后目的地可见模式的平台总是有利，同样这种模式仍不利于需求者。另外，市场状态和公平程度越高，平台选择接单前目的地可见模式下的社会福利越大。

3.1 引言

近年来，共享经济的爆炸式发展催生出诸多新型的商业模式[8]，它们促进了协同消费，依托互联网且允许用户共享和利用闲置的资产，极大地提高了资源的利用率。它们的成功离不开高效的运营模式：快速的需求响应和高质量的服务水平。与传统的服务模式不同，这些新兴的即需服务平台不拥有资源，只是一个充当连接供给和需求的中介企业，即双边匹配市场[22]，利用互联网使需求者与空闲的服务提供者能够随时随地的在线匹配，以确保当需求者需要服务时平台可以快速地满足其需求。除此之外，即需服务平台的接单模式也给服务提供者带来了丰厚的补贴，从而促使他们保持较高的接单率，这同样保证了服务提供者提供高质量的服务。

然而在国内，一些即需服务平台在运营的初期分别采用两种不同的接单模式，例如：Uber 选择接单后目的地可见模式[69]，滴滴出行则使用接单前目的地可见模式[132]。不同的模式势必影响服务提供者的行为，进而影响各利益相关者的收益。针对接单后目的地可见模式而言，它可能造成服务提供者的机会成本增加，降低其加入平台的积极性，例如：当系统为服务提供者匹配一个与其目的地方向不一致或其期望距离之外的订单时，他们必须放弃原有的计划去满足市场的需求①。另外，对于平台而言，接单后目的地可见模式可能也不是最优的策略，因为需要给予目的地距离较远的服务提供者高昂的补贴，否则他们将选择拒单②。接单前目的地可见模式同样存在一些问题，例如：目的地较远的需求者可能无法快速地被匹配，需求者有时不得不接受溢价，从而导致客户忠诚度的损失③。然而，目前国内的即需服务平台几乎一致地选择接单前目的地可见模式而非接单后可见模式，这种转变是否意味着接单后可见模式对平台而言是一种劣势策略？目前该问题还不得而知。

即需服务平台已经得到业界和学术界的极大关注[74]，但现有的研究仍然存在三个方面的空白，以激励本章开展这项研究：首先，最重要的原因是还没有文章关注不同的接单模式对各利益相关者的影响，而实际生活中的接单模式已由接单后目的地可见转变为接单前可见，所以需要对该现象进行合理的解释；其次，对即需服务平台的研究必然离不开补贴，因为它

① https：//nypost. com/2016/12/10/the-longest-ride-in-uber-history/.

② https：//seattletransitblog. com/2016/09/07/uberdiscovers-the-necessity-of-subsidies/.

③ https：//therideshareguy. com/how-to-take-advantage-of-ubers-new-acceptance-rate-policy/.

可以极大地促使服务提供者加入平台，但目前大多数的文章忽略了这一重要因素；最后，虽然已有较多的文献研究即需服务平台，但利用博弈理论进行研究的文章数量还不够多。

因此，根据以上分析，本章构建了一个即需服务平台并考虑两种不同的目的地分享模式——接单前可见（ADI）和接单后可见（PDI），基于博弈理论研究不同接单模式下各利益相关者的均衡策略。服务提供者只能选择加入或者不加入平台，如果不加入则收益和成本均为 0，平台的目标是确定最优的价格和佣金比例。本章首先分析供需相匹配时双方的均衡策略，供需不匹配时的策略在扩展部分中给出。

本章研究的问题包括：

（1）解释说明目的地接单模式由接单后可见逐渐转变为接单前可见的原因；

（2）分析接单前可见是否只对服务提供者有利，接单后可见对需求者有利以及平台应该如何选择不同的接单模式？

本章的贡献如下：首先，解释了接单目的地信息模式变化的原因，并且以建模的方式说明不同目的地信息模式分别对平台、服务提供者和需求者更有利的区间。另外，还得出一些与实际情况高度吻合或与常识截然相反的结论，例如：较多人认为接单前目的地可见会损害需求者的利益，但本章研究发现情况可能并非如此。其次，有助于推动其他人对双边市场进一步的研究，即需服务平台虽然属于双边市场，但也有着自己的特点。最后，为平台企业的决策提供一些思考。

本章的其余部分安排如下：第 3.2 节构建模型；第 3.3 节构建了一个接单前目的地信息的模型；第 3.4 节分析了接单后目的地信息的模型；第 3.5 节比较了两种不同模式下平台的收益、需求者剩余和服务提供者的收益；第 3.6 节将基本模型扩展到不同的情境，即供需不匹配、新的补贴方式、即需服务系统的社会福利、平台的竞争、服务提供者的异质机会成本和服务提供者数量上限；第 3.7 节对本章进行简单的总结；本章部分证明见附录 A。

3.2　模型的构建

本章考虑了双边市场下的一个即需服务平台：一边是服务提供者，另一边是需求者，平台负责提供一些服务以促使双方的匹配。为了使文章更为严谨和便于分析，做了如下假设：

假设 3.1　由于需求者通过 App 发送需求的位置离服务提供者很近，所以对服务提供者而言这种距离成本可以忽略不计。

假设 3.1 主要基于两个方面的原因：首先，即需服务平台能够快速地满足需求[3,10]；其次，需求者通过实时定位找到附近的服务提供者，同时平台还将离其最近的服务提供者与之匹配[72,133,134]。因此，假定服务提供者与需求者进行匹配时，招致的机会成本(例如空载和等待成本等)为 0，类似的做法见 Yu 等[11]。第 3.6.5 小节将放松该假设并考虑服务提供者产生不同机会成本的情况。

假设 3.2　服务提供者加入平台的成本为 0(如果无需求者使用，服务提供者可以自用)，而且不会产生拒单行为。

即需服务平台的较低进入成本导致其有较高的流动性[69]，服务提供者加入平台不会被收取注册费用。另外，在平台的运营初期不允许服务提供者产生拒单行为，因为拒单会招致较高的处罚成本。

假设 3.3　市场中服务提供者的总数量为 1。

假设 3.3 表示市场中最大的服务提供者数量标准化为 1，实际的数量为 0 到 1。为了方便计算，本章所用到的参数均进行标准化处理。这种做法也被用于其他文献，例如：Guo 和 Wu[130] 及 Jiang 和 Tian[135] 等。该假设将在第 3.6.6 小节中被放松，考虑平台对服务提供者的总数施加一个管制 T_i。

下面介绍本章的主要参数：令服务提供者的总数为 1，$N_i \in [0,1]$，$i=\{A,P\}$ 为加入平台的服务提供者数量；平台面临线性的市场需求，即 $d_i(p_i)=(a-p_i)^+$，其中 p_i 为平台向需求者收取的单位费用，a 表示市场状态，这里不考虑平台的网络外部性问题，因为假定平台处于一个供给主导的市场中[80]；$\varphi_i \in (0,1)$为平台抽取佣金的比例，实际生活中即需服务平台会在每次服务完成后抽取一定比例的费用作为佣金[136]；s 表示需求者所要到达的目的地距离（目的地距离可以是以服务提供者为中心且半径为 s 的圆形区域），服从分布 $U[0,1]$；c_s 为服务提供者关于路程 s 的成本，$\theta_i(s)$表示平台给予服务提供者的路程补贴且 $\theta_i(s)$[137]和 c_s 均为关于 s 的增函数，本章定义 $\theta_i(s)=z_is^2$，$z_i\in(0,1)$，$z_A=z$，$z_P=z+z'$，$c_s=ks^2$，$k\in(0,1)$①，其中 z 为关于单位路程的补贴，k 为与路程 s 相关的成本系数，之所以定义该形式的 $\theta_i(s)$是为了吸引更多服务提供者的加入，平台在发展的初期必须提供丰厚的补贴以增强竞争能力[132]。在第 3.6.2 小节也分析了另一种不同形式的补贴对结果的影响。

本章还考虑了两种不同的接单模式：接单前目的地可见和接单后目的地可见。其中，接单前目的地可见模式表示需求者通过手机 App 发出需求后，服务提供者在接单前能够观测到需求者的目的地信息；在接单后目的地可见模式下，服务提供者必须选择接单才能看到需求者的目的地信息，两种模式的说明如图 3-1 所示。

本章首先分析供需相匹配时，平台选择不同接单模式下各利益相关者的均衡策略，供需不匹配的情况在第 3.6.1 小节中给出。令下标 P 和 A 分别表示接单后可见模式和接单前可见模式。

3.3 接单前目的地可见

在接单前目的地可见的模式下，服务提供者能够在确认接单前观测到

---

① 将一段路程的成本定义为 $c_s=ks^2$ 的原因是成本主要包含机会成本，即 $c_s=c_{Base}+c_{Opportunity}$，其中 c_{Base}表示基本成本，例如车辆的维护费、燃油费和燃油附加费等，基本费用会随着路程呈现同比增加的趋势，$c_{Opportunity}$表示机会成本。根据 Jiang 等[138]、Horton 和 Zeckhauser[139]、Benjaafar 等[140]及 Aksaray 和 Thompson[141] 对成本的描述，将机会成本表示为二次形式，即 $c_{Opportunity}=ks^2$。因此，总成本为 $c_s=k_Bs+ks^2$，其中 k_B 和 k 都大于 0。一般情况下，由于平台提供的补贴，所以一些基本费用往往因为较低而被忽略，所以这里认为 $c_s=ks^2$。同时为了更为严谨，也在附录 B 中讨论不同成本的构成形式。

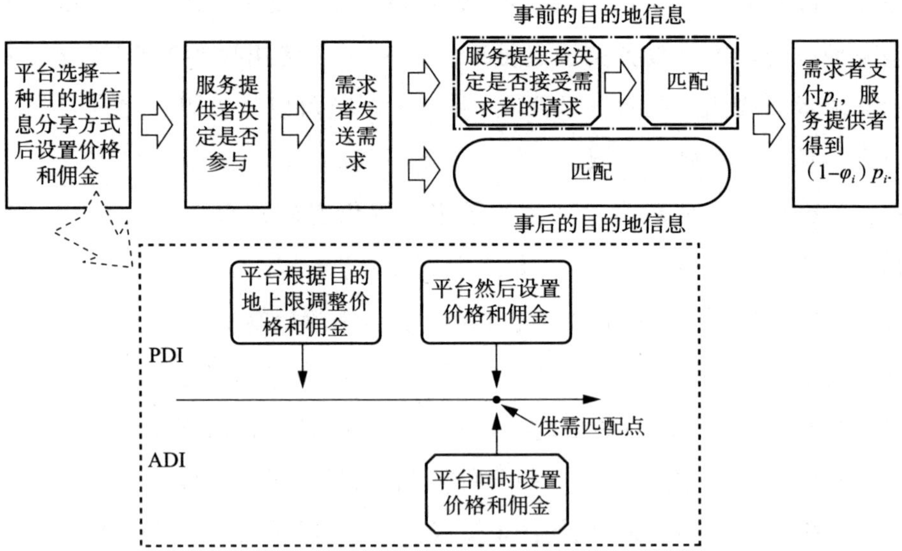

图 3-1　事件的顺序

需求者的目的地信息，所以有动机忽略路程覆盖范围内较远目的地的需求者，这些未匹配成功的需求者可以被其他区域内的服务提供者匹配或者选择其他的出行工具。当需求者的目的地距离为 s 时，需要向平台支付为 p_As，其中 φ_Ap_As 为平台收取的佣金，故服务提供者实际收入为 $(1-\varphi_A)p_As$，得到的补贴 zs^2。因此，每个服务提供者的收益 $E[\pi_A]$ 为：

$$E[\pi_A]=E[(1-\varphi_A)p_As+\theta(s)-c_s \mid s\leqslant\bar{s}]F(\bar{s}) \tag{3-1}$$

其中，方括号里面表示一次行程的期望利润，$F(\bar{s})$ 表示一次行程被接受的概率。对式(3-1)化简后可得：

$$E[\pi_A]=\int_0^{\bar{s}}((1-\varphi_A)p_As+zs^2-ks^2)f(s)\mathrm{d}s \tag{3-2}$$

其中 $\bar{s}$ 为目的地距离上限。

引理 3.1　当需求者的目的地距离满足 $s\in[0,\bar{s}]$ 时，可以匹配到服务提供者，其中 $\bar{s}=\dfrac{(1-\varphi_A)p_A}{k-z}$。

引理 3.1 给出了服务提供者接受的需求者目的地距离上限，可以看出：随着补贴 z 的增加，目的地上限 $\bar{s}$ 也在增加。因此，如果平台想让更多目

的地属于 $s\in(\bar{s},1]$ 的需求者得到服务时，应该制定更高的补贴 z。

由于 $s\sim U[0,1]$，所以根据引理 3.1 有 $N_A=\bar{s}=a-p_A$，可得：

$$p_A=\frac{a(k-z)}{1+k-z-\varphi_A}$$

上式表明若平台想完全使供需匹配，则最优的价格和佣金比例需要满足条件 $p_A=\frac{a(k-z)}{1+k-z-\varphi_A}$。$N_A=\bar{s}$ 的原因是服务提供者接受任何小于或等于 $\bar{s}$ 的订单，此时市场中服务提供者的实际数量为 $N_A=1\times\bar{s}$，其中 1 为市场中总的服务提供者数量（见假设 3.3）。平台的目标是通过选择最优的价格 p_A^* 和佣金比例 φ_A^* 以最大化收益 $E[U_A(p_A,\ \varphi_A)]$：

$$\max_{\{0<p_A<1,\ 0<\varphi_A<1\}} E[U_A]=\left(\int_0^{\bar{s}}(\varphi_A p_A s-zs^2)f(s)\,\mathrm{d}s\right)N_A \tag{3-3}$$

$$s.t.\begin{cases}N_A=\bar{s}=a-p_A\\ k>z\end{cases}$$

根据式（3-2）和式（3-3）的一阶条件，有如下命题：

命题 3.1　当平台选择接单前目的地可见的模式和市场状态 a 给定时，若供需匹配，则有：

（i）$\varphi_A^*=\frac{3+3k+5z}{3+12k-4z}$，$p_A^*=a+\frac{9a}{4(-3-3k+z)}$；

（ii）$\frac{\mathrm{d}\varphi_A^*}{\mathrm{d}z}\geqslant 0$，$\frac{\mathrm{d}p_A^*}{\mathrm{d}z}\leqslant 0$。

命题 3.1 的（ii）与现有文献[142-144]的结论相反：最优定价 p_A^* 随着平台补贴的增加而减少，最优佣金比例 φ_A^* 随着平台补贴的增加而增加。命题 3.1 说明目的地较远的需求者需要为平台补贴的增加而买单，且不会影响服务提供者的收益。由于假定供需相匹配，所以当补贴增加时有更多的服务提供者加入，平台需要分配服务提供者的供给能力，降低价格能够促使较多的需求者得到匹配，从而平衡供需关系，反之亦然。平台在较高的补贴和较低的价格下会损失原有的收益，为了弥补较高的支出，平台需要收取更高的佣金费用，故 φ_A^* 增加。另外，命题 3.1 的（ii）也同样说明随着补贴的减少，平台可能出现涨价的行为，这与目前 Uber 和滴滴出行的做法类似①。

推论 3.1　在接单前目的地可见模式下，当需求者的目的地距离 s 在 $\left[0, \frac{9a}{12+12k-4z}\right]$ 范围内时，服务提供者才会加入平台，且服务提供者和平台的最优期望利润分别为：

$$E[U_A^*]=\frac{729a^4}{512(3+3k-z)^3},\quad E[\pi_A^*]=\frac{243a^3(k-z)}{128(3+3k-z)^3}$$

3.4　接单后目的地可见

在接单后可见模式下，服务提供者在接收到需求者的请求时不能观测到目的地信息，所以如果服务提供者加入平台则必定接单。但存在的问题是：当需求者的目的地 $s\in(\bar{s}',1]$ 且服务提供者选择以补贴 z 接受订单时，可能导致服务提供者的收益为负。为了保证服务提供者的收益为正，平台需要在这段距离内给予服务提供者较高程度的补贴 z'（见引理 3.1），当然补贴力度也不易过高或者过低，否则所有人都参与或者没有人参与。简言之，平台分别提供两种不同类型的补贴：在 $s\in[0,\bar{s}']$ 内提供正常的补贴 z，在 $s\in(\bar{s}',1]$ 内提供较高的补贴 z'，令 $\Omega\equiv\frac{z'}{z}$，$\Omega\in\left(1, \frac{k}{z}\right]$。

在接单后目的地可见的模式下，服务提供者接收到需求者目的地距离 $s\in U[0,1]$ 的信息。目的地分为两种情况：$s\in[0,\bar{s}']$ 和 $s\in(\bar{s}',1]$。根据供需匹配条件有：$a-p_P=N_P$，这里假定如果剩余 $1-N_P$ 的服务提供者匹配不到需求者，他们无任何能力损失且自动退出平台，在第 3.6.5 小节中放松该限制。

令 π_P 为服务提供者的收益，当需求状态函数 a、市场价格 p_P 和服务提供者数量 N_P 给定时，其收益如下：

---

① http：//knowledge.ckgsb.edu.cn/2016/12/08/technology/chinas-didi-chuxing-pyrrhic-victory/.

$$\pi_P=\begin{cases}\int_0^{\bar{s}'}((1-\varphi_P)p_Ps+zs^2-ks^2)f(s)\mathrm{d}s,\ s\in[0,\bar{s}']\\ \int_{\bar{s}'}^{1}((1-\varphi_P)p_Ps+z's^2-ks^2)f(s)\mathrm{d}s,\ s\in(\bar{s}',1]\end{cases}$$

所以服务提供者的期望收益为：

$$E[\pi_P]=\int_0^{\bar{s}'}((1-\varphi_P)p_Ps+zs^2-ks^2)f(s)\mathrm{d}s+\int_{\bar{s}'}^{1}((1-\varphi_P)p_Ps+z's^2-ks^2)f(s)\mathrm{d}s \tag{3-4}$$

$$s.t.\begin{cases}(1-\varphi_P)p_P+zs-ks\geqslant 0,\ s\in[0,\bar{s}']\\ (1-\varphi_P)p_P+z's-ks\geqslant 0,\ s\in(\bar{s}',1]\end{cases} \tag{3-5}$$

式(3-5)中的第一个约束表明当 $s\in[0,\bar{s}']$ 时，服务提供者的收益必须大于0，可以得出 $\bar{s}'=\frac{p_P(1-\varphi_P)}{k-z}$。同理，第二个约束表明当目的地距离 $s\in(\bar{s}',1]$ 时，服务提供者的收益也要大于0，有 $\frac{p_P(1-\varphi_P)}{k-z'}=1$。由此可知，$z$ 与 z' 的关系如引理3.2所示：

引理3.2　在接单后目的地可见的模式下，平台在 $s\in(\bar{s}',1]$ 这段区域内给予服务提供者的补贴 z' 需满足：

$$\frac{z'-z}{k-z}=\frac{1-\bar{s}'}{1},\bar{s}'=\frac{p_P(1-\varphi_P)}{k-z}$$

引理3.2表明：当 p_P 和 φ_P 给定时，$\bar{s}'$ 随着 z 的增加而增加。如果平台想要增加距离上限到1，则需要给予服务提供者一个比原来 z 更高的补贴 z'（例如：当 $\bar{s}'=1$ 时平台需要给予服务提供者的补贴为 $z=z'$），以覆盖服务提供者超出其目的地上限时所产生的额外费用，从而激励更多的服务提供者加入平台。

平台通过选择最优的价格和佣金比例以最大化期望收益 $E[U_P]$，根据供需匹配条件，有平台的期望收益函数为：

$$\max_{\{0<p_P<1,\ 0<\varphi_P<1\}}E[U_P]=\left(\int_0^{\bar{s}'}(\varphi_Pp_Ps-zs^2)f(s)\mathrm{d}s+\int_{\bar{s}'}^{1}(\varphi_Pp_Ps-z's^2)f(s)\mathrm{d}s\right)N_P \tag{3-6}$$

$$s.t.\begin{cases}p_P(1-\varphi_P)=k-z'\\N_P=a-p_P\\k>z'\end{cases}$$

由式(3-4)和式(3-6)可以得出均衡状态 φ_P^* 和 p_P^* 如命题 3.2 所示：

命题 3.2　当平台选择接单后目的地可见的模式，可以得到：

(i)平台的最优佣金比例 φ_P^* 和最优定价 p_P^* 分别为：

$$\varphi_P^*=\frac{\begin{array}{c}-3k^4+3a\ (k-z)^3+k^3z(11+3\Omega)+z^4\Omega(-5+2(-1+\Omega)\Omega^2)+\\3k^2z^2(-3+\Omega(-7+2\Omega))+3kz^3(1+\Omega(5-2(-1+\Omega)\Omega))\end{array}}{\begin{array}{c}3k^4+3a((k-z))^3-k^3z(7+3\Omega)+z^4\Omega(1+2(-1+\Omega)\Omega^2)+\\3k^2z^2(3+\Omega(-1+2\Omega))-3kz^3(1+\Omega(1+2(-1+\Omega)\Omega))\end{array}}$$

$$p_P^*=\frac{\begin{array}{c}3k^4+3a(k-z)^3-k^3z(7+3\Omega)+z^4\Omega(1+2(-1+\Omega)\Omega^2)+\\3k^2z^2(3+\Omega(-1+2\Omega))-3kz^3(1+\Omega(1+2(-1+\Omega)\Omega))\end{array}}{6(k-z)^3}$$

(ii)根据最优策略，有：

$$\frac{\mathrm{d}\varphi_P^*}{\mathrm{d}z}\geqslant 0,\ \frac{\mathrm{d}p_P^*}{\mathrm{d}z}\leqslant 0$$

命题 3.2 给出接单后目的地可见模式下各利益相关者的最优策略和它们与补贴之间的关系。从命题 3.2 的(i)中可以发现，平台选择接单后目的地可见模式时均衡条件出现的一个前提条件为补贴 z 足够大 $\left(z\in\left[\frac{3}{5},\ 1\right)\right)$，否则平台不会选择该模式。原因是相比于接单前可见的模式，平台在该模式下必须增加对服务提供者的补贴(包括两段路程的补贴)才能保证服务提供者覆盖所有的路程。另外，当补贴 z 较小时 $\left(z\in\left(0,\ \frac{3}{5}\right)\right)$，同样可能存在均衡策略，前提是综合考虑成本系数 k、Ω 和市场状态 a 的影响，此时当 k 较小时 $\left(k\in\left(z,\ \frac{5z}{3}\right)\right)$ 接单后目的地可见的情况能够出现，如果 k 较大 $\left(k\in\left(\frac{5z}{3},\ 1\right)\right)$ 且补贴力度 Ω 较小时需要有较大的市场需求，如果 Ω 较大则无须市场状态的限制。

另外，目前市场的补贴力度已经远不如以前，即 Ω 和 z 都较小。随着补贴的减少，诸多服务提供者纷纷退出专职司机①，所以导致接单的成本增加，即 k 增加。此时平台选择接单后模式可能得到负利润。命题 3.2 也侧面说明为什么 Uber 的接单模式已逐渐转变为接单前可见模式。命题 3.2 的(ii)与命题 3.1 的(ii)类似，故不再赘述。

推论 3.2 在接单后目的地可见模式下，若需求者的目的地距离 $s \in \left[0, \frac{k-z\Omega}{k-z}\right]$，则平台给予服务提供者补贴 z；若目的地距离 $s \in \left(\frac{k-z\Omega}{k-z}, 1\right]$，则平台应该提供较高的补贴 z'，且平台和服务提供者的期望收益分别为 $E[U_P^*]$ 和 $E[\pi_P^*]$：

$$E[U_P^*]=\frac{\begin{array}{c}(-3k^4+3a(k-z)^3+k^3z(7+3\Omega)+3k^2z^2(-3+\Omega-2\Omega^2)\\+z^4\Omega(-1-2(-1+\Omega)\Omega^2)+3kz^3(1+\Omega(1+2(-1+\Omega)\Omega)))^2\end{array}}{72(k-z)^6}$$

$$E[\pi_P^*]=\frac{(k-z)(k-z\Omega)^3+z^2(-1+\Omega)^2(-k+z\Omega)(-3k+z+2z\Omega)}{6(k-z)^3}$$

从推论 3.2 中可以看出服务提供者的最优收益与市场状态 a 无关，主要来自两个方面的原因：一是$\bar{s}'$不随市场状态的变化而变化，因为在接单后目的地可见下的平台为服务提供者提供覆盖全路程范围的需求，所以不会因为需求量的增加而扩大目的地距离上限；二是供需匹配，假定供需完全匹配，服务提供者总能满足市场中所有的需求且未匹配的服务提供者自动退出。接单前服务提供者的收益与需求状态相关的原因是服务提供者数量无法随意覆盖需求，即 N_A 不能保证大于需求 d_A，但接单后时可以确保 $d_P<1$。

3.5 不同接单模式的均衡分析

这一部分在供需匹配的前提下对比两种模式的均衡策略，目的是分析

① https：//thinkprogress. org/more-than-60-percent-of-uber-drivers-are-thinking-about-quitting-d2f460d3daf5/.

哪种目的地信息分享模式对服务提供者、平台和需求者更有利。两种模式相比较的前提是接单后目的地模式存在。为了方便起见，令 $\Omega\equiv\frac{z'}{z}=2$①，即在 $s\in(\bar{s}',1]$的范围内实施双倍的补贴。

3.5.1 平台的收益

首先考虑不同接单模式下平台的收益问题，下面的命题呈现二者对比的结果，令 $\Delta\equiv E[U_P^*]-E[U_A^*]$：

命题 3.3 大多数情况下，平台在接单后目的地可见模式时的利润大于接单前可见模式的利润，即 $E[U_P^*]\geqslant E[U_A^*]$。当下列其中一个条件满足时，$\Delta$ 随着市场状态 a 的增加而增加，反之则减少：

(i) z 和 k 较小且 a 较大；

(ii) z 和 a 都较大。

从图 A-1 和图 A-2 中可以看出，平台采用 PDI 模式在大多数情况下会得到更多的收益，原因是服务提供者在 ADI 模式下可能存在挑单的行为，导致其故意忽略路程在 $s\in(\bar{s},1]$的需求。当 z 和 a 都较大时，较多具有中等和较低机会成本的服务提供者加入 PDI 模式，因为他们可以接收较多路程来自 $s\in[0,1]$的订单以获得较为丰厚的补贴。因此，平台在 PDI 模式下能够收到较多的需求者服务请求，从而使得 PDI 模式下的收益随着 a 的增加逐渐大于 ADI 模式下的收益。当 k 较小且 a 较大时，服务提供者的机会成本非常小以至于他们不在意应该选择哪种模式。因此，平台采用 PDI 模式可以为服务提供者提供较多路程在 $s\in(\bar{s},1]$的需求，而且随着 a 的增加更多的订单被分配给服务提供者。此外，较小的补贴也使得服务提供者选择 PDI 模式，因为服务提供者可以在 $s\in(\bar{s},1]$内得到双倍的补贴。简言之，Δ 随着 a 的增加而增加且 $\frac{d\Delta}{da}>0$ 的区域如图 A-3 所示。当机会成本 k 较大时，服务提供者加入 ADI 模式，因为 PDI 模式带给他们较远距离的订单，所以平台采用 ADI 模式

---

① http：//business. financialpost. com/transportation/rbc-offers-customers-double-reward-points-and-20-off-first-ride-with-uber.

能够得到更多的收益。而且，随着需求状态 a 的增加，较多的服务提供者加入 ADI 而导致 Δ 变小。如果给定较小的需求状态 a，则 Δ 也随着 a 的增加而减少，因为 ADI 模式确保服务提供者接受短距离的需求，PDI 模式由于较小的需求和较远的距离使得服务提供者产生较大的机会成本。

研究还发现：当服务提供者有较小的成本系数 k（等同于成本）时，平台应该选择接单后目的地可见模式。这里的成本特指机会成本，机会成本较低意味着服务提供者受目的地距离 s 的影响较小，所以平台可以很放心地给服务提供者分配较远目的地信息的订单以获得更高的收益。当需求较大且服务提供者的成本较高时，平台选择接单后目的地可见需要付出足够高的补贴以弥补服务提供者的损失。如果平台提供与之前相同的较低补贴时，服务提供者会选择转向接单前可见模式的平台，从而导致服务提供者的流失。假设接单后目的地可见在成本较大时仍然选择较低的补贴，从图 3-2 中可以发现减少服务提供者流失的另一个方法是增大 Ω，即提高两种不同目的地范围的补贴倍数。

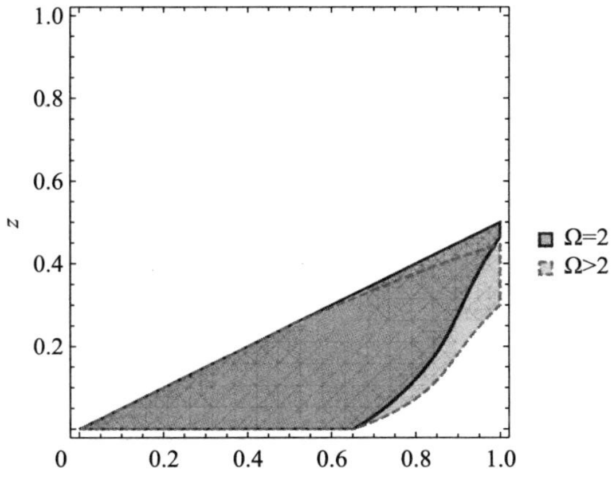

图 3-2　不同 Ω 值下平台选择接单后模式的收益

3.5.2　需求者剩余

下面分析不同接单模式下需求者剩余（Demander Surplus）的大小。在基本模型中假定线性的随机需求且供需匹配，需求者剩余为 $DS_i=\frac{1}{2}(a-p_i)^2$，

$i=\{A,P\}$[9,51]。由于不同模式下的市场状态 a 相同，所以只需要对比分析 p_A^* 与 p_P^* 的关系即可。

命题 3.4　与接单后目的地信息可见模式相比，接单前目的地可见模式对需求者更有利，即 $DS_A \geqslant DS_P$。

目前，在针对即需服务平台采用哪种模式较优的话题中产生了争论，一些支持 PDI 模式的人认为它对需求者有利，因为这种模式增加了得到订单匹配的概率，而且上海在 2017 年要求打车软件对服务提供者实施需求者目的地信息的隐藏。然而，一些支持 ADI 模式的人认为 PDI 模式可能造成需求者较长的等待时间，因为服务提供者会在距离需求者较远的地方接单。命题 3.4 很好地回答该问题：需求者加入接单前目的地可见模式优于接单后可见模式，同时这也与滴滴出行的快速发展形成相符的结论。这里不考虑需求者的异质性且假定需求者是价格敏感的[31]，即他们选择哪种出行模式取决于价格的高低。接单前目的地可见模式对需求者更有利的原因来自两个方面：一方面，由于平台在接单后目的地可见模式下不仅需要为 $s\in[0,\bar{s}']$ 范围内的服务提供者提供补贴，还需要给予 $s\in(\bar{s}',1]$ 内接到订单的服务提供者更高的补贴以保证他们的最低期望收益，所以需要制定一个大于 p_A^* 的价格 p_P^* 以弥补过多的支出，这直接影响需求者剩余；另一方面，在后一种模式下目的地距离 $s\in[0,1]$ 范围内的需求都能得到满足，但同时随着目的地距离的增加，需求者所需要支付的费用也在增加，过高的费用使得外部因素逐渐影响需求者选择平台，导致有着较远目的地距离的需求者流失，因此选择接单前目的地可见模式更有利[72]。

平台成长的初期阶段需要吸收大量的需求者和服务提供者并维持他们的忠诚度，这将为其今后的发展提供有力的保证。Uber 初期选择接单后目的地可见模式，该模式虽然极大地激励服务提供者的积极参与，但同时给需求者带来一定的负担(例如：通过高昂的溢价赚取收益[70])。然而，滴滴出行在发展的初期选择接单前目的地可见模式，这对需求者的出行更有利，从而为平台赢得优势，使其在后面与 Uber 的竞争中处于不败的地位。

3.5.3 服务提供者的收益

下面比较不同模式下服务提供者的收益如命题 3.5 所示。令 $\Lambda \equiv E[\pi_P^*]-E[\pi_A^*]$：

命题 3.5 当服务提供者的成本较大 $k\in[\underline{k},1)$ 且补贴较小($z\in(0,\bar{z})$)时，应该加入接单后目的地可见模式的平台，在其他情况下加入接单前目的地可见模式的平台更有利。

其中，$\underline{k}$ 和 $\bar{z}$ 分别为 k 的下限和 z 的上限，令 $\underline{k}$ 和 $\bar{z}$ 满足 $\vartheta(k,z)=\frac{(k-2z)(k^3-5k^2z+11kz^2-9z^3)}{6(k-z)^3}-\frac{243(k-z)}{128(3+3k-z)^3}=0$ 且图像如图 3-3 所示。

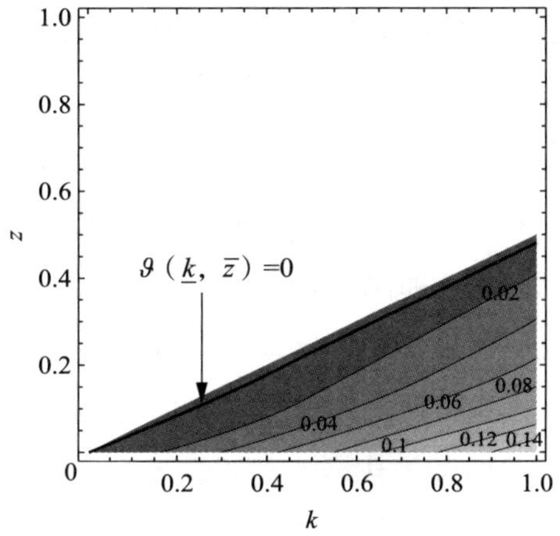

图 3-3 $\vartheta(k,z)$ 的等高线图

从图 3-3 中可以看出，服务提供者加入接单前目的地信息可见模式的平台所占的优势区域较大，特别是当补贴和成本都较高时选择接单前可见模式的平台更有利，该命题基本与命题 3.4 相一致。当机会成本较高时，平台若保持较低的补贴比例，则服务提供者选择加入接单前可见的平台以减少目的地距离 $s\in(\bar{s}',1]$ 对他们的冲击，若平台想吸引更多的服务提供者加入，需要提供较高的补贴或者增加补贴倍数 Ω 的值。这样做使得接单前模式下的服务提供者加入，从而导致接单后模式下服务提供者的整体收益减少，如图 3-4 所示。

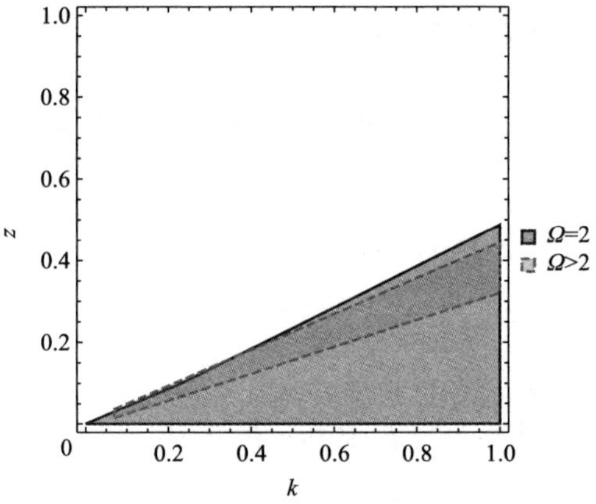

图 3-4 PDI 模式下服务提供者的期望收益($a=1$)

命题 3.5 的表述也与实际相符：在平台发展的初期，由于大量融资使得平台企业给予服务提供者丰厚的补贴，所以平台选择接单前目的地可见模式能够吸引服务提供者的加入。滴滴出行在运营初期选择接单前可见可以快速地占据竞争优势。后来，随着即需服务平台的稳健发展，平台势必为前期疯狂大量的烧钱买单而减少补贴。此时，由于前期较多的补贴令部分服务提供者转为兼职司机，最终导致机会成本的降低，所以选择接单前可见仍对平台有利。最后，平台发展的逐渐成熟以及 Uber 和滴滴出行的合并导致补贴减少和诸多服务提供者纷纷退出专职司机以致成本增加①，此时如果平台选择接单后可见对自己有利但对需求者不利。根据命题 3.3 的表述，此时选择接单前可见对平台有利，所以平台应该维持现状，但这会引发“动荡”②。

3.6 扩展与讨论

在这部分中，将原有的模型扩展为以下六个方面：

① https：//qz. com/893166/its-more-expensive-to-hail-a-didi-in-china-because-of-chinese-new-year-and-anti-migrant-rules/.

② http：//finance. sina. com. cn/chanjing/cyxw/2016-08-12/doc-ifxuxnah3262967. shtml.

①考虑供需不匹配的情况且假定需求者的目的地服从一般的分布。

②内生化补贴，将其与服务提供者的收入相关，并随后讨论补贴的变化对各利益相关者的影响。

③对社会福利进行分析，分析哪种模式的选择对社会更优。

④考虑平台的竞争并分析哪种模式将在竞争中获胜。

⑤考虑服务提供者拥有异质的机会成本并分析均衡策略的变化。

⑥考虑对市场中总的服务提供者数量进行管制。将这种情况下的最优策略与原始模型的策略进行对比，分析管制对平台利润和服务提供者收益的影响。

3. 6. 1　供需不匹配下的均衡策略

目前为止，本章的结论是在平台提供服务能力始终与市场需求相等时得出的，但在现实生活中，市场需求量往往与服务提供者的数量不等[9,51,77]。因此，这里定义一个与 Cachon 等[9]中类似的参数 ρ，但与之不同的是：本小节的 ρ_i 表示服务提供者能够匹配需求者的比例且服务提供者的数量大于需求者的数量。当 $\rho_i=1$ 时所有需求者都被服务，需求被完全利用，此时平台提供的服务能力等于市场需求；$\rho_i=\dfrac{d_i(p_i)}{F(\tilde{s})}$时部分服务提供者的资源闲置，平台提供的服务能力大于市场需求。在原有的模型中假定需求者的目的地距离 $s\sim U[0,1]$，由于需求者的目的地很难均匀地分布在 $[0,1]$的区间内，所以令 s 服从分布 $F(s)=\begin{cases}1, & s=1\\ 0, & s>1\end{cases}$，$F(s)$单调递增、可导且 $F(0)=0$，密度函数为$f(s)$。

根据以上描述，可以得出 ρ_i，如式(3-7)所示：

$$\rho_i=\begin{cases}1, & F(s)=d_i(p_i)\\ \dfrac{d_i(p_i)}{F(\tilde{s})}, & F(s)\geqslant d_i(p_i)\end{cases} \tag{3-7}$$

其中，$F(\tilde{s})$表示服务提供者加入平台的数量，与平台选择哪种目的地可见模式相关。若平台选择接单前目的地可见模式，则服务提供者可能不接单，所以有 $F(s)=F(\tilde{s})$。若平台选择接单后可见模式，服务提供者必须选择接单，此时有 $F(s)=1$。

首先，分析接单前可见模式下的均衡策略。根据式(3-1)，有供需不匹配时接单前目的地可见模式下服务提供者的收益函数为：

$$E[\pi_A']=E[(1-\varphi_A)\rho_A p_A s+\rho_A z s^2-ks^2 \mid s\leqslant\tilde{s}]F(\tilde{s}) \tag{3-8}$$

同样有平台的利润函数如式(3-9)所示，其中，$N_A=F(\tilde{s})$，$\tilde{s}=\dfrac{(1-\varphi_A)\rho_A p_A}{k-\rho_A z}$。

$$\max_{\{0<p_A<1,\ 0<\varphi_A<1,\ 0<\rho_A<1\}} E[U_A']=\left(\int_0^{\tilde{s}}(\varphi_A\rho_A p_A s-\rho_A z s^2)f(s)\mathrm{d}s\right)N_A \tag{3-9}$$

与接单前可见不同，当平台选择接单后目的地可见时，市场无法达到供需匹配。因为所有的服务提供者都将加入平台，此时需求为 $d_P(p_P)=a-p_P<1$，所以服务提供者存在能力上的分配且分配比例为 $\rho_P=\dfrac{d_P(p_P)}{F(\tilde{s}')}$，$\tilde{s}'=\dfrac{(1-\varphi_P)\rho_P p_P}{k-\rho_P z}$。

平台的利润函数和服务提供者的收益函数分别可用式(3-10)和式(3-11)表示：

$$\max_{\{0<p_P<1,\ 0<\varphi_P<1,\ 0<\rho_P<1\}} E[U_P']=\left(\int_0^{\tilde{s}'}(\varphi_P\rho_P p_P s-\rho_P z s^2)f(s)\mathrm{d}s+\int_{\tilde{s}'}^1(\varphi_P\rho_P p_P s-\rho_P z' s^2)f(s)\mathrm{d}s\right)(a-p_P) \tag{3-10}$$

$$E[\pi_P']=\int_0^{\tilde{s}'}((1-\varphi_P)\rho_P p_P s+\rho_P z s^2-ks^2)f(s)\mathrm{d}s+\int_{\tilde{s}'}^1((1-\varphi_P)\rho_P p_P s+\rho_P z' s^2-ks^2)f(s)\mathrm{d}s \tag{3-11}$$

对于以上两种不同目的地信息分享的模式，需要求得其均衡策略。由于模型的积分中出现关于 $F(s)$ 的表达式而无法直接求闭环解，所以不能利用一般博弈的方法寻找均衡策略。这里利用一维搜索的方法搜寻最优策略的范围，假定 $G(\cdot)$ 为 p_i 关于 φ_i 的函数，可以得到如下命题：

命题 3.6　当供需不匹配时，平台的最优价格 p_i^*、佣金比例 φ_i^* 和分

配比例 ρ_i^* 分别为：

（i）若平台选择接单前目的地信息可见模式，有：

$$p_A^* = \max\{\widetilde{p_A}, \widehat{p_A}\},\ \varphi_A^* \in (0, G^{-1}(\max\{\widetilde{p_A}, \widehat{p_A}\})),\ \rho_A^* = \frac{a - \widehat{p_A}}{F(\tilde{s})}$$

其中，$\widetilde{p_A}$为供需匹配时的定价，$\widehat{p_A}$为平台的最优定价。

（ii）若平台选择接单后目的地信息可见模式，可得：

$$p_P^* = \widehat{p_P},\ \varphi_P^* \in [G^{-1}(\widehat{p_P}), 1),\ \rho_P^* = a - \widehat{p_P}$$

其中，$\widehat{p_P}$为平台的最优定价。

3.6.2　一种新型的补贴方式

在 Uber 和滴滴出行运行的初期，平台为了吸引服务提供者加入，给予的补贴往往与其收入相关，一般情况下是费用的 75%~80%[137]，所以在这一部分假定补贴为服务提供者所得收入的 ϕ 倍且 $\phi \in (0,1)$。为了便于分析，保证其他影响因素不变，即 $\Omega = 2$、$s \sim U[0,1]$ 和供需完全匹配，分析这种补贴策略对均衡策略和接单模式选择结果的影响。

命题 3.7　当补贴变为 $z_i = \phi(1-\varphi_i)s$ 后，对平台的影响较小。但会使得服务提供者加入接单后目的地可见模式对自己完全有利。

命题 3.7 可以很好地对 2014—2016 年 Uber 和滴滴出行补贴大战的结果进行部分的解释（因为 Uber 在 2015 年初到 2015 年中旬采用这种方式的补贴）。当双方平台采用该补贴策略时，Uber 的服务提供者得到更为丰厚的补贴，在几个月的时间内控制了中国私家车打车市场近 1/3 的份额①，但这种模式不利于需求者。对滴滴出行来说，虽然选择这种补贴方式对服务提供者不利，但他们很快吸引到更多的投资（约 10 亿元），用更多的补贴弥补不足。

3.6.3　即需服务系统的社会福利

当即需服务平台与某个群体的利益产生冲突时，例如：Uber 与需求者

① https://www.smh.com.au/business/how-didi-chief-cheng-wei-took-on-uber-and-won-20160816-gqtcci.html.

权益保护组织之间的矛盾、与司机之间的矛盾以及与政府或者其他出租车司机之间的问题等，平台可能不仅关心自身的利益，还关注社会福利最大化的问题。基于以上考虑，需要分析哪种目的地信息分享模式能够带来更大的社会福利。

令社会福利表示为 $W_i = U_i + N_i\alpha(DS_i + \pi_i)$，其中 $\alpha \in [0,1]$ 表示公平程度，即平台愿意为了使服务提供者和需求者感到公平而放弃收益的程度[3]，N_i 为服务提供者数量。不同收益模式下的社会福利 W_A 和 W_P 分别为：

$$E[W_A] = \left(\left(\int_0^{\bar{s}}((1-\varphi_A)p_A s + zs^2 - ks^2)f(s)\,\mathrm{d}s + \frac{1}{2}(a-p_A)^2\right)\alpha + \int_0^{\bar{s}}(\varphi_A p_A s - zs^2)f(s)\,\mathrm{d}s\right)(a-p_A)$$

$$E[W_P] = \left(\left(\int_0^{\bar{s}'}((1-\varphi_P)p_P s + zs^2 - ks^2)f(s)\,\mathrm{d}s + \int_{\bar{s}'}^{1}((1-\varphi_P)p_P s + z's^2 - ks^2)f(s)\,\mathrm{d}s + \frac{1}{2}(a-p_P)^2\right)\alpha + \int_0^{\bar{s}'}(\varphi_P p_P s - zs^2)f(s)\,\mathrm{d}s + \int_{\bar{s}'}^{1}(\varphi_P p_P s - z's^2)f(s)\,\mathrm{d}s\right)(a-p_P)$$

平台的目标是选择最优的 p_i^* 和 φ_i^* 使得社会福利最大，根据均衡条件可求得 $E[W_A]-E[W_P]$。由于参数较多，分别验证当 $a\in[0,1]$ 且 $k\in[0,1]$ 变化时，$E[W_A-W_P]$ 的图像，大致如图 3-5 所示（$a=1$）。

根据图 3-5 所示，有如下命题：

命题 3.8　随着市场需求状态 a 的增加，平台选择接单前目的地可见模式时的社会福利整体高于接单后目的地可见模式时的社会福利；而且随着公平程度 α 的增加，平台趋向于采用接单前目的地可见模式。

命题 3.8 表明，如果平台能够为了使服务提供者和需求者感到公平而放弃较大的收益时，应该选择接单前目的地可见模式，反之则选择接单后目的地可见模式。另外，命题 3.8 也间接说明平台选择接单前目的地可见模式在一定程度上满足了社会福利最大化。因此，这也部分解释了为什么目前国内的这些即需服务平台均采用接单前目的地可见的模式。

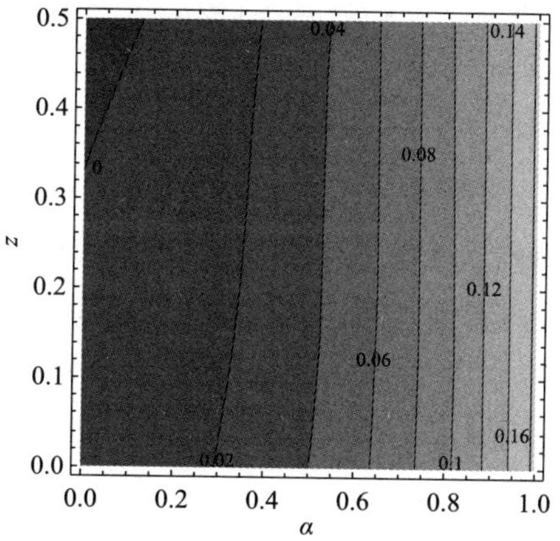

图 3-5　当 $a=1$ 时，$E[W_A-W_P]$ 的等高线图

3.6.4　平台的竞争

到目前为止，即需服务平台被视为一个垄断者且自己可以选择使用哪种接单模式，本章在这种情况下分析它所做出的选择对各利益相关者的影响。这部分关注平台之间的竞争，分析服务提供者和平台在竞争的环境中会选择哪种模式。众所周知，Uber 进入中国市场早于滴滴出行[132]，因此考虑了一个使用 PDI 模式的在位者和一个使用 ADI 模式的入侵者。首先，考虑在位者不会以策略地增加补贴的方式干预入侵者。然后考虑他们之间的补贴战，即在位者利用补贴策略干预入侵者的进入。

根据第 3.3 节和第 3.4 节的描述可知，在 PDI 模式下所有的服务提供者接受需求且所有的需求者被匹配。当入侵的平台选择进入市场时，目的地距离为 $s\in\left[0,\ \dfrac{9a}{12+12k-4z}\right]$ 的需求者能够被服务且加入平台的服务提供者以 $\bar{s}$ 的概率接受请求。下面分别从服务提供者和需求者的角度分析：对于服务提供者而言，入侵者不仅可以从在位者中吸引较多的具有较大成本（$k\in[\underline{k},1)$）和较小补贴（$z\in(0,\bar{z}]$）的服务提供者，还吸引了没有加入在位者平台的一些额外服务提供者。这些服务提供者没有加入在位者平台的原因是服务提供者在 $k\in(0,\underline{k}]$ 和 $z\in[\bar{z},1)$ 的范围内产生较为严重的竞争。对于需求者而言，他们希望更多的服务提供者加入入侵者平台，因为在 ADI 模式下需求者剩余较高(见命题 3.4)。因此，入侵者将加大对已存在于在位者平台的服务提供者的吸引力度，并且当他们加入入侵者平台时可以得到更高的收益。同时，由于服务提供者数量的增加，入侵者也吸引了额外的服务提供者。实际上，命题 3.4 和命题 3.5 中的描述可以理解为市场竞争后的结果并暗示入侵者将在竞争中获得胜利。以上描述也与实际情况相一致：Uber 在 2013 年从上海进入中国市场，但 Uber China 最终被滴滴出行所并购。

下面分析入侵者通过补贴的方式进行反击。在滴滴出行进入市场不久，Uber 与其进行了补贴大战，同时入侵者在进入市场期间向服务提供者提供大量的补贴，即 $z\approx1$。因此，那些已存在于 PDI 模式下且具有较大成本和较小补贴的服务提供者有动机加入 ADI 模式的平台。另外，较大的补贴和完整的目的地信息使得 ADI 模式吸引了较多额外的服务提供者加入。因此，由于服务提供者人数的变化，已存在于 PDI 模式下的需求者选择加入 ADI 模式，所以 ADI 模式可以获得市场中额外的需求者。

3.6.5 服务提供者的异质机会成本

在基本模型中假定如果服务提供者加入平台，则他们的成本 $c_s=ks^2$ 均相等(为了方便起见，这一部分认为成本等于机会成本)。然而，实际生活中服务提供者往往会因为能力空余或者需求者的位置太远导致他们拥有不同的机会成本，例如：当需求者的目的地较远且偏僻时，服务提供者可能出现匹配后的能力空余从而造成成本的增加；当需求者的位置较远时，服务提供者的服务成本增加。因此，这部分对基本模型进行扩展，分析当服务提供者拥有异质的机会成本时，两种接单模式下均衡策略的变化。

根据第 3.2 节对成本的描述，有新的机会成本 $c_s'=\dfrac{k}{\eta}s^2$，其中 η 与接单后服务提供者和需求者之间的距离相关，这里将其称为服务提供者的“预感能力”。当 η 较大时意味着服务提供者有着较强的预感能力，即当需求者发出需求时，服务提供者距离其位置较近(基本模型为 $\eta=1$ 时的情况)，反之则表示服务提供者距离需求者的位置较远。假定整体上 $\eta\in[\underline{\eta},1]$ 服从分布 $F(\eta)$ 且独立于其他参数，为了方便计算把 $\underline{\eta}$ 看作一个常数 A，之所以设置下界 A 是因为有 $\lim_{\eta\to 0}c_s=+\infty$，所以当 $\eta<A$ 时服务提供者放弃接单。此情境中其他的参数与基本模式相同。

首先，分析 ADI 模式下系统均衡策略的变化。当机会成本 $c_s'=\dfrac{k}{\eta}s^2$，每个服务提供者的收益 $\widehat{\pi_A}$ 为式(3-12)：

$$E[\widehat{\pi_A}]=E\left((1-\varphi_A)p_As+zs^2-\frac{k}{\eta}s^2\mid s\leqslant\bar{\bar{s}}\right)F(\bar{\bar{s}}) \tag{3-12}$$

其中，$\bar{\bar{s}}=\dfrac{\eta p_A(1-\varphi_A)}{k-z\eta}$（见引理 3.1 的证明）。由于假定目的地距离 s 服从[0,1]内的均匀分布，所以有：

$$N_A=\bar{\bar{s}}=a-p_A\Rightarrow\frac{\eta p_A(1-\varphi_A)}{k-z\eta}=a-p_A\Rightarrow p_A=\frac{a(k-z\eta)}{k+\eta(1-z-\varphi_A)} \tag{3-13}$$

与第 3. 3 节所使用的方法类似，将式(3-12)变为式(3-14)：

$$E[\widehat{W_A}]=\int_0^{\bar{\bar{s}}}\left(\int_A^1((1-\varphi_A)p_As+zs^2-\frac{k}{\eta}s^2)f(\eta)\,\mathrm{d}\eta\right)f(s)\,\mathrm{d}s \tag{3-14}$$

平台的目标仍是选择最优的价格 p_A^* 和佣金比例 φ_A^* 以最大化收益 $E[\widehat{U_A}(p_A,\varphi_A)]$：

$$\max_{\{0<p_A<1,\ 0<\varphi_A<1\}}E[\widehat{U_A}]=\int_0^{\bar{\bar{s}}}\left(\int_A^1(\varphi_Ap_As-zs^2)(a-p_A)f(\eta)\,\mathrm{d}\eta\right)f(s)\,\mathrm{d}s \tag{3-15}$$

其次，考虑 PDI 模式下系统均衡策略的变化。根据第 3. 4 节的描述可以得到平台的期望收益 $E[\widehat{U_P}]$，如式(3-16)所示：

$$\begin{aligned}\max_{\{0<p_P<1,\ 0<\varphi_P<1\}}E[\widehat{U_P}]=&\left(\int_0^{\bar{\bar{s}}'}\left(\int_A^1(\varphi_Pp_Ps-zs^2)f(\eta)\,\mathrm{d}\eta\right)f(s)\,\mathrm{d}s\right.\\&\left.+\int_{\bar{\bar{s}}'}^1\left(\int_A^1(\varphi_Pp_Ps-\Omega zs^2)f(\eta)\,\mathrm{d}\eta\right)f(s)\,\mathrm{d}s\right)(a-p_P)\end{aligned} \tag{3-16}$$

其中，$\bar{\bar{s}}'=\dfrac{\eta p_P(1-\varphi_P)}{k-z\eta}$。由于假定 η 与目的地距离 s 无关，所以无论哪

种情况下都会遇到分布 $\eta \in [A,1]$。根据目的地上限约束(见引理 3.2 的证明)有:

$$\varphi_P = \frac{\Omega z\eta + p_P\eta - k}{\eta p_P} \tag{3-17}$$

通过计算两种情况下的均衡策略，得到如下命题:

命题 3.9　当考虑异质的机会成本时，ADI 模式下的最优佣金比例 φ_i^* 和 PDI 模式下的最优定价策略 p_i^* 需要满足如下关系:

(i)在 ADI 模式下，有:

$$\begin{cases} \dfrac{\displaystyle\int_0^{\bar{\bar{s}}}\int_A^1 \frac{a\eta(k-z\eta)(s^2z(k+\eta-z\eta)+a(-ks+\eta+sz\eta)-(a+s^2z)\eta\varphi_A^*)}{(k+\eta-z\eta-\eta\varphi_A^*)^3}f(\eta)\mathrm{d}\eta\mathrm{d}s}{\displaystyle\int_A^1 \frac{a^2\eta^2(k-z\eta)(-1+\varphi_A^*)((-1+a)k+(-1+z-2az)\eta+(\eta+az\eta)\varphi_A^*)}{(k+\eta-z\eta-\eta\varphi_A^*)^4}f(\eta)\mathrm{d}\eta} = \dfrac{a\eta(k-z\eta)}{(k+\eta-z\eta-\eta\varphi_A^*)^2} \\ (k+\eta(1-z-\varphi_A^*))p_A^* = a(k-z\eta) \end{cases}$$

(ii)在 PDI 模式下，有:

$$\begin{cases} \dfrac{\displaystyle\int_0^{\bar{s}'}\int_A^1 \frac{s(-k+z\eta(-s+\Omega)+\eta p_P^*)}{\eta}f(\eta)\mathrm{d}\eta\mathrm{d}s}{\displaystyle\int_0^{\bar{s}'}\int_A^1 sf(\eta)\mathrm{d}\eta\mathrm{d}s + \int_{\bar{s}'}^1\int_A^1 sf(\eta)\mathrm{d}\eta\mathrm{d}s} + \dfrac{\displaystyle\int_{\bar{s}'}^1\int_A^1 -\frac{s(k+z\eta\Omega(-1+s)-\eta p_P^*)}{\eta}f(\eta)\mathrm{d}\eta\mathrm{d}s}{\displaystyle\int_0^{\bar{s}'}\int_A^1 sf(\eta)\mathrm{d}\eta\mathrm{d}s + \int_{\bar{s}'}^1\int_A^1 sf(\eta)\mathrm{d}\eta\mathrm{d}s} = a - p_P^* \\ k + \eta p_P^*\varphi_P^* = z\eta\Omega + \eta p_P^* \end{cases}$$

3.6.6　对服务提供者数量的管制

之前的基本模型假定市场中最大的服务提供者数量为 1，给出该假设的目的是方便分析。通常而言，平台在不同模式下可能对服务提供者的数量进行管制，即此时的总数量为 $T_i \in [0,1]$，$i=\{A,P\}$[9,77]，其中 T_A 和 T_P 分别表示平台在 ADI 模式和 PDI 模式下的数量管制值。因此，实际的服务提供者数量为 $N_i \in [0,T_i]$，所以有必要研究平台对服务提供者进行的数量管制将如何影响其收益。

由于较多的符号在之前的章节已经给出，为了避免重复，这部分不再过多呈现。服务提供者数量管制情况与基本模型的不同点在于此时总的服务提供者数量受到限制。因此，需要分析不同 T_i 对供需匹配关系的影响。对于 ADI 模式而言，如果 $T_A \leqslant d_A$，则需求不能完全被匹配，平台中总的交易量为 $\min\{T_A, d_A\} = T_A$。因此，ADI 模式下的目标函数为：

$$\max_{\{0<p_A<1,\ 0<\varphi_A<1\}} E[U_A] = \left(\int_0^{\bar{s}} (\varphi_A p_A s - zs^2) f(s)\, \mathrm{d}s\right) T_A$$

通过求 $E[U_A]$ 关于 p_A 的一阶偏导数后，可得 $\frac{\partial E[U_A]}{\partial p_A} = -\frac{T_A p_A^2(\varphi_A-1)^2(z(\varphi_A+2)-3k\varphi_A)}{2(k-z)^3}$，然后可以推导出 $\begin{cases} \frac{\partial E[U_A]}{\partial p_A} \leqslant 0,\ \varphi_A \in \left(0,\ \frac{2z}{3k-z}\right] \\ \frac{\partial E[U_A]}{\partial p_A} \geqslant 0,\ \varphi_A \in \left[\frac{2z}{3k-z},\ 1\right) \end{cases}$。

当 $\varphi_A \in \left(0,\ \frac{2z}{3k-z}\right]$ 时，由于开区间的无约束目标函数，所以最优的价格 p_A^{**} 不存在。当 $\varphi_A \in \left[\frac{2z}{3k-z},\ 1\right)$ 时，有最优的价格 $p_A^{**} = a - T_A$ 和佣金比例 $\varphi_A^{**} = \frac{k+z}{3k-z}$，可以得到 $E[U_A^{**}] = \frac{2T_A(a-T_A)^3}{3(z-3k)^2}$ 和 $E[\pi_A^{**}] = \frac{4(k-z)(a-T_A)^3}{3(3k-z)^3}$。为了与基本模型区别，令 ** 表示平台实施数量管制时的最优策略。

如果 $T_A \geqslant d_A$，最优的价格满足如下条件：

$$p_A = \frac{a(k-z)}{-T_A\varphi_A + k + T_A - z}$$

所以，最优的策略可以被 $E[U_A(\varphi_A,\ p_A)]$ 的一阶条件唯一确定：

$$\begin{cases} \varphi_A^{**} = \frac{3(k+T_A)+(8T_A-3)z}{12k+T_A(8z+3)-12z} \\ p_A^{**} = a - \frac{9aT_A}{12(k+T_A)+4(2T_A-3)z} \end{cases}$$

将 φ_A^{**} 和 p_A^{**} 代入目标函数后，得到均衡条件下平台的期望利润和服务提供者的期望收益如式(3-18)所示：

$$\begin{cases} E[U_A^{**}] = \frac{729a^4 T_A^3}{512(3(k+T_A)+(2T_A-3)z)^3} \\ E[\pi_A^{**}] = -\frac{243a^3(T_A^2(2T_A-3))(k-z)}{128(3(k+T_A)+(2T_A-3)z)^3} \end{cases} \tag{3-18}$$

然后，同样的方法求得 PDI 模式下的结果如式(3-19)所示：

如果 $T_P \leqslant d_P$，$p_P^{**}=a-T_P$，$\varphi_P^{**}=\dfrac{a-k-T_P+\Omega z}{a-T_P}$：

$$\begin{cases} E[U_P^{**}]=\dfrac{B_1}{6(k-z)^3} \\ E[\pi_P^{**}]=\dfrac{(\Omega-1)^2z^2(\Omega z-k)(-3k+2\Omega z+z)+(k-z)(k-\Omega z)^3}{6(k-z)^3} \end{cases} \tag{3-19}$$

其中，$B_1=T_P(-3k^4+3a(k-z)^3+k^3(-3T_P+7z+3z\Omega)+3k^2z(3T_P+z(-3+\Omega-2\Omega^2))+z^3(3T_P+z\Omega(-1-2(-1+\Omega)\Omega^2))+3kz^2(-3T_P+z(1+\Omega(1+2(-1+\Omega)\Omega))))$。

如果 $T_P \geqslant d_P$，均衡策略不发生变化。

通过将式(3-18)和式(3-19)与基本模型进行对比，可以得到如下的命题：

命题 3.10　当平台对服务提供者的总数量施加管制 T_i 后：

(i)在 ADI 模式下，有：

$$\begin{cases} T_A \leqslant d_A, \begin{cases} \varphi_A \in \left(0, \dfrac{2z}{3k-z}\right], \text{—, —, —} \\ \varphi_A \in \left[\dfrac{2z}{3k-z}, 1\right), \text{见图 3-6} \end{cases} \\ T_A \geqslant d_A, U_A^{**} \leqslant U_A^{*}, DS_{A1} \leqslant DS_A, \begin{cases} \pi_A^{**} \geqslant \pi_A^{*}, \text{如果 } T_A \text{ 较大} \\ \pi_A^{**} \leqslant \pi_A^{*}, \text{如果 } T_A \text{ 较小} \end{cases} \end{cases}$$

(ii)在 PDI 模式下，有：

$$\begin{cases} T_P \leqslant d_P, U_P^{**} \leqslant U_P^{*}, \pi_P^{**}=\pi_P^{*}, \begin{cases} DS_{P1} \leqslant DS_P, \text{如果 } T_P \text{ 较大} \\ DS_{P1} \geqslant DS_P, \text{如果 } T_P \text{ 较小} \end{cases} \\ T_P \geqslant d_P, U_P^{**}=U_P^{*}, \pi_P^{**}=\pi_P^{*}, DS_{P1}=DS_P \end{cases}$$

其中，DS_1 表示平台实施数量管制后的需求者剩余。

命题 3.10 表明如果 $T_A \leqslant d_A$ 且 $\varphi_A \in \left(0, \dfrac{2z}{3k-z}\right]$，最优策略不存在。如果 $\varphi_A \in \left[\dfrac{2z}{3k-z}, 1\right)$，由于目标函数的单调性，所以最优的价格和佣金存在。

将比较结果总结在图 3-6 中，可以发现平台施加数量管制后的结果并不劣于无管制的结果。针对需求者剩余而言，它主要取决于 T_A 的值，当 $T_A \in \left(0, \frac{9a}{12k-4z+12}\right]$，可以得到 $DS_{A1} \leqslant DS_A$。如果 $T_A \in \left[\frac{9a}{12k-4z+12}, 1\right)$，有 $DS_{A1} \geqslant DS_A$。

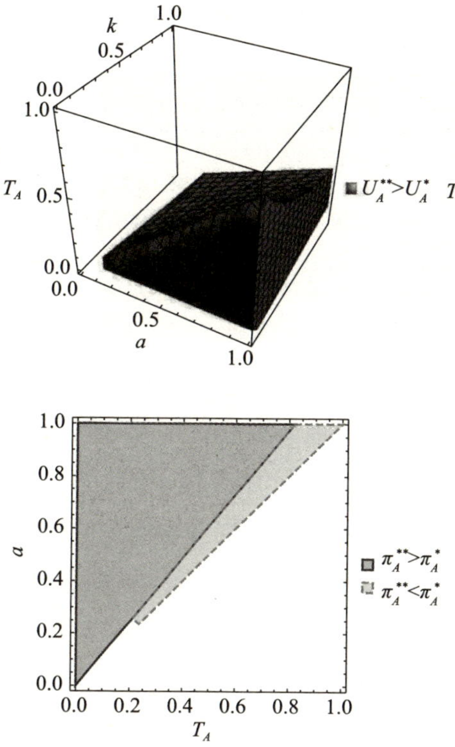

图 3-6　π_A^{**}/U_A^{**} 与 π_A^{*}/U_A^{*} 的比较结果

当 $T_A \geqslant d_A$ 时，发现 $U_A^{**} \leqslant U_A^{*}$ 和 $DS_{A1} \leqslant DS_A$，因为服务提供者数量的减少。另外，还发现较大的 T_A 可以提高服务提供者的收益（见图 3-7），主要原因是平台的管制缓解了市场的竞争。当 T_A 较小时，服务提供者得到较小的收益，这是因为市场中需求速度的放缓$\left(\frac{\mathrm{d}p_A^{**}}{\mathrm{d}T_A} \leqslant 0\right)$。当 $T_P \leqslant d_P$ 给定时，如果存在较小的 T_P，则需求者剩余在 PDI 模式下将增加（见图 3-8）。有关 PDI 模式下其他结果的解释与上述对 ADI 模式的解释相似，所以不再赘述。

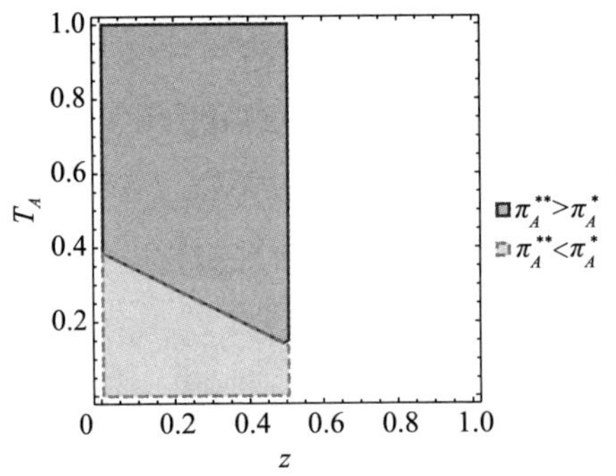

图 3-7　当 *k* 给定时，ADI 模式下两种情况的利润对比

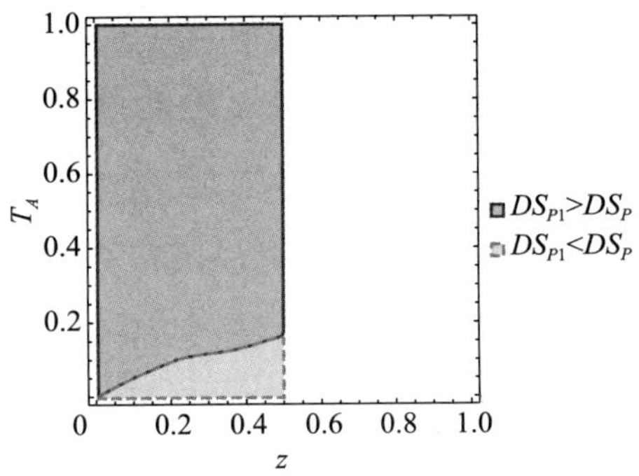

图 3-8　当 *k* 给定时，PDI 模式下两种情况的需求者剩余对比

3.7　本章小结

本章研究了两种目的地信息分享模式对即需服务平台定价策略、平台和服务提供者的最优收益以及需求者剩余的影响。由于不同模式导致服务提供者的接单方式不同，使得平台选择不同的均衡策略。在接单前目的地信息可见的模式下，服务提供者在确定匹配需求者之前能够观察到目的地信息，所以有可能导致服务提供者产生选择拒绝较远目的地距离订单的行为，从而对需求者不利；在接单后目的地信息可见的模式下，服务提供者在确定接单之后才能获得需求者的目的地信息，所以需求在一定范围内能得到满足，但同时会使服务提供者接到较远的订单从而降低他们加入平台的动力。基于以上思考，本章首先利用博弈的方法构建有关接单前目的地可见和接单后目的地可见时的模型并得出供需匹配时不同模式的均衡策略；其次借助数值仿真将不同模式下各利益相关者的最优策略进行对比，试图发现哪种目的地信息分享模式更占优势；最后对原有模型进行扩展，分别考虑供需不匹配时的均衡策略、一种新型的补贴方式、即需服务系统的社会福利、平台的竞争、服务提供者的异质机会成本和对服务提供者数量的管制。

第4章

即需服务平台串谋下的信息共享策略研究

本章通过构建由服务提供者和两个即需服务平台组成的系统，研究佣金合同下信息共享与平台之间的串谋问题，主要考虑两种类型的平台串谋：明显串谋和默契串谋，分析不同串谋类型下各利益相关者的均衡策略以及串谋对平台与服务提供者之间信息共享的影响。研究发现：平台之间的明显串谋抑制了整个系统的信息共享；当平台可以根据服务提供者的努力水平推断其是否接收到有用的信息时，默契串谋有利于平台与服务提供者之间的信息共享，反之则不利，而且即需服务平台之间的串谋使得服务提供者和系统整体从信息共享中受益。最后，将基本模型扩展并考虑平台的串谋偏好、平台之间的竞争和需求者剩余，研究表明：随着信号精度的增加，平台更倾向于采用明显串谋；平台之间激烈的竞争能够促进串谋的形成，但竞争不改变串谋的类型和信息共享的方式；平台选择默契串谋不总是有利于需求者，还受市场需求不确定程度的影响。

4.1 引言

本章的研究动机主要受到以下因素推动：一些企业间为了形成长期相对稳定的关系和避免价格战的同时获得超额的边际利润，从而出现违反《反垄断法》规定的串谋行为[17]，特别是针对最近兴起的即需服务平台而言，串谋事件频繁出现。例如：在 2017 年，美国反垄断机构(FTC)起诉在线隐形眼镜零售商 1-800Contacts，指控该公司与其竞争对手之间达成串谋的协议以阻碍顾客对比不同眼镜的价格①；在 2018 年，国家市场监管总局

① https：//www. ftc. gov/enforcement/cases-proceedings/141-0200/1-800-contacts-inc-matter.

依据《反垄断法》调查滴滴出行和 Uber 的合并行为，并判断和评估该行为是否不利于整个打车服务市场今后的发展和竞争以及消费者利益①。《反垄断法》长期规定的串谋形式有两类：一类是成员之间有明确的串谋协议，称为明显串谋；另一类是成员之间无明确协议规定和信息交换，称为默契串谋。特别是前者，由于成员之间公开交流价格后形成卡特尔组织，所以导致明显串谋在大多数司法管辖区内是非法存在的[145]。即需服务平台的一个显著特点是供给端存在多归属（Multi-homing）的自调度服务提供者且服务能力的可用性有限[52]，即服务提供者可以同时接受但不能同时服务来自多个平台的需求，故平台无法提前安排服务的提供和保证每个市场状态下服务提供者的可用性。因此，为了能够在这种情况下有效地运行，即需服务平台通常投入大量资源以提前预测供需，而且与服务提供者分享这些信息。例如：Uber 使用一些高级算法并根据节假日、天气和交通状况预测每个市场状态下乘客的需求信息[146]，同时 Uber 通过移动设备将这些信息与司机分享并鼓励他们去供给短缺的区域提供服务②。因此，本章考虑了串谋的即需服务平台，研究这些串谋现象以及串谋的平台与服务提供者之间的信息共享策略问题。

尽管一些专家和学者已经分析了信息共享与串谋的问题，但在学术研究中仍存在一些被忽视的空白，例如：以往的研究主要考虑传统供应链情境且关注批发价格契约下的成员串谋问题，忽略了即需经济和其他契约下信息共享与串谋之间的关系。即需服务平台与服务提供者之间采用一种类似于收益共享契约的佣金合同[9]，即在服务结束后，平台往往抽取一定比例的费用作为佣金，例如：航天云网平台从每笔交易中收取的服务费用③。另外，一些扩展也没有出现在之前的研究中，例如：平台的竞争和串谋偏好等。为了填补这些研究空白，本章分析了当即需服务平台使用佣金合同时，系统中的信息共享将如何进行。目前，很少有学者研究在佣金合同下平台与服务提供者共享需求信息以建立卡特尔的问题。本章将回答以下研

---

① http：//finance. people. com. cn/n1/2018/1117/c1004-30405880. html.

② https：//patentswarm. com/patents/US20140011522A1.

③ http：//www. casicloud. com/platform/detail/21. html.

究问题：

（1）在佣金合同下，不同的串谋类型对最优定价策略、服务提供者收益和平台期望利润的影响；

（2）不同的串谋类型对佣金合同下信息共享策略的影响；

（3）与传统批发价格契约下的信息共享相比，考虑佣金合同时平台串谋的信息共享有哪些不同。为了回答以上问题，本章构建了由多归属服务提供者和两个即需服务平台组成的系统，分析在佣金合同下平台串谋对服务提供者信息共享策略的影响，考虑四种不同的信息共享方式：BA 模型（两个平台之间存在明显串谋且与共同的服务提供者共享信息）、ND 模型（系统中无信息交换，平台之间存在明显串谋）、OD 模型（两个平台仅与共同的服务提供者共享信息，平台之间存在默契串谋）、CND 模型（系统中无信息交换，平台之间存在默契串谋）和两种串谋类型：明显串谋（在这种形式的串谋中，平台之间有明显的交流而且达成串谋协议）、默契串谋（与明显串谋不同，默契串谋无明显的交流，平台通过价格信号间接获取对方信息）。

本章的研究提供了一些理论贡献和实际意义：首先，将现有的信息共享模型与串谋和即需服务平台相结合，对研究信息共享做出了理论贡献；其次，得到一些值得关注的研究结果且它们还没有出现在之前批发价格契约下串谋行为和信息共享问题的研究中；最后，对反垄断政策提供一些建议：它们不仅需要注意明显串谋，还要多关注默契串谋，因为默契串谋可能在佣金合同下带来更大的损害，由于默契串谋可能不易被发现，所以反垄断机构需要出台政策对其进行干预。

本章的其余部分安排如下：第 4.2 节构建模型；第 4.3 节构建一个明显串谋的模型并提供均衡分析；第 4.4 节构建一个默契串谋的模型并提供均衡分析；第 4.5 节扩展了基本模型，考虑平台之间的竞争、平台串谋的偏好和需求者剩余等因素；第 4.6 节对本章进行简单的总结；本章部分证明见附录 C。

4.2 模型构建及参数设定

本章考虑了由两个即需服务平台与多归属服务提供者构成的模型，且平台之间存在两种串谋类型：明显串谋（平台之间进行信息共享，通过直接交流后确定价格）和默契串谋（平台之间无信息共享，仅根据服务提供者的努力水平推断对方观测的信号），这里的平台和服务提供者也可能分别是例如 3D Hubs 的制造平台和一些资源制造商。为了方便起见，用他和她分别表示一个即需服务平台和服务提供者。假定平台是风险中性且决策目标是期望利润最大化。本章采用线性市场需求函数，如式(4-1)所示，这种需求函数形式也普遍存在于研究即需服务平台的文献中，如 Zhao 和 Chen[16] 及 Liu 等[147]：

$$d=(A-p)^{+} \tag{4-1}$$

式(4-1)中，$(A-p)^{+}=\max(A-p,0)$，A 表示市场状态且以 $r\in(0,1)$ 的概率为 H 和 $1-r$ 的概率为 L，且 $H>L>0$，H 和 L 分别对应高和低的市场需求；系统中的各利益相关者都能获取市场状态的先验概率，不确定市场状态的事前期望值为 $\bar{A}$ 且 $\bar{A}=rH+(1-r)L$；p 为平台制定的价格；d 为市场的需求。为了方便起见，本章假定市场中的平台之间无竞争，同时也可以将该情况视为一个完全的串谋而非半串谋，因为平台能够获得更高的收益。平台之间进行串谋的一个原因是通过协调市场行为获得超竞争的利润[148,149]，另一个原因是避免价格战导致在未来周期内出现 0 利润，例如：在 19 世纪 80 年代铁路联合执行委员会卡特尔组织中出现的非合作行为[150]。相同的用法还出现在其他文献中，例如 van den Berg 和 Bos[151]。该假设将在第 4.5.2 小节中被放松，考虑了平台之间的竞争。

在服务提供者加入平台之前，每个即需服务平台都有机会观测有关不确定市场需求 A 的市场信号 $\theta\in\{h,l\}$，令 h 和 l 分别表示市场需求为 H 和 L 的信号，信号可以部分表明市场的需求状态，条件概率如式(4-2)所示：

$$\begin{cases} Pr(\theta=h)=\begin{cases}\mu, & A=H\\ 0, & A=L\end{cases} \\ Pr(\theta=l)=\begin{cases}1-\mu, & A=H\\ 1, & A=L\end{cases}\end{cases} \tag{4-2}$$

式中，μ 为高市场需求下观测到信号 h 的概率，式(4-2)表明当市场需求较低时，l 信号可以被平台精确地观测到，当市场需求较高时，h 信号仅以 μ 的概率被观测到。式(4-2)所示的概率与一般文献描述的不同，现有的文献几乎都假定 $Pr(h \mid H)=Pr(l \mid L)$[152]。然而，对于一般的市场需求，当市场状态为低时，即需服务平台能够观测到关于市场状态的完美信号，因为低需求市场状态和较少服务提供者的加入使得平台精确地观测到信号，即 $Pr(\theta=l \mid A=L)=1$[104]，所以令 $Pr(h \mid H) \neq Pr(l \mid L)$。

因此，可得到平台观测到信号 H 和 L 的概率分别为 λ_h 和 λ_l，且 $\lambda_h+\lambda_l=1$：

$$\lambda_h=Pr(h)=Pr(H)Pr(h \mid H)+Pr(L)Pr(h \mid L)=\mu r$$

$$\lambda_l=Pr(l)=Pr(H)Pr(l \mid H)+Pr(L)Pr(l \mid L)=(1-\mu)r+(1-r)$$

式(4-3)表示当观测到信号为 θ 后，每个即需服务平台将更新概率，此时市场大小是关于信号 $\theta=h$ 的贝叶斯概率：

$$\begin{cases} Pr(H \mid h)=1 \\ Pr(H \mid l)=\dfrac{(1-\mu)r}{(1-\mu)r+(1-r)} \\ Pr(L \mid h)=0 \\ Pr(L \mid l)=\dfrac{1-r}{(1-\mu)r+(1-r)}\end{cases} \tag{4-3}$$

需求信号关于 A 的条件期望为：

$$\begin{cases} \widehat{H}=E[A \mid h]=H \\ \widehat{L}=E[A \mid l]=H\dfrac{(1-\mu)r}{(1-\mu)r+(1-r)}+L\dfrac{1-r}{(1-\mu)r+(1-r)}\end{cases}, \quad \widehat{L}<\overline{A}<\widehat{H} \tag{4-4}$$

式(4-4)表明当服务提供者认为市场需求为高时，至少有一个即需服务平台需要提供 h 信号；当服务提供者认为市场需求为低时，两个平台都

要提供 l 信号。在即需服务平台模式下，服务提供者与平台的决策过程为：即需服务平台决定是否将自己预测的市场需求信号 θ 与多归属的服务提供者共享；即需服务平台观测关于市场需求的信号 θ，若双方达成共享协议，则服务提供者得到平台提供的信号 θ，服务提供者根据接收的信息和互补佣金比例① $\varphi \in (0,1)$ 选择努力水平 e，从而直接影响平台的补贴，同样的做法和决策顺序见 Jin 等[69]；串谋的即需服务平台制定价格 p；根据价格 p，市场需求 d 实现且两个平台等分需求 d；即需服务平台的利润和服务提供者的收益实现。这里需要解释一些参数，首先，对于服务提供者的努力水平而言，它与服务数量和工作时间密切相关且补贴随着努力水平的增加而增加，例如每小时 15 美元的补贴[77]。因此，为了不考虑较多的参数，努力水平被量化为平台提供的补贴，同时也验证当二者之间呈任何线性关系时，结论仍成立。其次，由于即需服务平台是双边市场且需求者通过平台寻找服务提供者匹配，所以平台具有预测信息的优势；最后，本章认为串谋平台可以平分需求的原因是存在一个共同的卡特尔价格，当价格相同时需求定然相等[88]。本章所用到的参数设定如表 4-1 所示：

表 4-1　符号描述

符号	说明
p	平台设置的价格
A	不确定的市场状态/潜力
$\bar{A}$	不确定市场需求的期望值
φ	互补佣金比例
e	服务提供者的努力水平
V_S	服务提供者的期望折现收益
V_{Pi}	平台 i 的期望折现利润
θ	需求信号
π_{Pi}^{c}	在 c 模式下平台 i 的串谋利润

① 由于本章将 $1-\varphi$ 表示为佣金比例，所以称 φ 为互补佣金比例（Complementary Commission Ratio），这里主要借助了概率和互补概率的表示方法。

续表

符号	说明
δ	市场折现因子
$\pi_{Pi}(e,\widehat{p_i},p_{-ic})$	平台 i 偏离串谋时的利润
p_c	串谋时的价格
$\widehat{p}$	平台偏离串谋价格
γ	竞争系数
λ_h/λ_l	平台观测到 h/l 信号的概率
ψ	需求的不确定程度
r	高需求的概率
μ	给定高需求时观测到 H 信号的概率

在无限期重复的博弈中，为了在给定折现因子 δ 时求解即需服务平台串谋的最大利润，本章利用此类文献中常用的方法——无限期博弈的单阶段偏离法则求解该问题[151,153]。根据 Fudenberg 和 Tirole[154] 的定义，可得式(4-5)：

$$\begin{cases} V_{Pi} = \sum_{t=0}^{\infty} \delta^t \pi_{Pi}^c \\ V_{Pi} = \pi_{Pi}^c + \delta V_{Pi} \Rightarrow V_{Pi} = \dfrac{\pi_{Pi}^c}{1-\delta} \end{cases} \tag{4-5}$$

其中，$t \in (0,+\infty)$ 为博弈的周期数；$\delta \in (0,1)$ 为市场折现因子，表示对未来的附加权重；V_{Pi} 表示从当前期开始平台 i 的期望折现利润；π_{Pi}^c 为串谋时即需服务平台在 c 模式下的利润。对于无串谋的成员，在无限期多阶段的博弈中，即使其中一个成员在某个阶段的策略发生偏离也不会受到惩罚。但对于串谋的平台，任意时刻的偏离都会受到惩罚从而触发冷酷战略①，Friedman[155] 随后证明：当重复的博弈满足某一条件后，触发战略不

① 冷酷战略又称为触发战略（Trigger Strategies），由 Friedman[155] 于 1990 年提出的，它是指：若参与人在博弈周期开始时选择合作且在以后的周期内仍然选择合作，则该合作行为可以继续。但若部分参与人在以后的某个周期内选择背叛，则其他参与人与其的合作行为将终止且与其永不合作。

仅是一个纳什均衡，还是一个子博弈精炼的纳什均衡：令 $G:=(\mathscr{F},X,\pi)$ 表示一个无限重复多阶段的博弈，$q^N=(q_1^N,\cdots,q_F^N)\in X$ 为博弈 G 中一个阶段的纳什均衡，$(\tilde{q},q^N)\in X\times X$ 为一个触发战略的组合。在无限重复的博弈中，$(\tilde{q},q^N)$ 是一个子博弈完美的均衡当且仅当式(4-6)成立时：

$$\delta\geqslant\frac{\pi_f^d(\widetilde{q_{-f}})-\pi_f(\widetilde{q})}{\pi_f^d(\widetilde{q_{-f}})-\pi_f^N},\quad\forall f\in F \tag{4-6}$$

其中，$\pi_f^d(\widetilde{q_{-f}})$ 表示当其他成员的行动为 $\widetilde{q_{-f}}$，成员 f 的最优反应。根据 Fudenberg 和 Tirole(1991)[154] 及 Friedman(1990)[155] 可以推出在无限期多阶段重复的博弈中，串谋可持续的条件为：

引理4.1　当 $\delta\geqslant\delta^*\equiv\frac{\pi_{Pi}(e,\widehat{p_i},p_{-ic})-\pi_{Pi}^c(e,p_c)}{V_{Pi}}$，$\delta^*\in(0,1)$，$\delta\in(\delta^*,1)$ 时，串谋可以持续。

引理 4.1 表明当市场折现因子大于 δ^* 时，串谋可持续，否则串谋不可持续。根据 Colombo[156] 可知，当即需服务平台在串谋情形下得到的利润折现值大于偏离卡特尔协议后获得的利润折现值时，串谋不仅可以持续还是一个子博弈精炼的纳什均衡，所以均衡时串谋平台的利润需满足式(4-7)：

$$\pi_{Pi}^c(e,p_c)+\delta V_{Pi}\geqslant\pi_{Pi}(e,\widehat{p_i},p_{-ic}) \tag{4-7}$$

式(4-7)中即需服务平台的利润函数连续且一阶可导；p_c 为串谋时平台制定的价格；$\widehat{p_i}$ 为平台 i 偏离串谋的价格。式(4-7)表明：平台 i 在当前期偏离串谋时所获得收益小于其维持串谋价格时所获得的收益，因此限制了平台产生偏离串谋的行为。又因为任何的偏离将产生触发策略从而导致 0 利润，所以平台 i 偏离串谋时的收益为 $\pi_{Pi}(e,\widehat{p_i},p_{-ic})$。

4.3　即需服务平台明显串谋下的信息共享

市场中即需服务平台存在明显串谋时的信息共享形式如图 4-1 所示：①BA(Both Disclosure to All)模型，在 BA 模型中即需服务平台之间存在明显的串谋而且平台与服务提供者之间存在信息共享；②ND（No Disclosure）模型，ND 模型中即需服务平台之间存在明显串谋，但无信息共享。

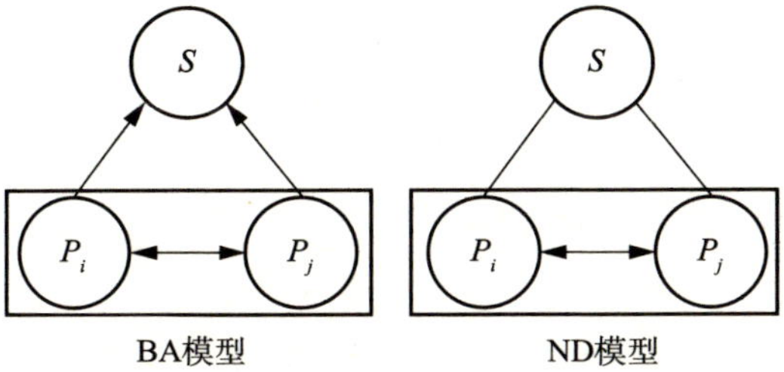

图 4-1　即需服务平台存在明显串谋时的结构图

4.3.1　BA 模型

BA 模型下，两个即需服务平台之间共享而且与多归属的服务提供者共享，故存在明显的串谋行为，出现卡特尔组织。由于市场内部形成明显串谋，所以两个平台都制定了与垄断价格 p^{BA*} 相等的价格，串谋可持续需满足如下条件：

$$\begin{cases}\pi_{Pi}^{c}(H,e_h^{BA},p_h^{BA})+\delta V_{Pi}\geqslant\pi_{Pi}(H,e_h^{BA},\widehat{p}),\ \widehat{p}\neq p_h^{BA*}\\E_A[\pi_{Pi}^{c}(A,e_l^{BA},p_l^{BA})\mid l]+\delta V_{Pi}\geqslant E_A[\pi_{Pi}(A,e_l^{BA},\widehat{p})\mid l],\ \widehat{p}\neq p_l^{BA*}\end{cases}$$

其中，$\widehat{p}$ 为平台制定不同于垄断价格 p^{BA*} 的价格。以上两个约束条件为 off-schedule 约束，表明在市场中形成串谋时，即需服务平台必须按照观测的信号制定相应的串谋价格，任何偏离串谋价格的行为将引起价格战且最终导致利润为 0[157]。本章采用对称的公共策略（SPPE）作为解概念，同时串谋成员在 SPPE 下能够得到最大的均衡收益，为了在最优的 SPPE 下满足 off-schedule 约束，有：

$$\pi_{Pi}^{c}(e^{BA*},p^{BA*})\leqslant\frac{\delta\pi_{Pi}^{c}(e^{BA*},p^{BA*})}{1-\delta}\Rightarrow\delta^*\geqslant\frac{1}{2}$$

根据第 4.1 节的描述可知 BA 模型下平台 i 利润函数：

$$\max_{p}V_{Pi}^{BA}$$

$$s.t.\begin{cases}\pi_{Pi}^{c}(H,e_h^{BA},p_h^{BA})+\delta V_{Pi}\geqslant\pi_{Pi}(H,e_h^{BA},\widehat{p})\\E_A[\pi_{Pi}^{c}(A,e_l^{BA},p_l^{BA})\mid l]+\delta V_{Pi}\geqslant E_A[\pi_{Pi}(A,e_l^{BA},\widehat{p})\mid l]\end{cases},\ \widehat{p}\neq p_l^{BA*}$$

求解后可以得到最优的定价策略：

$$p^{BA*}=\frac{A(3-2\varphi)}{2(2-\varphi)}$$

根据 BA 模型下服务提供者 S 的目标函数：

$$\max_{e} V_S^{BA}$$

可以求出服务提供者的最优努力水平：

$$e^{BA*}=\frac{A(1-\varphi)^2}{2-\varphi}$$

4.3.2 ND 模型

ND 模型下，平台与服务提供者之间无信息共享，但即需服务平台之间仍存在明显串谋，若平台想维持串谋价格，需满足式(4-7)。另外，服务提供者在选择努力水平 e 时无法得知市场的需求信号，仅能根据共享信息时市场的需求量估计此时的期望需求量为 $E[d^{ND*}]=\frac{e+\bar{A}(-1+\varphi)}{2(-1+\varphi)}$，所以可以得到此时服务提供者最优的策略：

$$e^{ND*}=\frac{\bar{A}(1-\varphi)^2}{2-\varphi}$$

根据服务提供者选择的努力水平，平台设置最优的串谋价格为：

$$E[p^{ND*}]=\frac{A(-2+\varphi)+\bar{A}(-1+\varphi)}{2(-2+\varphi)}$$

4.3.3 明显串谋下均衡分析

这一部分对比分析 BA 模型与 ND 模型，并得出一些命题，这些命题都需要满足 $\delta\geqslant\delta^*=\frac{\pi_{Pi}(e,\widehat{p_i},p_{-ic})-\pi_{Pi}^{c}(e,p_c)}{V_{Pi}}$和 off-schedule 约束，否则串谋无法持续。

命题 4.1　当 $\delta\in\left[\frac{1}{1+\mu(1-r)},\ 1\right)$ 时，即需服务平台之间存在明显串谋，而且市场中不存在信息共享：

(i) $V_S^{BA*}>V_S^{ND*}$，信息共享有利于服务提供者；

(ii) $V_{Pi}^{ND*}>V_{Pi}^{BA*}$，信息共享不利于即需服务平台。

命题 4.1 表明信息共享不利于即需服务平台，但有利于服务提供者。因为服务提供者可以根据即需服务平台共享的信息调整自己的努力水平以得到更多收益，故 $V_S^{BA*}>V_S^{ND*}$。当市场需求为高且存在信息共享时，即需服务平台无须根据服务提供者的努力水平 e 推测对方平台的信号，虽然共享信息使得平台制定了一个较高的价格 $p^{BA*}>p^{ND*}$，但也会招致较高的补贴成本。因此，相比于无信息共享的情况，平台支付较高的补贴，从而导致收益减小，即 $V_{Pi}^{BA*}<V_{Pi}^{ND*}$。当市场需求低时，相比于共享信息时，平台在无信息共享下通过制定一个价格 $p_l^{ND*}>p_l^{BA*}$，使自己得到更大的收益，因此有 $V_{Pi}^{ND*}>V_{Pi}^{BA*}$。命题 4.1 与一些关于非串谋组织的研究所得的结果相一致[96,152]。

推论 4.1　在明显串谋条件下，可以得到：

(i) $V^{BA*}>V^{ND*}$，信息共享有利于系统整体；

(ii) 互补佣金比例对最优利润差的影响如下：

$$\frac{\mathrm{d}(V_S^{BA*}-V_S^{ND*})}{\mathrm{d}\varphi}>0,\quad \frac{\mathrm{d}(V_{Pi}^{BA*}-V_{Pi}^{ND*})}{\mathrm{d}\varphi}>0,\quad \frac{\mathrm{d}(V^{BA*}-V^{ND*})}{\mathrm{d}\varphi}>0$$

推论 4.1 的(i)表明信息共享下即需服务平台系统的整体收益较高，因为共享缓解了"双边际效应"，从而使得 $V^{BA*}>V^{ND*}$。上述解释也与一些运营的实例相一致：Costco 和 7-Eleven 向它们的供应商共享信息且供应商负责向零售商提供建议①。推论 4.1 的(ii)表明随着 φ 的增大，$V_S^{BA*}-V_S^{ND*}$、$V_{Pi}^{BA*}-V_{Pi}^{ND*}$ 和 $V^{BA*}-V^{ND*}$ 的差距也逐渐增大。$\frac{\mathrm{d}(V_S^{BA*}-V_S^{ND*})}{\mathrm{d}\varphi}>0$ 表明信息共享促使平台制定更接近于最优的互补佣金比例 φ^*，原因是获取较多的信息对服务提供者有利，当 φ 较大时服务提供者得到更多的收益。$\frac{\mathrm{d}(V_{Pi}^{BA*}-V_{Pi}^{ND*})}{\mathrm{d}\varphi}>0$ 表明随着 φ 的增大，平台在有信息共享时与无信息共享时的收益差距逐渐缩小，因为平台无动机与服务提供者共享自己的需求信息，当 φ 较小时平台得到更

① https：//www.essentialretail.com/news/560297ba327b7-costco-offers-new-insights-platform-for-suppliers/.

大的利润。$\frac{d(V^{BA*}-V^{ND*})}{d\varphi}>0$ 暗示随着 φ 的增大，$V_S^{BA*}-V_S^{ND*}$ 的增长速度高于 $V_{Pi}^{ND*}-V_{Pi}^{BA*}$ 的增长速度，故整体增长速度是增加的。

4.4 即需服务平台默契串谋下的信息共享

与明显串谋不同，默契串谋的一种常见形式是通过价格信号间接沟通：当一个成员提高价格时，希望其他成员以串谋的方式理解这种行动并通过提高价格的方式回应[105]。下面分两种情况对默契串谋下平台的信息共享进行研究，如图 4-2 所示：①OD(One Disclosure to Service Provider only)模型，在 OD 模型下两个即需服务平台之间存在默契串谋但两者之间无任何信息沟通，仅能通过服务提供者选择的努力水平判断对方观测的信号；②CND(Collusion but Not Disclosure)模型，与 ND 模型类似，不同之处是即需服务平台之间存在默契串谋。由于 OD 模型下 δ 求解较为复杂，所以假定存在均衡时的 δ 足够大。令 $\frac{H}{\widehat{L}}=\psi$ 代表需求的不确定程度，它测量了高需求时需求截距与所有平台都观测到低信号时需求截距的期望比率，同样的做法也被用在 Anand 和 Goyal 中[99]。

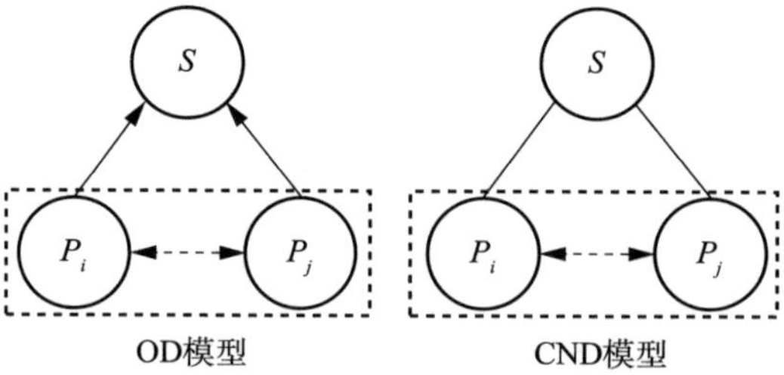

图 4-2 即需服务平台存在默契串谋时的结构图

4.4.1 OD 模型

如图 4-2 所示，两个即需服务平台均与服务提供者共享自己的私有信息，与 BA 模型不同的是 OD 模型下平台之间存在默契串谋，平台仅根据服务提供者选择的努力水平与自己的私有信息决定最优的价格。同时，Zhang[96]认为纵向的信息共享会伴随着信息泄露效应，即平台之间无直接共享信息，但可以根据服务提供者的努力水平 e 进行观测，从而间接传递一些与市场需求相关的信息。以平台 i 为例，当观测到信号 l 且服务提供者 S 选择的努力水平为 e_{Sh} 时，能够推测平台 j 观测的信号必为 h；当观测到信号 l 且服务提供者 S 选择的努力水平为 e_{Sl} 时，可以判断平台 j 观测的信号也为 l。

另外，OD 模型下存在两种类型的纯策略完美贝叶斯均衡——分离均衡与混同均衡：在分离均衡下，即需服务平台可以根据努力水平推断服务提供者是否接收到有用的信号，推测的概率如式(4-8)所示；在混同均衡下，即需服务平台不能根据努力水平推测服务提供者接收的信号。为了便于表示，用下标 s 和 o 分别表示分离均衡和混同均衡。

$$Pr(A=H)=\begin{cases}\dfrac{(1-\mu)r}{(1-\mu)r+(1-r)}, & e_s\leqslant e_s^*\\ 1, & e_s>e_s^*\end{cases} \tag{4-8}$$

首先分析分离均衡：服务提供者根据平台的信号选择努力水平以实现收益的最大化，但同时也产生两种类型的信号偏离，即 off-schedule 和 on-schedule。在 off-schedule 下，服务提供者可能选择一个努力水平 $e\notin\{e_h^*, e_l^*\}$ 使自己受益；在 on-schedule 下，服务提供者在收到信号 h 和 l 时分别选择努力水平 e_{Sl}^* 和 e_{Sh}^*。现以服务提供者收到 l 信号制定 e_{Sh}^* 为例解释如何从中受益，当服务提供者收到平台共享的低需求信号时，其有动机选择 e_{Sh}^* 以诱使平台提供较多的补贴以获得更高的收益。因此，服务提供者的目标函数在分离均衡时需满足以下约束条件：

$$\max_e V_S \tag{4-9}$$

$$s.t.\begin{cases}\pi_{sS}^{OD}(H,p_{sh},e_{sh}^*)\geqslant\pi_{sS}^{OD}(H,p(e),e)\\ E_A[\pi_{sS}^{OD}(A,p_{sl},e_{sl}^*)\mid l]\geqslant E_A[\pi_{sS}^{OD}(A,p(e),e)\mid l]\\ \pi_{sS}^{OD}(H,p_{sh},e_{sh}^*)\geqslant\pi_{sS}^{OD}(H,p_{sl},e_{sl}^*)\\ E_A[\pi_{sS}^{OD}(A,p_{sl},e_{sl}^*)\mid l]\geqslant E_A[\pi_{sS}^{OD}(A,p_{sh},e_{sh}^*)\mid l]\end{cases},\quad e\neq e_{sh}^*/e_{sl}^* \tag{4-10}$$

其中，式(4-10)中前两个约束表示服务提供者无动机进行off-schedule偏离，后两个约束限制服务提供者产生 on-schedule 偏离。同时，即需服务平台为了维持串谋价格也需要满足式(4-7)，所以有：

$$\max_{p} V_{sPi}^{OD}$$

$$s.t.\begin{cases}\pi_{sPi}^{c}(H,e_{h}^{OD},p_{h}^{OD})+\delta V_{Pi}\geqslant\pi_{sPi}(H,e_{h}^{OD},\widehat{p})\\E_{A}[\pi_{sPi}^{c}(A,e_{l}^{OD},p_{l}^{OD})\mid l]+\delta V_{Pi}\geqslant E_{A}[\pi_{sPi}(A,e_{l}^{OD},\widehat{p})\mid l]\end{cases}$$

然后对混同均衡下双方的行为进行分析：此时串谋的两个平台无法根据服务提供者的努力水平 e_o 推断对方的信息。因此，当服务提供者接收到低需求信号时，有动机选择一个努力水平 e_{oh} 使得平台认为市场需求为高以增加补贴，一般情况下接收到高需求信号的服务提供者不会模仿低需求时的策略。满足下列约束时，服务提供者接收高需求和低需求信号易于混同：

$$\begin{cases}\pi_{oS}^{OD}(H,p,e^{*})\geqslant\pi_{oS}^{OD}(H,p,e)\\E_{A}[\pi_{oS}^{OD}(A,p,e^{*})\mid l]\geqslant E_{A}[\pi_{oS}^{OD}(A,p,e)\mid l]\\\pi_{oS}^{OD}(H,p,e^{*})\geqslant\pi_{oS}^{OD}(H,p_{oh},e_{oh}^{*})\\E_{A}[\pi_{oS}^{OD}(A,p,e^{*})\mid l]\geqslant E_{A}[\pi_{oS}^{OD}(A,p_{ol},e_{ol}^{*})\mid l]\end{cases},\quad e\neq e^{*}\qquad(4-11)$$

与分离均衡类似，式(4-11)中前两个约束限制服务提供者必须制定唯一的努力水平 e^*，后两个约束表示统一定价优于分别定价，即需服务平台需满足式(4-7)，所以有：

$$\max_{p} V_{oPi}^{OD}$$

$$s.t.\begin{cases}\pi_{oPi}^{c}(H,e_{h}^{OD},p_{h}^{OD})+\delta V_{Pi}\geqslant\pi_{oPi}(H,e_{h}^{OD},\widehat{p})\\E_{A}[\pi_{oPi}^{c}(A,e_{l}^{OD},p_{l}^{OD})\mid l]+\delta V_{Pi}\geqslant E_{A}[\pi_{oPi}(A,e_{l}^{OD},\widehat{p})\mid l]\end{cases}$$

4.4.2 CND 模型

在 CND 模型下，服务提供者与平台之间无信息共享，平台之间存在默契串谋。与 OD 模型不同之处在于，CND 模型下平台无法通过努力水平推断对方的需求。因此，可能存在的策略集合$\{(h,h),(l,h),(h,l),(l,l)\}$，当 P_i 和 P_j 均观测到信号 h 时，服务提供者认为市场需求为 H，有 $\pi_{Pi}=$

$\pi_{Pj}=\pi_H$；当 P_i 观测到信号 h 且 P_j 观测到信号 l 时，服务提供者同样认为市场需求为 H，但由于 P_j 制定的价格 p_{jl}小于 P_i 的价格 p_{ih}，所以导致 $\pi_{Pi}=0$，$\pi_{Pj}=\pi_H^*>\pi_H$；当 P_i 和 P_j 均观测到信号 l 时，服务提供者认为市场需求为 l，所以有 $\pi_{Pi}=\pi_{Pj}=\pi_L$。因此，根据上述分析可得到双方的收益矩阵，如图 4-3 所示：

		P_i: h	P_i: l
P_j	h	π_H，π_H	0，π_H^*
	l	π_H^*，0	π_L，π_L

图 4-3　CND 模型下即需服务平台的收益矩阵

为避免默契串谋破裂后引发的价格战，双方的最优策略为$\{\pi_L,\pi_L\}$。另外，观测到高需求信号的平台有动机模仿观测到低需求信号的平台从而制定较低的价格 p_l。若使得平台无动机扭曲信号，则需满足式(4-12)：

$$\pi_{Pi}(p_h \mid \theta=h)\geqslant\pi_{Pi}(p_l \mid \theta=h) \tag{4-12}$$

在式(4-12)条件下，平台在观测到高需求信号和低需求信号时分别制定 p_h 和 p_l，可求解此时平台的最优定价和服务提供者的最优努力水平分别为：$p^{CND*}=\dfrac{(3-2\varphi)\overline{A}}{2(2-\varphi)}$和 $e^{CND*}=\dfrac{(1-\varphi)^2\overline{A}}{2-\varphi}$。CND 模型需要在式(4-11)成立的前提下进行，这点与 ND 模型不同。为了方便起见，本章余下部分在对 CND 模型进行分析时省略该前提。

4.4.3　默契串谋下均衡分析

这一部分对比分析 OD 模型和 CND 模型，并得出一些命题，所有命题必须满足式(4-12)和 $\delta\geqslant\delta^*=\dfrac{\pi_{Pi}(e,\widehat{p},p_{-ic})-\pi_{Pi}^c(e,p_c)}{V_{Pi}}$，否则即需服务平台能够在 CND 模型下扭曲信号且串谋将不可持续。

命题 4.2　如果即需服务平台之间存在默契串谋，则有：

(i)OD 模型下，服务提供者和平台在分离均衡与混同均衡时制定的最

优策略 e^* 和 p^* 如下：

$$p_{sh}^{OD*}=\frac{(3-2\varphi)H}{2(2-\varphi)},\quad e_{sh}^{OD*}=\frac{(\varphi-1)^2H}{2-\varphi}$$

$$p_{sl}^{OD*}=\begin{cases}\dfrac{(3-2\varphi)\widehat{L}}{2(2-\varphi)}, & \psi\geqslant 3 \parallel \psi\in(1,3),\ \varphi\in\left[\dfrac{3-\psi}{2},1\right)\\ \dfrac{(2-\varphi)H+(1-\varphi)\left(\widehat{L}+\sqrt{\dfrac{(H-\widehat{L})((3-\varphi)H+(1-\varphi)\widehat{L})}{1-\varphi}}\right)}{2(2-\varphi)}, & \psi\in(1,3),\ \varphi\in\left(0,\dfrac{3-\psi}{2}\right)\end{cases}$$

$$e_{sl}^{OD*}=\begin{cases}\dfrac{(\varphi-1)^2\widehat{L}}{2-\varphi}, & \psi\geqslant 3 \parallel \psi\in(1,3),\ \varphi\in\left[\dfrac{3-\psi}{2},1\right)\\ \dfrac{(1-\varphi)\left((2-\varphi)H-\widehat{L}+(1-\varphi)\sqrt{\dfrac{(H-\widehat{L})((3-\varphi)H+(1-\varphi)\widehat{L})}{1-\varphi}}\right)}{2-\varphi}, & \psi\in(1,3),\ \varphi\in\left(0,\dfrac{3-\psi}{2}\right)\end{cases}$$

$$p_{ol}^{OD*}=\frac{\overline{A}}{2}+\frac{w}{2(1-\varphi)},\quad e_{ol}^{OD*}=\left[\frac{(1-\varphi)((2-\varphi)L-\overline{A})}{2-\varphi}\right]^+$$

（ii）当 $e_o<e_{o\min}^h$ 时，不会出现高低需求信号的混同；当 $\psi\in(1,\vartheta(\varphi,r,\mu)]$ 时存在混同。

命题 4.2 的（i）总结了默契串谋情况下的纯策略均衡结果，在分离均衡的情况下，当两个即需服务平台中至少有一个平台观测到 $\theta=h$ 信号时，服务提供者认为市场需求为高并选择相应高需求时的努力水平 e_{sh}^{OD*}，平台随之制定价格 p_{sh}^{OD*}；当两个平台均观测到 $\theta=l$ 信号时，服务提供者认为市场需求为低并选择 $e^*=e_{sl}^{OD*}$ 的努力水平，平台选择 p_{sl}^{OD*}。另外，由于服务提供者接收到高需求信号时无动机偏离最优策略 e_{sh}^{OD*}，但接收到低需求信号时可能偏离最优策略 e_{sl}^{OD*} 并选择高需求时的努力水平 e_{sh}^{OD*} 以增加平台提供的补贴，所以平台和服务提供者在高需求时的价格和努力水平存在唯一最优解，在低需求时又可以按照服务提供者能否选择易于平台判断的努力水平将其分为两类。

命题 4.2 的（ii）给出混同均衡的闭环形式，表明当排除平台的一些合理推测时，在部分情况下存在混同均衡。在混同均衡的情况下，服务提供者接收到不同信号时选择相同的努力水平 e_{ol}^{OD*}，从而导致平台选择 p_{ol}^{OD*}。

一般情况下，这种情境的混同均衡很少出现，因为服务提供者在接收不同信号时一般无动机选择统一的努力水平。另外，还可以证明在混同均衡下不存在信息共享且共享信息对服务提供者不利（$V_{ol}^{OD*}-V^{CND*}=\frac{1}{4}r^2\mu^2(\varphi-2)(\psi-1)^2<0$，由于 $\varphi\in(0,1)$，所以 $V_{ol}^{OD*}<V^{CND*}$）。因此，这里仅将混同均衡与分离均衡作为对比分析，在本章剩余部分的分析中忽略混同均衡，故有 $e^{OD*}=e_s^{OD*}$、$p^{OD*}=p_s^{OD*}$ 和 $\pi^{OD*}=\pi_s^{OD*}$，与本章有着类似做法的文章有 Kong 等[101]。

命题 4.3　若 $\psi\geqslant 3$ || $\psi\in(1,3)$，$\varphi\in\left[\frac{3-\psi}{2},\ 1\right)$，有 $e_h^{OD*}=e_h^{BA*}$ 和 $e_l^{OD*}=e_l^{BA*}$；若 $\psi\in(1,3)$，$\varphi\in\left(0,\ \frac{3-\psi}{2}\right)$，存在排序 $e_l^{OD*}\leqslant e_l^{BA*}$。

如命题 4.3 中所述，当 $\psi\geqslant 3$ 时，服务提供者是否接收到有用信号能明显被平台感知，服务提供者无动机以低需求时的努力水平 e_l^{OD*} 模仿高需求时的努力水平 e_h^{OD*}，所以必须制定与 BA 模型下相一致的努力水平 e^{BA*} 以促使平台共享信息。当 $\psi\in(1,3)$，$\varphi\in\left(0,\ \frac{3-\psi}{2}\right)$ 时，平台无法区分服务提供者是否接收到有用信息，但可以根据服务提供者是否愿意接受平台设定的互补佣金比例 φ 来判断其是否故意隐瞒。当互补佣金比例较大时平台认为服务提供者接收到高需求信息，因为高需求下平台收益增大，服务提供者更愿意接受较大的互补佣金比例以获取更多收益。此时，服务提供者有动机在接收到低需求信号时以 e_h^{OD*} 代替 e_l^{OD*}，同时平台也能够预测到服务提供者的该扭曲行为，从而导致当高低需求不能区分且互补佣金比例较小时平台难以共享信息。因此，服务提供者为了刺激平台共享信息，需要选择一个努力水平 $e_l^{OD*}\leqslant e_l^{BA*}$，令平台能够区分服务提供者是否接收到有用信号，以达到激励的目的。命题 4.3 既与 Gal-Or 等[158] 中的结论一致，又对其进行了很好的补充。

命题 4.4　当即需服务平台存在默契串谋时，若平台能够根据努力水平推断服务提供者是否接收到有用信息，则存在信息共享；反之无信息共享。

(i)信息共享有利于服务提供者：

$$V_S^{OD*} > V_S^{CND*}, \ \psi \geqslant 3 \parallel \psi \in (1,3), \ \varphi \in \left[\frac{3-\psi}{2}, \ 1\right)$$

$$V_S^{OD*} > V_S^{CND*}, \ \psi \in (1,3), \ \varphi \in \left(0, \ \frac{3-\psi}{2}\right)$$

(ii)信息共享不总是有利于平台：

$$V_{Pi}^{OD*} > V_{Pi}^{CND*}, \ \psi \geqslant 3 \parallel \psi \in (1,3), \ \varphi \in \left[\frac{3-\psi}{2}, \ 1\right)$$

$$V_{Pi}^{OD*} < V_{Pi}^{CND*}, \ \psi \in (1,3), \ \varphi \in \left(0, \ \frac{3-\psi}{2}\right)$$

命题 4.4 表明信息共享始终对服务提供者有利，因为信息共享的直接效应促使服务提供者利用信息优势寻找更多的“经济租金”和“信息租金”等，这与 Li[87] 和 Zhang[96] 中的命题相一致。当 $\psi \geqslant 3 \parallel \psi \in (1,3)$，$\varphi \in \left[\frac{3-\psi}{2}, \ 1\right)$ 时，信息共享存在，共享信息有助于默契串谋的形成以增强其稳定性，所以共享信息对平台有利[159]，故 $V_{Pi}^{OD*} > V_{Pi}^{CND*}$。当 $\psi \geqslant 3 \parallel \psi \in (1, 3)$，$\varphi \in \left[\frac{3-\psi}{2}, \ 1\right)$ 时，平台不能根据努力水平推测服务提供者是否接收到有用信息，此时服务提供者与平台之间不存在信息共享。如 Zhang[96] 所述，服务提供者可以通过混同以提高信息的有用性进而获取更多利润，但信息共享损害了平台的利益，因此有 $V_{Pi}^{OD*} > V_{Pi}^{CND*}$。命题 4.4 的(ii)与一些公司的实际运营相一致，例如 Walmart 将不再与 Information Resources 和 AC-Nielsen 等外部公司共享其销售数据①。通过比较两个模型中整个系统的总收益，得到以下推论：

推论 4.2　在默契串谋的即需服务平台中，可以发现：

(i)信息共享有利于整个系统：

$$V^{OD*} > V^{CND*}, \ \psi \geqslant 3 \parallel \psi \in (1,3), \ \varphi \in \left[\frac{3-\psi}{2}, \ 1\right)$$

① https://www.nytimes.com/2004/11/14/business/yourmoney/what-walmart-knows-about-customers-habits.html.

$$V^{OD*}>V^{CND*},\ \psi\in(1,3),\ \varphi\in\left(0,\ \frac{3-\psi}{2}\right)$$

（ii）互补佣金比例对最优利润差的影响如下：

$$\frac{d(V_S^{OD*}-V_S^{CND*})}{d\varphi}>0,\ \psi\geqslant3\ ||\ \psi\in(1,3),\ \varphi\in\left[\frac{3-\psi}{2},\ 1\right)$$

$$\frac{d(V_S^{OD*}-V_S^{CND*})}{d\varphi}>0,\ \psi\in(1,3),\ \varphi\in\left(0,\ \frac{3-\psi}{2}\right)$$

$$\frac{d(V_{Pi}^{OD*}-V_{Pi}^{CND*})}{d\varphi}<0,\ \psi\geqslant3\ ||\ \psi\in(1,3),\ \varphi\in\left[\frac{3-\psi}{2},\ 1\right)$$

$$\frac{d(V_{Pi}^{OD*}-V_{Pi}^{CND*})}{d\varphi}<0,\ \psi\in(1,3),\ \varphi\in\left(0,\ \frac{3-\psi}{2}\right)$$

$$\frac{d(V^{OD*}-V^{CND*})}{d\varphi}<0,\ \psi\geqslant3\ ||\ \psi\in(1,3),\ \varphi\in\left[\frac{3-\psi}{2},\ 1\right)$$

$$\frac{d(V^{OD*}-V^{CND*})}{d\varphi}>0,\ \psi\to1$$

推论 4.2 的(i)表明在默契串谋中，系统在信息共享时的收益高于无信息共享时的收益，因为信息共享缓解了“双边际效应”。当 $\psi\geqslant3\ ||\ \psi\in(1,3)$，$\varphi\in\left[\frac{3-\psi}{2},\ 1\right)$ 时，恒有 $V^{OD*}>V^{CND*}$；当 $\psi\in(1,3)$，$\varphi\in\left(0,\ \frac{3-\psi}{2}\right)$ 时，由于计算较为复杂，所以如 Jiang 等[160]所述，令 $r=\mu=\sigma$ 后可得 $V^{OD*}>V^{CND*}$。$V^{OD*}>V^{CND*}$ 表明：当存在默契串谋和信息共享时，系统整体收益大于无共享时的收益，故共享信息对系统整体是有利的。这里由于合同问题中存在不对称的信息，所以条件 $\psi\in(1,3)$，$\varphi\in\left(0,\ \frac{3-\psi}{2}\right)$ 和 $\psi\in(1,3)$，$\varphi\in\left(0,\ \frac{3-\psi}{2}\right)$ 实际上代表信号发送问题中的信号，一个相关的例子是 Spence[161]的教育模型，在该模型中他将受教育视为一个信号以区分高生产率和低生产率的工人。

在推论 4.2 的(ii)中，$\frac{d(V_S^{OD*}-V_S^{CND*})}{d\varphi}>0$ 表明随着 φ 增大 V_S^{OD*} 与 V_S^{CND*} 之间的差值也在增大。原因与推论 4.1 类似，随着 φ 增大，服务提

供者接收到信息后能够接受更接近于最优的 φ^*，得到的收益 φp 随之增大，因此有$\frac{d(V_S^{OD*}-V_S^{CND*})}{d\varphi}>0$。与推论 4.1 有两点不同之处：一是推论 4.2 有$\frac{d(V_{Pi}^{OD*}-V_{Pi}^{CND*})}{d\varphi}<0$，因为在默契串谋下即需服务平台无法进行直接的信号传递，使得平台之间串谋的稳定性减弱，进而导致不能弥补 φ 增大时平台损失的利润，因此 V_{Pi}^{CND*} 与 V_{Pi}^{OD*} 的差值随着 φ 的增大也逐渐增大；二是$\frac{d(V^{OD*}-V^{CND*})}{d\varphi}$，研究发现当 $\psi\geqslant 3$ || $\psi\in(1,3)$，$\varphi\in\left[\frac{3-\psi}{2},1\right)$ 时，$\frac{d(V^{OD*}-V^{CND*})}{d\varphi}$取决于平台的利润，因为它们的变化直接影响服务提供者收到的信号。当 $\psi\in(1,3)$，$\varphi\in\left(0,\frac{3-\psi}{2}\right)$ 时，$\frac{d(V^{OD*}-V^{CND*})}{d\varphi}$依赖于服务提供者的利润，因为无论平台的利润如何变化，服务提供者都无法准确地观察信号。因此，有$\frac{d(V^{OD*}-V^{CND*})}{d\varphi}>0$。

4.5 扩展与讨论

这一部分对以上两种情况的均衡分析进行扩展与讨论，主要分为以下三个方面：

①鉴于默契串谋的隐蔽性，考虑了平台对串谋的偏好，分析同样情况下哪种类型的串谋对平台较为有利；

②分析了平台间的竞争对四种基本模式下均衡策略和串谋稳定性的影响；

③由于串谋可能会伤害需求者，所以考虑需求者剩余并研究哪种类型的串谋对需求者的危害较大。

4.5.1 即需服务平台对串谋的偏好分析

这一部分分析平台串谋的偏好并回答以下问题：在无限重复的博弈周

期内，是否存在某个时刻，使得平台初始的串谋类型发生改变？以明显串谋为例，如果在博弈开始时双方达成明显串谋协议，随着市场信号精度和需求不确定程度的变化，即需服务平台是否会发现改变原有的串谋类型可能带来更多的收益，即采用默契串谋？这里只给出一个理想情况，并且假定两个平台均能够同时做出改变。

命题 4.5 当市场需求信号精度较高且市场需求不确定程度较低时，平台倾向于采用明显串谋；反之则采用默契串谋。

命题 4.5 表明如果即需服务平台能够根据努力水平判断服务提供者是否接收到有用的信息时，选择明显串谋得到的收益大于默契串谋的收益，所以平台之间的串谋类型不会发生改变。主要原因是当市场不确定程度较低时，平台在 ND 模型下相比在 OD 模型下更有信息优势，所以它们很可能利用该信息优势使自己获得更多的收益。命题 4.5 在某种程度上可以用交流实验解释，在该实验中默契串谋和明显串谋都被视为一种选择[149]。

如果努力水平不能传递给平台有用信号时，比较结果如图 4-4 所示。从图 4-4 可以看出：当努力水平不能使平台准确地判断服务提供者是否接收到有用信息时，随着信号精度的增加和市场需求不确定程度的减少，平台之间的串谋类型将发生改变——由默契串谋转为明显串谋，主要原因是：当 $\psi\in(1,3)$，$\varphi\in\left(0,\ \frac{3-\psi}{2}\right)$ 时，即需服务平台无法根据努力水平判断对方的信息，所以信号精度较高时，双方更倾向于采用明显串谋。当信号精度较低且市场需求不确定程度较高时，如命题 4.3 所述，采用默契串谋促使服务提供者选择一个较低的努力水平，从而能够间接观测到对方的信号。

4.5.2 即需服务平台之间的竞争

这一部分关注即需服务平台之间的竞争[162,163]，主要目的是分析当考虑平台竞争和两种串谋类型时，各利益相关者的均衡策略如何变化。

考虑平台之间的竞争后，市场需求函数变为：

$$p=A-d_i-\gamma d_{-i}$$

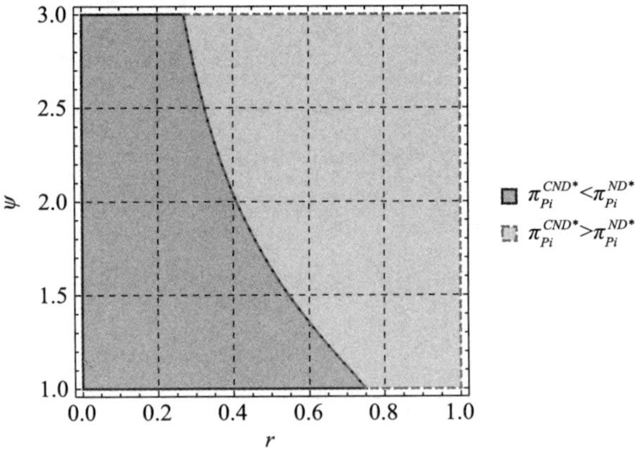

图 4-4　π_{Pi}^{CND*} 与 π_{Pi}^{ND*} 的优势区域(φ=0.5)

其中，$\gamma\in[0,1)$表示竞争系数[164]，根据第 4.3 节和第 4.4 节中模型的求解过程，可知四个基本模型下最优均衡如表 4-2 所示：

表 4-2　四个基本模型下的最优均衡解

模型	e^*	p^*	条件
BA	$\frac{H(2+\gamma-2\varphi)(1-\varphi)}{2(2+\gamma-\varphi)}$	$\frac{H(3+\gamma-2\varphi)}{2(2+\gamma-\varphi)}$	$\theta=h$
	$\frac{\widehat{L}(2+\gamma-2\varphi)(1-\varphi)}{2(2+\gamma-\varphi)}$	$\frac{\widehat{L}(3+\gamma-2\varphi)}{2(2+\gamma-\varphi)}$	$\theta=l$
ND	$\frac{\overline{A}(2+\gamma-2\varphi)(1-\varphi)}{2(2+\gamma-\varphi)}$	$\frac{\overline{A}(1+\gamma)(2+\gamma-2\varphi)+2H(2+\gamma-\varphi)}{2(2+\gamma)(2+\gamma-\varphi)}$	$\theta=h$
	$\frac{\overline{A}(2+\gamma-2\varphi)(1-\varphi)}{2(2+\gamma-\varphi)}$	$\frac{\overline{A}(1+\gamma)(2+\gamma-2\varphi)+2\widehat{L}(2+\gamma-\varphi)}{2(2+\gamma)(2+\gamma-\varphi)}$	$\theta=l$
OD	$\frac{H(2+\gamma-2\varphi)(1-\varphi)}{2(2+\gamma-\varphi)}$	$\frac{H(3+\gamma-2\varphi)}{2(2+\gamma-\varphi)}$	$\theta=h$
	$\frac{\widehat{L}(2+\gamma-2\varphi)(1-\varphi)}{2(2+\gamma-\varphi)}$	$\frac{\widehat{L}(3+\gamma-2\varphi)}{2(2+\gamma-\varphi)}$	B_1
CND	B_3	B_4	B_2
	$\frac{\overline{A}(2+\gamma-2\varphi)(1-\varphi)}{2(2+\gamma-\varphi)}$	$\frac{\overline{A}(3+\gamma-2\varphi)}{2(2+\gamma-\varphi)}$	$\theta=h$
	$\frac{\overline{A}(2+\gamma-2\varphi)(1-\varphi)}{2(2+\gamma-\varphi)}$	$\frac{\overline{A}(3+\gamma-2\varphi)}{2(2+\gamma-\varphi)}$	$\theta=l$

其中，B_1：$\psi\in\left(1,\ \frac{4}{3}\right]\&\left(\varphi\in\left(0,\ \frac{4-3\psi}{2-\psi}\right]\&\gamma\in\left[0,\ \frac{(2-\varphi)(\psi-1)}{2-\varphi-\psi}\right)\ \Bigg\|\ \left(\varphi\in\left(\frac{4-3\psi}{2-\psi},\ 1\right)\&\gamma\in[0,1)\right)\right)\ \Bigg\|\ \left(\psi>\frac{4}{3}\&\varphi\in(0,1)\&\gamma\in[0,1)\right)$；

B_2：$\psi\in\left(1,\ \frac{4}{3}\right)\&\varphi\in\left(0,\ \frac{4-3\psi}{2-\psi}\right)\&\gamma\in\left(\frac{(2-\varphi)(\psi-1)}{2-\varphi-\psi},\ 1\right)$；

$$B_3=\frac{(1-\varphi)(2+\gamma)(2+\gamma-\varphi)H-(1-\varphi)(2+\gamma+\gamma\varphi)\widehat{L}-(2+\gamma)(1-\varphi)^2\sqrt{\frac{(6+\gamma^2+\gamma(5-2\varphi)-5\varphi+\varphi^2)H^2-2(2+\gamma-\varphi)(2-\varphi)H\widehat{L}+(2-3\varphi+\varphi^2)\widehat{L^2}}{2-3\varphi+\varphi^2}}}{2(1+\gamma)(2+\gamma-\varphi)};$$

$$B_4=\frac{(2+\gamma+\gamma\varphi)\widehat{L}-(2+\gamma-\varphi)(2\widehat{L}+(2+\gamma)H)+(1-\varphi)\sqrt{\frac{(6+\gamma^2+\gamma(5-2\varphi)-5\varphi+\varphi^2)H^2-2(2+\gamma-\varphi)(2-\varphi)H\widehat{L}+(2-3\varphi+\varphi^2)\widehat{L^2}}{2-3\varphi+\varphi^2}}}{2(2+\gamma)(2+\gamma-\varphi)}。$$

命题 4.6　当即需服务平台之间存在明显串谋或在 B_1 内存在默契串谋时，较小的竞争（$\gamma\in[0,\sqrt{2}-1)$）能够促进串谋的形成，但竞争不改变平台的串谋和信息共享方式。

命题 4.6 说明，当即需服务平台之间提供服务的可替代性较弱时，串谋的稳定性将增加，即串谋很可能存在于竞争较低的市场环境中。因为较小的竞争意味着平台所提供的服务之间有着较高的差异性，所以串谋更容易形成[165]。

4.5.3　需求者剩余

在现实生活中，明显串谋难以维持且较少见到。相比于明显串谋，企业更普遍地采用默契串谋的方式，例如：国内的中石油和中石化以及三大电信运营商等。企业不选择明显串谋的原因是其违法性。但对于需求者而言，平台选择默契串谋是否比选择明显串谋带来的需求者剩余更多？基于以上思考，有必要分析不同串谋类型下的需求者剩余问题。

命题 4.7　当 $\psi \geqslant 3 \parallel \psi \in (1,3)$，$\varphi \in \left[\frac{3-\psi}{2},\ 1\right)$ 时，有 $DS^{ND} \geqslant DS^{OD}$；当 $\psi \in (1,3)$，$\varphi \in \left(0,\ \frac{3-\psi}{2}\right)$ 时，可以得到 $DS^{ND} \leqslant DS^{CND}$。

其中，DS 表示需求者剩余（Demander Surplus）。命题 4.7 表明，当 $\psi \geqslant 3 \parallel \psi \in (1,3)$，$\varphi \in \left[\frac{3-\psi}{2},\ 1\right)$ 时，即需服务平台选择明显串谋为需求者带来更多的需求者剩余；当 $\psi \in (1,3)$，$\varphi \in \left(0,\ \frac{3-\psi}{2}\right)$ 时，默契串谋下的需求者剩余大于明显串谋下的需求者剩余。因此，即需服务平台选择默契串谋不总是有利于需求者，因为在第一种情况下与服务提供者共享信息可以诱使其选择有利于自己的努力水平，所以造成需求者剩余的减少；在第二种情况下，明显串谋相比于默契串谋能够形成卡特尔组织，从而设置垄断和稳定的价格，以致需求者剩余减少。

4.6　本章小结

本章研究两个即需服务平台和多归属的服务提供者组成的系统中平台的串谋与信息共享之间的关系。平台在选择是否共享其预测需求信息的前提下，最大化自己在每种串谋类型下的期望利润。本章给出不同串谋类型下信息共享的方式和每种方式下的均衡策略。此外，还将基本模型扩展为即需服务平台对串谋偏好的选择、平台间的竞争对均衡策略的影响和不同类型串谋下的需求者剩余这三个方面。

第5章

即需服务平台基于溢价因子的定价策略研究

目前，即需服务平台广泛使用一种基于溢价因子的定价策略并通过自调度服务提供者进行匹配。这种策略下，需求者在非高峰期支付一个较低的价格，在高峰期需要支付一个较高的价格且该价格等于非高峰期价格乘以溢价因子。然而，即需服务平台何时使用以及为什么使用这种定价策略还不清楚。另外，现在的即需服务平台几乎都认为基于溢价因子的定价策略优于统一的定价策略。基于此，本章借助博弈模型研究统一和基于溢价因子的定价策略对即需服务平台收益的影响并对比发现哪种定价策略更优。研究发现：基于溢价因子定价策略的非高峰期价格低于统一定价的价格，这与实际情况相符。基于溢价因子的定价策略在一些决策区域内并不总是比统一定价策略产生更多的利润。若一天中非高峰期所占的比例较大时，平台应该采用统一定价的模式以避免出现负收益；反之则理当选择基于溢价因子的定价模式。此外，统一定价策略比基于溢价因子的定价策略需要更多的服务提供者加入。最后，对原有模型进行扩展，分别研究独立于效用的需求、异质的需求者价值和依赖于峰期的分布并验证其鲁棒性，研究结果表明主要的结论和相关的管理意义仍然成立和存在。

5.1 引言

近年来，人们见证了即需服务平台的快速发展。借助移动通信设备，这些平台可以随时随地地将需求者与空闲服务提供者进行在线匹配，因此需求能够快速地被满足，从而改善了交易并创造出经济价值[1]。一般情况下，即需服务平台运营在需求波动较大的市场中且服务提供者的数量不一，他们通过自调度的方式选择何时工作和工作多久。因此，即需服务平台可以使用基于溢价因子的定价策略以平衡市场中的供需关系且该定价策略是即需服务平台所特有的，即在非高峰期采用一般的定价方式，在高峰期采用溢价的形式且此时的价格等于非高峰期价格乘以平台分配的溢价因子[79]，如图 5-1 所示。不同于高峰负荷定价策略[64]，使用基于溢价因子定价策略的平台通常会制定高峰期和非高峰期两种价格且序贯地设置非高峰价格和溢价因子，即高峰期的价格取决于非高峰期的价格，平台先设置非高峰期的基本价格，然后根据市场供需状态制定高峰期的溢价因子，所以平台采用该定价策略不一定能够获得较高的利润。基于溢价因子定价策略的主要优势是便于平台实施而且便于服务提供者和需求者理解，同时也可以缓解高峰期激增的需求。因此，许多即需服务平台现在均采用该模式。然而，目前还不清楚这种被广泛使用的定价策略是否真的最优。因此，上述原因激励着本章开展这项研究。

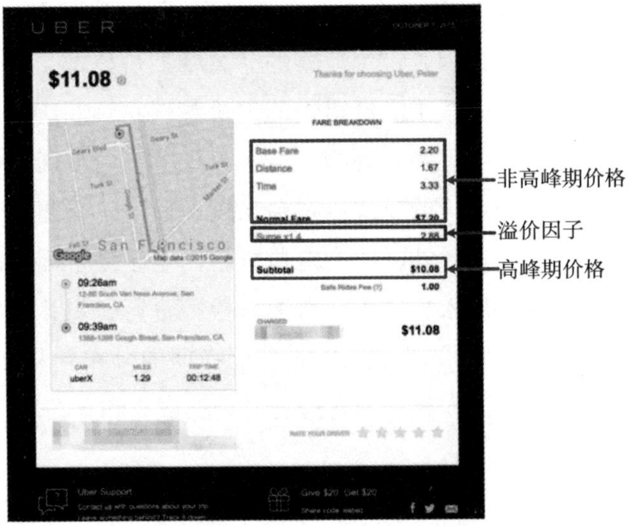

图 5-1　基于溢价因子的定价模式（图片来源：Cohen 等[72]）

虽然即需服务平台不断地走向成功，但在其获利能力上却呈现出一种颓势，例如 Uber 最近递增的亏损速度①。一些专家学者将原因归结为应对

① http：//fortune.com/2016/12/19/uber-financials-2016/.

对手的竞争而给予服务提供者过量的补贴①，其他人则表示可能是由于平台的快速扩张，然而另一些专家指出是因为平台在非高峰期的定价低于正常的价格②。在诸多的原因中第三种原因引起了本章的关注兴趣，因为当一天中非高峰期的持续时间较长时，平台可能得到一个非正的收益。如果平台采用基于溢价因子的定价模式，它将在非高峰期和高峰期分别制定一个较低和较高的价格，即平台先制定平均费用，然后基于高峰期的比例设置一个溢价因子，故需要考虑序贯的决策过程和高峰期，这些特点在传统定价模式中是没有的。尽管如此，目前还没有较多文章关注平台基于溢价因子的定价策略问题。即需服务平台的两个特点造成其定价策略与传统企业的定价策略不同：一是平台的角色；二是服务提供者享有柔性的工作时间。因此，平台不仅需要关注自身的收益，还需要在定价的同时考虑供给的变化。根据以上分析，本章考虑了峰期和需求者对于溢价因子的敏感度等因素，主要关注基于溢价因子的定价策略对即需服务平台的影响并发现该策略的适用区间和条件以填补这一研究空白。本章回答以下两个研究问题：

(1)哪种定价模式较优，统一的定价策略或是基于溢价因子的定价策略？考虑到基于溢价因子的定价策略被广泛地使用，那么平台采用它是否合理？

(2)不同定价策略的适用区间如何？哪种因素会影响平台使用基于溢价因子的定价策略？

为了回答以上研究问题，本章构建了一个即需服务平台，利用博弈的方法研究平台的最优定价策略。考虑两种不同的平台定价策略：第一种是统一的定价策略(U)，平台无论是在高峰期还是在非高峰期均采用统一的定价方式；第二种是基于溢价因子的定价策略(M)，平台在非高峰期制定一个较低的价格，在高峰期设置一个基于溢价因子的更高价格。即需服务

---

① https：//gizmodo. com/why-uber-is-losing-money-faster-than-any-tech-company-e-1785736918.

② https：//www. forbes. com/sites/lensherman/2017/12/14/why-cant-uber-make-money/#523bf91810ec.

平台系统中的各利益相关者都需要做决策：首先，服务提供者和需求者必须决定是否加入平台；其次，服务提供者需要决定是否工作；最后，平台的决策是选择最优的价格、补贴、溢价因子和最大服务提供者的数量以最大化其期望收益。

本章的主要发现如下：首先，回答了基于溢价因子的定价策略对平台是否最优这一问题，基本模型表明价格与峰时密切相关，当非高峰期所占的比例较大时，平台应该采用统一定价的策略，当高峰期持续的时间较长时，平台选择基于溢价因子的定价策略可能更有利；其次，对比同时决策（平台同时决定溢价因子和价格）和序贯决策（平台先决定价格后制定溢价因子）的定价策略，发现均衡结果未发生改变但在序贯决策下平台拥有较大的最优值区域；最后，考虑独立于效用的需求、异质的需求者价值和依赖于峰期的分布这三个扩展并检验了各扩展下基本模型的鲁棒性。研究结果表明，基本模型中主要的结论仍然存在：如果市场需求独立于需求者的效用，则平台采用基于溢价因子的定价模式在大多数情况下是有利的；对于异质的需求者价值而言，高敏感度和低异质程度可以使基于溢价因子的定价模式更具盈利能力。

本章有以下四个方面的贡献：首先，尽管在运营理论中有很多的定价策略，但诸多即需服务平台却使用基于溢价因子的定价策略，所以本章给出使用该策略的合理性；其次，通过考虑不同的定价策略，本章的工作有助于推动他人对即需服务平台峰时定价的研究，特别是本章研究了与实际密切相关的基于溢价因子定价模式，分析平台采用该模式对其收益是否有利，这项工作还没有前人进行探索；再次，将基于溢价因子的定价模式与序贯决策的方法进行结合并找到均衡策略；最后，基本模型更深刻地度量了即需服务平台中需求者的效用函数，不仅考虑一种价格对需求的影响，还刻画了非高峰期和高峰期价格的交互作用。

本章的其余部分安排如下：第 5.2 节建立了基于溢价因子和统一定价策略的模型；第 5.3 节分析了两种模型；第 5.4 节将模型扩展到独立于效用的需求、异质的需求者价值和与峰期相关的分布三个方面，并检验基本模型的鲁棒性；第 5.5 节对本章进行简单的总结；本章部分证明见附录 D。

5.2　模型的构建

本章考虑了一个即需服务平台且服务提供者和需求者通过平台完成服务的匹配。当服务结束时，需求者需要支付给平台一定的费用，然后平台抽取一定比例的费用作为补贴。平台通过选择最优的定价策略、服务提供者数量、溢价因子和支付给服务提供者的补贴以最大化自身的收益。需求者和自调度服务提供者选择是否加入平台。本章构建的两种主要定价模型如图 5-2 所示。为了比较两种模型的公平性，还在附录 E 分析了基于溢价因子的定价策略与平台在两个峰期价格相同时使用基于峰期的补贴比例策略的等价性问题。

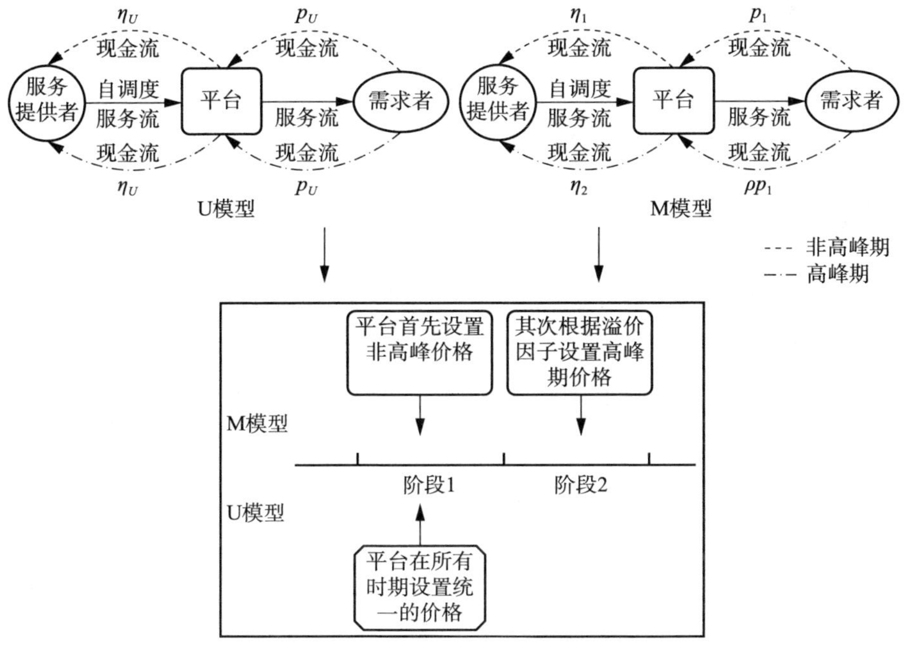

图 5-2　模型结构

本章关注两种不同类型平台的定价策略：第一种类型为统一的定价策略，平台在高峰期和非高峰期采用相同的定价；第二种类型为基于溢价因子的定价策略，这种情况下平台在高峰期时采用基于溢价因子的定价。博弈的决策顺序为：首先，平台决定最优价格、补贴、溢价因子(在 M 模型)

和最大的潜在服务提供者数量；其次，服务提供者根据补贴和高峰期的情况决定是否加入平台；最后，当服务结束后，需求者支付费用且服务提供者得到服务的补贴。

5.2.1 统一定价策略模型（U 模型）

首先分析统一定价策略模型，U 模型在现实生活中对应小猪短租和蚂蚁短租等即需服务平台[81]。在 U 模型中，平台采用统一定价 p_U，即无论市场中需求的高低，平台均采用价格 p_U。

首先分析需求者方面。令需求者感知到的服务价值为 v 且 v 服从分布 $F(\cdot)>0$ 和 $f(\cdot)=F'(\cdot)$，其总数量为 n。一般情况下，n 总是受到城市人口密度（UPD）的限制且随着 UPD 的增加而增加，当本章忽略了城市类型时，n 是稳定的。因此，需求者在 U 模型下的效用 u_U 为：

$$u_U=v-p_U$$

上述效用函数也被应用在与共享经济相关的文献中[3,166]，从效用函数中可以发现：只有当需求者的效用 $u_U\geqslant 0$ 时才选择平台服务，即需求者加入平台的概率 $\Lambda_U=Prob\{v-p_U\geqslant 0\}$，因此市场的实际需求为 $D_U=n\Lambda_U=n(1-F(p_U))$。

其次分析服务提供者方面。由于需求者在短时间内要求服务且不能等待[2]，因此假定双边市场中的每一方都不会产生等待成本，忽略等待成本的做法也被广泛应用在有关即需服务平台研究的诸多文献中，例如 Yu 等[11]、Gurvich 等[77]及 Jiang 和 Tian[135]。令市场中最大潜在服务提供者的数量为 K_U，由于即需服务平台具有自调度特点，所以实际服务提供者的数量为 $k_U\in\{0,1,\cdots,K_U\}$。$\eta_U\leqslant p_U$ 为平台支付给服务提供者的补贴，r 为服务提供者的保留收益且 r 服从分布 $G(\cdot)>0$，$g(\cdot)>0$。为了方便计算，这里令 $f'(\cdot)=0$、$g'(\cdot)=0$ 和 $\overline{F}(\cdot)=1-F(\cdot)$，同时也验证当 $g'(\cdot)>0$ 和 $f'(\cdot)>0$ 时结论同样成立，所以服务提供者加入平台的概率 $\beta_U=Prob\{r\leqslant\eta_U\}$ 且 $K_UG(\eta_U)=k_U$。

最后分析平台。即需服务市场中实际的交易量 $Q_U=\min\{D_U,k_U\}$，为了鼓励服务提供者接收更多的订单，平台通常情况下在一次服务结束后抽取一定比例的费用作为补贴，例如 Uber 和滴滴出行可以得到每次行程的

20%~30%的路费[137]。由于 $\eta_U \leqslant p_U \in (0,1)$，所以令 λ 为固定的补贴比例，故 $\lambda=\frac{\eta_U}{p_U}$。平台的目标是通过设定最优的补贴 η_U、服务提供者数量 K_U 和价格 p_U 以最大化其期望收益，这里收益函数 π_U 的构造形式与 Gurvich[77] 的类似，如式(5-1)所示：

$$\max_{p_U,\eta_U,K_U} \pi_U = p_U Q_U - k_U \eta_U \tag{5-1}$$

$$s.t.\begin{cases} Q_U=\min\{D_U,k_U\} \\ K_U G(\eta_U)=k_U \\ D_U=n(1-F(p_U)) \\ \eta_U=\lambda p_U \end{cases}$$

上述约束条件来自对 Q_U、k_U、D_U 和 η_U 的定义。基于之前对 U 模型的描述，给出如下引理：

引理 5.1　式(5-1)中存在着一个均衡解使即需服务市场的供需能够匹配，即 $k_U=D_U$。

引理 5.1 表明如果最优解存在，则其存在条件为 $k_U=D_U$，所以无须求解式(5-1)的约束。根据市场中的需求条件，可以得到 $D_U=n(1-F(p_U))$，同样服务提供者的加入条件为 $k_U=K_U G(\lambda p_U)$。当供需匹配 $Q_U=D_U=k_U$ 时，有：$Q_U=D_U=n(1-F(p_U))=k_U=K_U G(\lambda p_U)$，所以该条件可以将期望收益函数式(5-1)整理为如下式所示：

$$\max_{p_U} \pi_U=(1-\lambda)p_U n(1-F(p_U))$$
$$s.t.\ K_U G(\lambda p_U)=n(1-F(p_U))$$

均衡策略能够被一阶条件唯一确定，所以可以得到命题 5.1：

命题 5.1　在 U 模型下存在唯一的 p_U^*、η_U^* 和 K_U^* 且它们满足式(5-2)：

$$\begin{cases} p_U^*=\dfrac{\overline{F}(p_U^*)}{f(p_U^*)} \\ \eta_U^*=\lambda\dfrac{\overline{F}(p_U^*)}{f(p_U^*)} \\ K_U^*=\dfrac{np_U^* f(p_U^*)}{G(\lambda p_U^*)} \end{cases} \tag{5-2}$$

命题 5.1 给出了平台设置的最优解 $\{p_U^*, K_U^*, \eta_U^*\}$，根据供需匹配条件有 $K_U^* = \dfrac{n(1-F(p_U^*))}{G(\lambda p_U^*)}$，由于 $G(\cdot)$ 和 $F(\cdot)$ 随着 p_U 的增加而增加，所以当市场中需求者的数量 n 给定时，K_U 随着 p_U 的增加而减少。因为当平台制定的价格 p_U 较高时，市场中的需求减少，从而削弱了诸多服务提供者加入平台的动机。另外，由于随着 p_U 的增加 η_U 也在增加，所以 K_U 随着 η_U 的增加而减少。下面分析 p_U^*，将式(5-2)中 p_U^* 的表达式稍作变形后有 $p_U^* - \dfrac{\overline{F}(p_U^*)}{f(p_U^*)} = 0$，令 $V(p_U) = p_U - \dfrac{\overline{F}(p_U)}{f(p_U)}$ 为需求者的虚拟效用函数且 $V(p_U)$ 随着 p_U 的增加而增加[167]，同样的做法也出现在其他文献中，例如 Myerson 和 Satterthwaite[168]、Gallien[169] 及 Gallego 和 van Ryzin[170] 等。平台制定最优的价格 p_U^* 必须满足不再让需求者的虚拟效用增加，即 $V(p_U^*) = p_U^* - \dfrac{\overline{F}(p_U^*)}{f(p_U^*)} = 0$。

5.2.2 基于溢价因子定价策略模型（M 模型）

即需服务平台一般可以根据一天的峰值改变价格，该定价方式极大地提高资源的利用率，故下面考虑基于溢价因子定价的即需服务平台。

5.2.2.1 需求者和服务提供者方面

首先对于需求者而言，他们拥有同质的需求者价值 v。由于在分析中没有考虑市场竞争的因素，所以认为不同模式下需求者所能感知的价值(例如服务、等待时间和安全性等)是相同的，这样做也有利于后面的比较。为了文章更加严谨，在第 5.4.2 小节放松该假设并考虑了异质的价值，同时发现主要结论仍不变。服务提供者可感知的服务价值仍为 v 且服从分布 $F(\cdot)$，但此时所支付的价格发生变化：在高峰时期制定溢价价格 $p_2 > p_1$，在非高峰时制定一个较低的价格 p_1。在即需服务平台中设置两个价格的做法也存在于一些相关的文献中，例如 Guda 和 Subramanian[2] 及 Yang 等[19]。与他们不同的是本章考虑双边平台中常用的溢价因子。

目前的即需服务平台均采用溢价的定价策略，即在高峰期采用基础价格乘以溢价因子的方式进行定价[1,55,70]。如果需求者想在高峰期内得到服务，他们必须选择接受溢价因子。例如，在 Uber 中，只有乘客接受如图 5-3左侧所示的溢价因子，他们才可以享受乘车服务。服务提供者可以完全观测到溢价因子的变化，同时根据溢价因子选择是否加入平台。例如，图 5-3 右侧显示了 Uber 不同区域的溢价因子图。

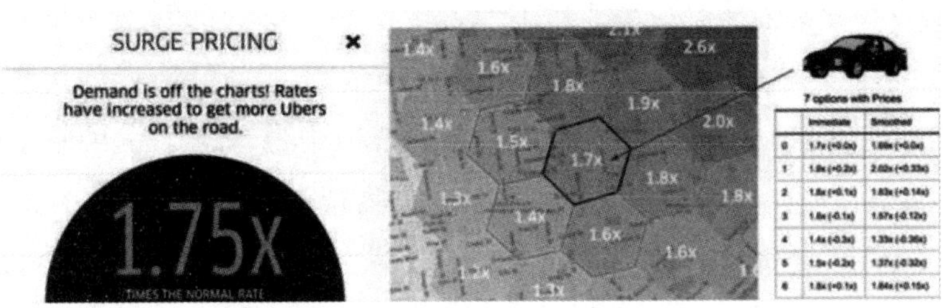

图 5-3　M 模型下高峰期的溢价因子(图片来源：Lu 等[55])

图 5-3 表明平台设置的溢价因子①是离散的，而非针对一天中高峰时段和需求状态固定不变，这也说明最优的溢价因子和高峰期的价格是相互对应的，即平台可以在一天内制定最优价格和对应的最优溢价因子。溢价因子均大于 1，高峰期的价格为溢价因子乘以非高峰期的价格[1]，所以在 M 模型下令高峰期的价格 $p_2=\rho p_1$，其中($\rho>1$)表示溢价因子。M 模型下需求者的总数量仍为 n，故需求者的效用 u_M 为：

$$u_M=\begin{cases} v-p_1+\gamma\rho p_1, & \text{在非高峰期} \\ v-\rho p_1, & \text{在高峰期} \end{cases}$$

其中，$\gamma\in[0,1)$ 表示高峰期价格的变化引起需求者对溢价因子敏感的程度[65]。在某种意义上，这里对需求者敏感程度的解释与后悔效应相反[171]。尽管需求者有时候可能不会真正感到后悔，但当他们以一个低价支付或者得知费用增加后往往可以得到满足感②。$\gamma\in[0,1)$ 表明前期需求对价格变化的敏感程度高于其对其他期间内价格的变化。与 U 模型相似，当需

① 实际情况下的溢价因子是由 Generator Surge Multiplier(GSM)产生的，它不仅需要考虑书中所提到的两个方面，还需要综合考虑其他因素，如城市的需求密度等。因此，它是凭借一套复杂的算法来实现的。这里为了建模的方便，只考虑了主要影响溢价因子的两个因素。

② https://vulcanpost.com/588743/grab-uber-singapore-customer-satisfaction/.

求者的效用 $u_M \geqslant 0$ 时，他们才加入平台，即概率 $\Lambda_M = \begin{cases} Prob\{v \geqslant p_1 - \gamma\rho p_1\} \\ Prob\{v \geqslant \rho p_1\} \end{cases}$，因此市场的实际需求为 $D_M = n\Lambda_M = D_1 + D_2$，其中：

$$\begin{cases} D_1 = n\alpha(1-F(p_1-\gamma\rho p_1)) \\ D_2 = n(1-\alpha)(1-F(\rho p_1)) \end{cases} \tag{5-3}$$

式(5-3)的 D_1 和 D_2 分别表示一天中非高峰期和高峰期的总需求，这意味着 D_1 不一定小于 D_2。$\alpha \in (0,1)$ 表示一天中非高峰所占的比例，同样的描述还出现在 Dong 等[65]中。第 5.4.3 小节中也考虑了一种基于峰期的比例，即 $m_p(m_{np} \geqslant m_p)$ 个周期为高峰(非高峰)期且 $m_{np} \cap m_p = \varnothing$，$m_{np} \cup m_p = m_T$，研究发现基本模型的主要结果仍成立。从式(5-3)可以发现，当溢价因子增加时，需求者倾向于在非高峰期出行，所以非高峰期的需求 D_1 增加。另外，高峰期的需求不受非高峰期价格的影响，因为 p_2 随着 p_1 呈单调变化。通过对比平台在非高峰和高峰时期的需求，可以得到引理 5.2：

引理 5.2　在 M 模型下，平台需要对给定的溢价因子 ρ 进行上限约束以保证系统的正常运转，即 $\forall \rho \in (1, \bar{\rho}]$，$\bar{\rho} = \min\left\{\frac{1}{\gamma}, \rho_{\max}\right\}$。

引理 5.2 表明虽然随着溢价因子 ρ 的增加可能引起服务提供者数量的增加，但高峰期时的需求者数量减少，所以平台的收益随之减少。因此，平台需要在控制溢价因子 ρ 的前提下才能使供需更好地匹配，从而实现最优策略。另外，对于即需服务平台而言，通常受到政府机构的监督和控制[11]，以免其定价过高损害需求者的权益，而且出于行业组织设定的限制，亦需要考虑价格上限。例如，没有快餐食品定价超过 100 美元和没有超过 40000 美元的超小型车[172]，所以平台可以通过对溢价因子进行控制以达到此目的。

同样对于服务提供者而言，最大潜在数量和实际数量分别为 $\boldsymbol{K_M} = (K_1, K_2)$ 和 $\boldsymbol{k_M} = (k_1, k_2)$，在第 5.4.3 小节也会放松该假设，考虑 $K_1 = K_2$ 的情况。非高峰期和高峰期实际服务提供者的数量分别为 αK_1 和 $(1-\alpha)K_2$。平台在非高峰期和高峰期为服务提供者提供的补贴分别为 $\eta_1 = \lambda p_1$ 和 $\eta_2 = \lambda\rho p_1$。此时，服务提供者加入平台的概率为 $\beta_M=\begin{cases}Prob\{r\leqslant\eta_1\}=G(\eta_1)，在非高峰期\\Prob\{r\leqslant\eta_2\}=G(\eta_2)，在高峰期\end{cases}$ 且有 $\boldsymbol{K_M}G(\boldsymbol{\eta_M})=\boldsymbol{k_M}$。

5.2.2.2　平台方面

针对平台而言，除了选择最优的补贴 $\boldsymbol{\eta_M}=(\eta_1,\eta_2)$、服务提供者数量 $\boldsymbol{K_M}$ 和价格 $\boldsymbol{p_M}=(p_1,p_2)$ 以外，还需要设置溢价因子 ρ。这里利用序贯决策方法求得最优解：首先在给定价格 p_1 时寻找溢价因子 $\rho^*(p_1)$，其次再找到最优的 p_1^* 使得 $\pi_M(p_1,\rho^*(p_1))$ 最大。采用序贯的方法进行决策的原因是平台往往先设定一个基础价格，然后根据不同的需求状态和峰期调整溢价因子，从而动态地建立起供需关系。市场实际的交易量 $\boldsymbol{Q_M}=\min\{\boldsymbol{D_M},\boldsymbol{k_M}\}$，其中 $\boldsymbol{Q_M}=\{Q_1,Q_2\}$ 和 $\boldsymbol{D_M}=\{D_1,D_2\}$，补贴比例为 $\lambda\in(0,1)$。因此在 M 模型下，平台的期望利润如式(5-4)所示：

$$\max_{\boldsymbol{p_M},\boldsymbol{\eta_M},\boldsymbol{K_M},\rho}\pi_M=p_1\min\{D_1,k_1\}+\rho p_1\min\{D_2,k_2\}-\boldsymbol{k_M}\boldsymbol{\eta_M}\tag{5-4}$$

针对式(5-4)而言，需要给出一些解释：平台在高峰期提供较高的价格 ρp_1，服务提供者得到相应的 $\eta_2=\lambda\rho p_1$，为什么仍然有服务提供者选择在非高峰期出行？其中一个原因是服务提供者们存在收入参考相关的偏好，他们经常设置一个每日收入的目标并一直工作达到目标为止[173]。另一个原因是高峰期的需求可能大于供给，从而造成服务提供者无法匹配一些需求者，所以部分服务提供者仍然选择在非高峰期内继续工作。在 M 模型中可以得到如下引理：

引理 5.3　在 M 模型下，平台可以设置一组 $\{\boldsymbol{\eta_M},\boldsymbol{p_M},\boldsymbol{K_M},\rho\}$ 使得供需匹配且此时平台的利润最大。

其中 $\boldsymbol{\eta_M}=(\eta_1,\eta_2)$、$\boldsymbol{p_M}=(p_1,\rho p_1)$ 和 $\boldsymbol{K_M}=(K_1,K_2)$。引理 5.3 与引理 5.1 类似，不同点在于供需受到非高峰期所占比例的影响。之所以有 $D_1=k_1$，是因为令服务提供者的工作时间为 $T=1$，即以一天为单位。理想情况下如果一天中所有时段都为非高峰时段，则市场需求为 D_T。然而非高峰期的时段仅占总时段的 α，所以有非高峰期的需求 $D_{np}=\alpha TD_T=D_1=k_1$。同理有高峰期的需求 $D_2=k_2$。

根据引理 5.3 的描述，可以得到在 M 模型下的最优解 $\{\boldsymbol{p}_M^*, \boldsymbol{\eta}_M^*, \boldsymbol{K}_M^*, \rho^*\}$，如命题 5.2 所示：

命题 5.2　如果平台采用基于溢价因子的定价模式，给定 $\rho \in \left(1, \min\left\{\frac{1}{\gamma}, \rho_{\max}\right\}\right]$ 时将获得最大的期望利润，当且仅当其制定的最优解 p_1^* 和 ρ^* 存在以下关系：

(i) 在给定 p_1 的情况下，存在最优的 ρ^* 满足式(5-5)：

$$\gamma p_1 \alpha f(p_1-\gamma p_1\rho)+(1-\alpha)(1-F(p_1\rho))=(1-\alpha)p_1\rho f(p_1\rho) \tag{5-5}$$

(ii) 通过求解式(5-6)后，最优的价格 p_1^* 可以被认为唯一确定：

$$\alpha(-p_1(1-\gamma\rho^*)f(p_1-\gamma p_1\rho^*)-F(p_1-\gamma p_1\rho^*)+1)+$$
$$(1-\alpha)\rho^*(-p_1\rho^* f(p_1\rho^*)-F(p_1\rho^*)+1)=0 \tag{5-6}$$

命题 5.2 表明溢价因子的定价模型存在最优解 p_1^* 的条件为平台需要为溢价值因子 ρ 设定一个上限 $\bar{\rho}=\min\left\{\frac{1}{\gamma}, \rho_{\max}\right\}$，即平台为高峰期时的价格设置一个上限 $\overline{p_2}=\bar{\rho}p_1$[77]。根据命题 5.2 的(ii)，可以将式(5-6)变形为式(5-7)：

$$\frac{\dfrac{p_1(1-\gamma\rho)-\dfrac{1-F(p_1-\gamma p_1\rho)}{f(p_1-\gamma p_1\rho)}}{p_1\rho-\dfrac{1-F(p_1\rho)}{f(p_1\rho)}}}{\dfrac{f(p_1-\gamma p_1\rho)}{f(p_1\rho)}}=-\frac{(1-\alpha)\rho}{\alpha} \tag{5-7}$$

式(5-7)左边的分子中 $p_1\rho-\dfrac{1-F(p_1\rho)}{f(p_1\rho)}$ 表示当服务提供者处在高峰期时获得的虚拟效用，$p_1(1-\gamma\rho)-\dfrac{1-F(p_1-\gamma p_1\rho)}{f(p_1-\gamma p_1\rho)}$ 表示非高峰期时的虚拟效用，分母 $\dfrac{f(p_1-\gamma p_1\rho)}{f(p_1\rho)}$ 可以看作服务提供者在高峰期和非高峰期出行的边际效用之比。将式(5-7)进行简化后可以得到：$X=-\dfrac{Y(1-\alpha)\rho}{\alpha}$，其中 X 表示高峰期

相比于非高峰期时虚拟效用的增加速率，Y 表示相同情况下边际效用的增加速率。命题 5.2 的(ii)表明需求者边际效用速率的增加与虚拟效用速率的增加呈反比关系。将最优定价 p_1^* 代入 $\eta_1^*=\lambda p_1^*$ 和 $\eta_2^*=\lambda\rho^* p_1^*$ 后可以得到 $\boldsymbol{\eta}_M^*$。同理将其代入 $K_1^*=\dfrac{\alpha n(1-F(p_1^*-\gamma p_1^*\rho^*))}{G(\lambda p_1^*)}$和 $K_2^*=\dfrac{(1-\alpha)n(1-F(p_1^*\rho^*))}{G(\lambda p_1^*\rho^*)}$时可以得到最优的 $\boldsymbol{K}_M^*$。

5.2.2.3　同时定价策略(S 模型)

为了说明 M 模型及其序贯价格决策的优点，这一部分考虑一种 S 模型：平台不采用序贯定价的策略且在高峰期的价格不存在溢价因子，即平台同时设定 p_1' 和 p_2'，在图 5-4 中给出 M 模型和 S 模型的不同。

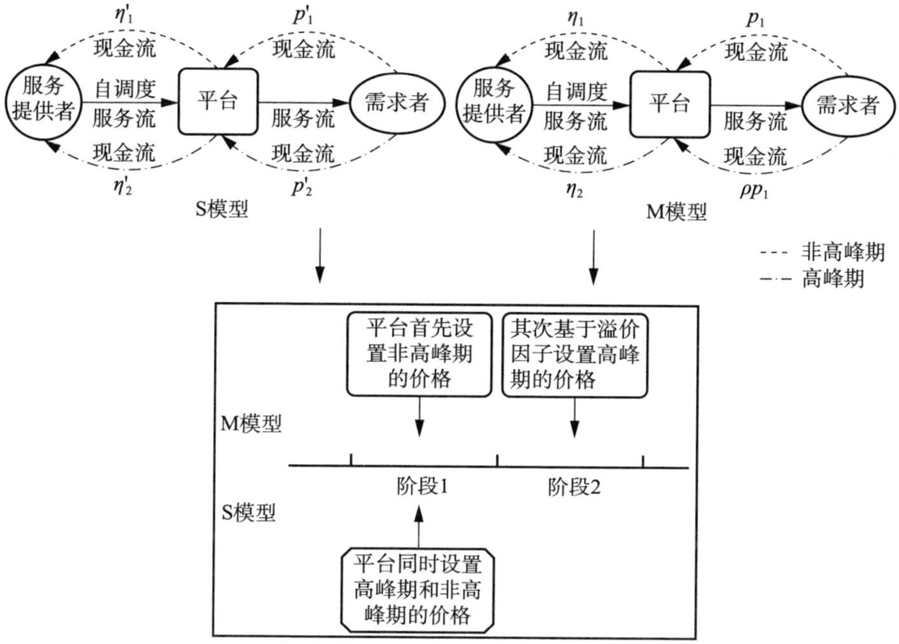

图 5-4　M 模型与 S 模型的不同点说明

由于模型的基本参数和条件均与 M 模型的相同，唯一不同的是 $p_1'\neq p_2'$，所以 S 模型下的目标函数如式(5-8)所示：

$$\max_{p_S',\eta_S',K_S'} \pi_S=(p_1'-\eta_1')D_1'+(p_2'-\eta_2')D_2' \tag{5-8}$$

$$s.t.\begin{cases}D_1'=k_1'\\D_2'=k_2'\\\boldsymbol{k}_S'=\boldsymbol{K}_S'G(\boldsymbol{\eta}_S')\\\boldsymbol{\eta}_S'=\lambda\boldsymbol{p}_S'\end{cases}$$

其中 $\boldsymbol{p}_S'=(p_1',p_2')$，$\boldsymbol{\eta}_S'=(\eta_1',\eta_2')$，$\boldsymbol{K}_S'=(K_1',K_2')$。根据式(5-8)的一阶条件，可以得到 S 模型下，若非高峰期所占的比例 $\alpha\in(\alpha_{max},1)$，则最优解存在且满足条件：

$$\begin{cases}\alpha(1-F(p_1'-\gamma p_2')-p_1'f(p_1'-\gamma p_2'))=0\\\alpha\gamma p_1'f(p_1'-\gamma p_2')+(1-\alpha)(1-F(p_2')-p_2'f(p_2'))=0\end{cases}$$

上述分析表明，若平台采用同时定价的策略，则只有当 α 较大时才可能得到最优解且取得最优解的区域为图 5-5 中的阴影区域。从图 5-5 中可以发现，如果平台采用同时决策的定价策略，则得到最大收益的条件较为严格。当 α 较大时（$\alpha\in[\alpha_{max},1)$，$\alpha_{max}$ 的闭环解见第 5.3 节）将没有解空间存在，因为此时平台可能呈现出一种负增长的趋势，以上分析也间接说明目前市场中的即需服务平台为什么均采用 M 模型而非 S 模型。

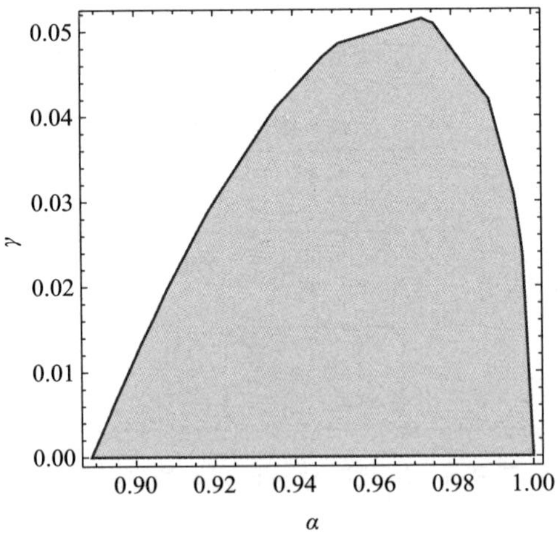

图 5-5　S 模型下最优解的存在区域

5.3　均衡分析

在这一部分中比较 U 模型和 M 模型，目的是发现平台采用哪种定价策略能够获得更多的利润。为了得到闭环解以更有利于计算，这里假定 v 与 r 服从[0,1]区间内的均匀分布，这种做法也被广泛地应用在多个文献中，例如 Benjaafar 等[174]、Yang 等[19]和 Bai 等[3]。同时为了证明模型的鲁棒性，在附录 F 中也验证了需求者价值服从正态分布和[a,b]内均匀分布的情况，结果表明主要的结论仍然成立且与[0,1]内均匀分布的结果相同。

5.3.1　有关 U 模型的分析

首先分析 U 模型并找到期望利润和均衡策略。根据命题 5.1 中最优解满足的条件，可以得到 U 模型下的均衡策略 p_U^*、K_U^*、η_U^* 和平台的收益 π_U^*，如命题 5.3 所示：

命题 5.3　若需求者价值和服务提供者预留收益的累计分布满足[0,1]区间内的均匀分布，则有 U 模型下平台的最优策略{p_U^*,η_U^*,K_U^*}和最优收益 π_U^*：

$$\begin{cases} p_U^* = \dfrac{1}{2},\ \eta_U^* = \dfrac{\lambda}{2},\ K_U^* = \dfrac{n}{\lambda} \\ \pi_U^* = \dfrac{1}{4}(1-\lambda)n \end{cases}$$

从命题 5.3 中可以看出，U 模型下平台总能得到正的收益且与补贴比例 λ 和 n 密切相关。当补贴比例 λ 和市场中需求者的潜在需求 n 相对固定时，平台无法获得最大的收益。如果平台想通过减少 λ 的方式提高收益，同时可能导致 n 的减少，所以平台在 U 模型下的收益相对稳定，即总是介于一天中最大利润和最小利润之间。

5.3.2　有关 M 模型的分析

根据命题 5.2 可以得到有关 p_1^* 和 ρ^* 的闭环解，如式(5-9)所示：

$$
\begin{cases}
p_1^* = \dfrac{(\alpha-1)(\gamma+2)}{\alpha\gamma^2+4(\alpha-1)} \\
\rho^* = \dfrac{\alpha\gamma-2(\alpha-1)}{(1-\alpha)(\gamma+2)}
\end{cases}
\tag{5-9}
$$

为了保证 $\rho>1$，在本章余下部分假定 $\alpha\in\left(\frac{1}{2},\ 1\right)$，这也与一天中非高峰期比例大于高峰期比例的事实相符。从式(5-9)中可以发现，平台的最优定价 p_1^* 和溢价因子 ρ^* 受非高峰期所占比例 α 和敏感系数 γ 的共同制约且 p_1^* 与各参数之间的关系如图 5-6 所示。

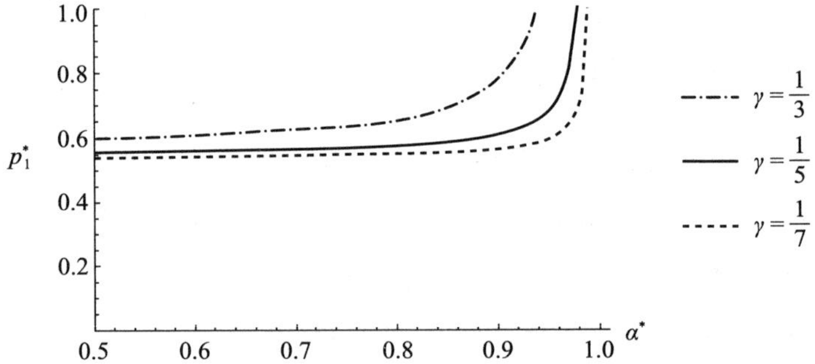

图 5-6　不同 γ 值下，p_1^* 与 α 之间的关系

从图 5-6 中可以发现，随着敏感系数 γ 的增加，平台设置的价格也逐渐增加，因为较大的 γ 表明需求者对高峰期价格的关注度较高，平台通过制定较高的价格以减小非高峰和高峰时期价格之间的差距。另外，还发现 α 与 p_1^* 之间的关系：p_1^* 随着 α 的增加而增加。这里的 α 表示非高峰期所占的比例且每一天 α 的变化可能都不相同，例如工作日相比于休息日、雨天相比于晴天以及有大型活动相比于无大型活动等的高峰期持续时段都不相同，平台需要根据不同的 α 动态调整价格使得供需匹配。当 α 增加时，平台需要逐渐增加 p_1^*，因为平台无法长期提供低于正常价格的服务；当 α 增长到最大值时，所有的需求都被满足，此时平台设置较大的 p_1^* 能够获取较高的收益。

将式(5-9)中的最优解 p_1^* 和 ρ^* 分别代入供需匹配条件表达式和式(5-4)的目标函数后可以得到命题 5.4：

命题 5.4　如果需求者的价值 v 和服务提供者的预留收益 r 都服从[0，1]区间内的均匀分布时，则 M 模型下存在均衡策略$\{\boldsymbol{p}_M^*,\boldsymbol{K}_M^*,\boldsymbol{\eta}_M^*,\rho^*\}$使平台的收益 $\boldsymbol{\pi}_M^*$ 最大：

(i)均衡策略如式(5-10)所示：

$$\begin{cases}\eta_1^*=\dfrac{\lambda(\alpha-1)(\gamma+2)}{\alpha\gamma^2+4(\alpha-1)}\\ \eta_2^*=-\dfrac{\alpha(\gamma-2)+2}{\alpha(\gamma^2+4)-4}\\ K_1^*=\dfrac{\alpha n}{\lambda}\\ K_2^*=\dfrac{(\alpha-1)n(\alpha(\gamma^2+\gamma+2)-2)}{\lambda(\alpha(\gamma-2)+2)}\end{cases}\tag{5-10}$$

(ii)平台的最大收益为 $\boldsymbol{\pi}_M^*=-\dfrac{(\alpha-1)(\lambda-1)n(\alpha\gamma+1)}{\alpha(\gamma^2+4)-4}$。

命题 5.4 的(i)给出了最优解与各参数之间的关系，很容易看出市场最大的潜在服务提供者数量 $\boldsymbol{K}_M^*$ 随着市场中需求者潜在需求 n 的增加而增加，较大的 n 意味着更多的需求者加入平台，所以需要更多的服务提供者。但同时也发现一个反常的现象，当平台的补贴比例 λ 增加时，可能导致 $\boldsymbol{K}_M^*$ 的减少，因为假定市场潜在需求给定，λ 的增加势必吸引更多服务提供者加入平台从而导致市场竞争更加激烈，所以平台通过减少 $\boldsymbol{K}_M^*$ 以匹配供需进而实现收益最大化。图 5-7 中显示了 $K_2^*-K_1^*$ 和 α 之间的关系，可以发现随着 α 的增加，$K_2^*-K_1^*$ 逐渐减小，因为 α 越大，非高峰时段所占比例越高，更多的服务提供者选择在非高峰期加入平台。同时还发现统一定价策略需要更多的服务提供者，这也表明当考虑服务提供者的自调度能力时，M 模型更能保证需求者得到服务。

命题 5.4 的(ii)表明在其他条件不变的情况下，如果平台吸引较多的潜在需求者加入平台，则可以获得较高的收益。若一天中非高峰期所占的比例较高时，即 $\alpha\in(1-\varepsilon,1)$，$\varepsilon\to0$，平台可以通过设置较高的价格以获取更多的收益。若非高峰期所占的比例较小或者适中时，平台应该选择较低的价格以增加市场需求，进而获得较高的收益。

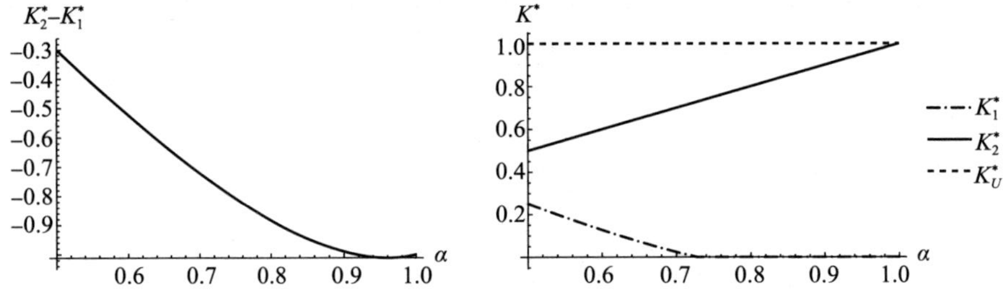

图 5-7　M 模型下 K^* 与 α 之间的关系

下面分析同时定价策略。当参数 v 和 r 的累计分布函数满足[0,1]区间内的均匀分布时，有 $F(x)=x$，$f(x)=1$。将其代入式(5-8)后，可以得到均衡策略和期望收益的闭环解，如命题 5.5 所示：

命题 5.5　在区间 $\alpha\in(\alpha_{\max},1)$ 内，平台采用 S 模型时的均衡策略与 M 模型下的相等，即 $\boldsymbol{p}_S^*=\boldsymbol{p}_M^*$、$\boldsymbol{\eta}_S^*=\boldsymbol{\eta}_M^*$ 和 $\boldsymbol{K}_S^*=\boldsymbol{K}_M^*$。因此，两种模式下平台的期望收益也相同。

命题 5.5 表明，如果平台拥有可以同时制定非高峰期和高峰期价格的能力时，则无须采用基于溢价因子的序贯定价方法，因为两种模式下的平台收益相同。但结果相同的背后也引发一个问题：为什么目前的即需服务平台都采用 M 模型而非 S 模型①？这里可以利用信息集解释该现象，之前在分析平台做决策的过程时假定平台知道溢价因子 ρ 和价格 $\boldsymbol{p}_S=(p_1',p_2')$ 的信息集，所以结果和决策顺序可能无差异。但是平台在实际情况下制定的溢价因子往往需要依靠当时市场的供需关系和峰期等因素，价格又是影响供需关系的关键之一，所以平台想要完全获取有关溢价因子的信息集是很困难的。因此，它们选择序贯的 M 模型而非无序贯的 S 模型。另外，不同的决策顺序所带来最优值的区域亦不同，这将在下面进行讨论。

很自然地出现一个问题：如果平台在 S 模型下也采用序贯决策的定价策略，那么它将得到较高还是较低的收益？如果平台在 M 模型下不进行序

① 这里可以将价格视为基础价格，一般情况下平台很难改变该价格，溢价因子则是由于每天的峰期不同，所以会发生变化。因此，本章认为平台首先制定基础价格，其次根据环境因素设置溢价因子。

贯决策，即同时决定溢价因子ρ和价格p_S，则 M 模型与 S 模型的收益是否相同？最优解存在区域是否一样？首先，需要证明 M 模型下平台采用无序贯策略时存在最优解，即海塞矩阵半负定；然后，还需要证明 S 模型下采用序贯策略时同样存在最优解。令 M 模型下无序贯决策时的平台收益为π_M'，S 模式下序贯决策时的平台收益为π_S'。经过计算后，给出推论 5.1：

推论 5.1　若平台在 S 模型下采用序贯决策的方法，则有关系：$\pi_S'^*=\pi_S^*$ 且不存在最优解区域的变化；在 M 模型下，无序贯决策时的最优解存在区间将变小但仍存在关系 $\pi_M'^*=\pi_M^*$。

将推论 5.1 反映在图 5-8 中，可以发现当平台在 M 模型下采用序贯决策时得到的最优解区域大于 S 模型下无序贯的区域(图 5-8 只给出当γ和α满足特定值时无序贯的诸多最优解区域之一，但也验证了 $\gamma\in(0,1)$ 和 $\alpha\in\left(\frac{1}{2},1\right)$ 内无序贯的所有区域，发现它们均小于序贯区域)，这也表明平台在无序贯时获得最大收益所需要的γ和α更为严格，因为序贯决策是一种利用有限信息集做出最优决策的方法。因此，M 模型下平台应该首先制定最优的非高峰期价格 p_1^*，其次根据 p_1^* 和γ，α动态调整高峰期的价格 p_2^*，目前的即需服务平台也正是这样做的[70]。

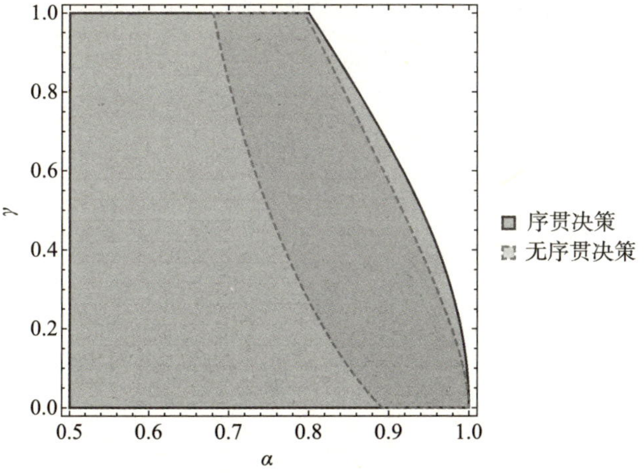

图 5-8　M 模型和 S 模型下最优解存在区域

如命题 5.3 所述，U 模型的缺陷在于单一的利润。然而，M 模型同样存在弊端，当 α 较大时，平台可能因为非高峰期持续的时间较长导致市场需求减少而出现非正的收益，所以此时对平台不利。从图 5-6 中也可以发现，当 α 较大时 p_1^* 增加，非高峰期潜在的需求者数量也随之增加，即有 $\frac{dK_1^*}{d\alpha}>0$，所以平台的收益逐渐小于成本，出现非正的利润。通过对 M 模型和 U 模型的分析，很自然地想到：平台采用 M 模型更优还是 U 模型更好？是否存在一个参数区域使得 U 模型优于 M 模型？下面将 U 模型和 M 模型下的期望收益 π_U^* 与 π_M^* 进行对比后可以得到命题 5.6：

命题 5.6　当市场中非高峰期所占的比例 $\alpha\in\left(\frac{4}{\gamma^2+4},\ 1\right)$ 时，相比于 U 模型，平台选择 M 模型将带来较小的收益；反之则应该选择 M 模型以获得较大的收益。

命题 5.6 表明，相比于统一的定价模式，平台采用基于溢价因子的定价策略并不总是有利的，即每种模式都有自己的占优区间，这也间接说明目前即需服务平台与出租车市场共存的问题。将命题 5.6 的结果以图 5-9 的方式表示。

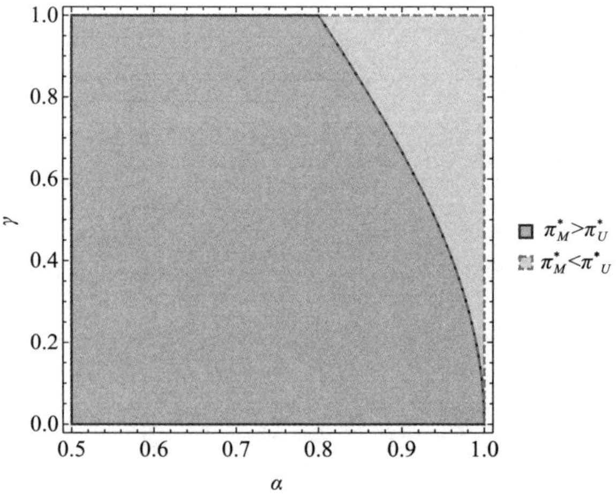

图 5-9　M 模型和 U 模型下平台的期望利润比较

从图 5-9 中可以发现：当 α 较大时平台应该采用 U 模型，因为平台在非高峰期设置较低的价格 p_1^*，如果非高峰期持续时间过长，则平台将一直以一个低于 U 模型时的价格 p_U^* 运营，所以 M 模型下平台的收益较小，这里可以将 M 模型看作一个每天低价策略(EDLP)。因此，该策略对平台不利且采用这种策略的一些公司最后都以失败告终，例如 Penney①。通过比较不同模型的均衡价格，可以得到推论 5.2：

推论 5.2　M 模型在非高峰的均衡价格低于 U 模型的价格，即 $p_1^* \leqslant p_U^*$。

推论 5.2 与之前的说法一致：使用 M 模型的平台在非高峰期设置一个更低的价格，这可能更有利于需求者。以上描述也与即需服务平台在非高峰时段总是选择较低的价格以增加市场份额的事实相一致。

5.4　扩展和鲁棒性检验

这一部分将原有的模型做以下三个方面的扩展并进行鲁棒性分析，并得到更多的结论：

(1)在基本模型中假定市场需求相对固定，若存在一个独立于效用的需求，则 U 模型和 M 模型下的均衡策略和平台收益如何变化？

(2)如果需求者在 M 模型下高峰期感知的价值高于非峰期时的价值，则平台应该选择哪种模型？

(3)在 M 模型下，如果服务提供者预留收益和需求者价值的分布与他们所在的峰期相关，均衡策略如何变化？

5.4.1　独立于效用的市场需求

即需服务平台需要面对随机的需求，即需求往往是路线特定和时间敏感的[175]，所以这一部分主要分析需求独立于效用时均衡策略和平台收益

① https：//www.forbes.com/sites/panosmourdoukoutas/2017/02/24/a-strategic-mistake-that-still-haunts-jc-penney/#728b708a1bcf.

的变化。

令此时的市场需求为 $\widetilde{\boldsymbol{D}}=\{\widetilde{D}_M,\widetilde{D}_U\}$ 且 $\widetilde{\boldsymbol{D}}$ 的累计分布和概率密度函数分别为 $H(\cdot)\geqslant 0$ 和 $h(\cdot)\geqslant 0$，市场中服务提供者的最大潜在数量仍为 $\boldsymbol{K}=\{K_M,K_U\}$，实际的服务提供者数量为 $\boldsymbol{k}=\boldsymbol{K}G(\boldsymbol{\eta})=\boldsymbol{K\eta}$，其中 $\boldsymbol{k}=\{k_M,k_U\}$，$\boldsymbol{\eta}=\{\eta_M,\eta_U\}$，所以市场中的交易量 $\widetilde{\boldsymbol{Q}}=\min\{\widetilde{\boldsymbol{D}},\boldsymbol{k}\}=\{\widetilde{Q_M},\widetilde{Q_U}\}$。为了便于分析，只考虑平台的价格决策，所以当平台在独立于效用的市场需求下采用 U 模型时，其期望收益 π_U 为：

$$\max_{p_U,K_U}\pi_U=p_U\widetilde{Q_U}-k_U\eta_U=p_U\min\{\widetilde{D_U},k_U\}-k_U\eta_U \tag{5-11}$$

$$s.t.\begin{cases}k_U=K_U\eta_U\\ \eta_U=\lambda p_U\\ 2\overline{H}(\lambda K_U p_U)-\lambda K_U p_U h(\lambda K_U p_U)-2\lambda\leqslant 0\end{cases}$$

其中，最后一个约束条件是确保最优值存在。根据 Karush-Kuhn-Tucker 条件，可以得到命题 5.7：

命题 5.7　当市场的需求变动是独立于效用时，有：

(i) U 模型下存在最优定价策略 p_U^* 且 p_U^* 满足：

$$\lambda K_U p_U-\int_0^{\lambda K_U p_U}H(x)\,\mathrm{d}x+p_U K_U\lambda\overline{H}(\lambda K_U p_U)=2\lambda^2K_U p_U$$

(ii) M 模型下存在最优策略 p_1^* 和 ρ^* 且最优策略 p_1^* 满足：

$$\rho p_1\left(\frac{\lambda\rho K_M}{1-\alpha}-\frac{\lambda\rho K_M H\left(\frac{\lambda p_1\rho K_M}{1-\alpha}\right)}{1-\alpha}\right)+p_1\left(\frac{\lambda K_M}{\alpha}-\frac{\lambda K_M H\left(\frac{\lambda p_1 K_M}{\alpha}\right)}{\alpha}\right)-2\lambda^2p_1(\rho^2+1)$$

$$K_M+\rho\left(\frac{\lambda p_1\rho K_M}{1-\alpha}-\int_0^{\frac{\lambda\rho p_1K_M}{1-\alpha}}H(x)\,\mathrm{d}x\right)+\left(\frac{\lambda p_1K_M}{\alpha}-\int_0^{\frac{\lambda p_1K_M}{\alpha}}H(x)\,\mathrm{d}x\right)=0$$

命题 5.7 给出了独立于效用需求下的最优策略，因为 U 模型和 M 模型下参数较多，所以这里无法直接得到最优解的具体数值。另外，命题 5.7 表明当服务提供者的最大潜在数量 $\boldsymbol{K}$ 给定时，U 模型和 M 模型都存在最优解，外生的服务提供者数量反映出平台在不同模式下的市场吸引力，同时也间接表示市场需求的密集程度。为了得到不同模型下最优解的闭环值，令$\widetilde{D}$服从[0,1]区间内的均匀分布。因此，U 模型下的最优策略为：$p_U^*=\frac{4(1-\lambda)}{3\lambda K_U}$和$\pi_U^*=\frac{16(1-\lambda)^3}{27\lambda K_U}$；M 模型下的最优策略为：$p_M^*=\frac{4(1-\alpha)(\alpha\lambda-\lambda+1)}{\lambda(\rho^*+2)K_M}$。

为了比较不同模型下平台的收益，这里借助数值分析的方法得到了均衡策略的具体数值，如例 5.1 所示。例 5.1 中的数据来源于 Bikhchandani[167]、Rosenblat 和 Stark[136]、Bai 等[3]和 Wang 等[176]。

例 5.1　当$\lambda=\frac{4}{5}$和$\alpha=\frac{5}{6}$时，不同模式下平台的最优收益如下：

$$\rho^*=1.05,\ p_1^*=\frac{0.24}{K_1}\text{和}\ p_U^*=\frac{1}{3K_U}$$

上述算例可以利用牛顿迭代法求解，找到一个较好的近似根使其满足方程$x_{n+1}=x_n-\frac{f(x_n)}{f'(x_n)}$。将上述最优值代入目标函数后得到$\pi_M^*=\frac{0.09}{K_M}$和$\pi_U^*=\frac{4}{675K_U}$。将$\pi_U^*-\pi_M^*$的结果反映在图 5-10 中：

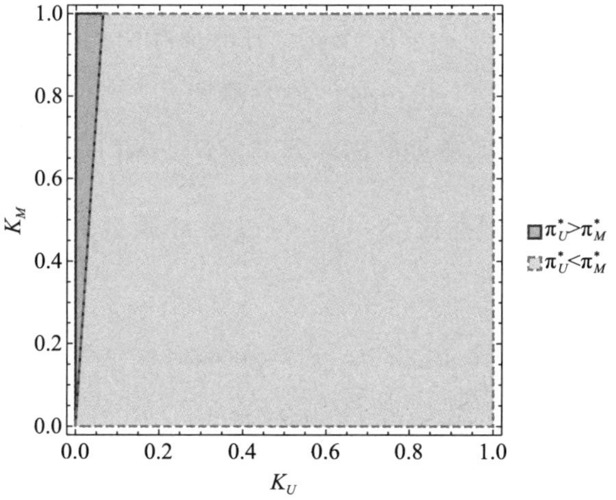

图 5-10　平台独立于效用需求下采用不同模式时的收益

图 5-10 表明即使在独立于效用的市场需求下，使用 M 模型的平台在大多数情况是最优的，而不总是最优的，这与命题 5.6 中提到平台在基于溢价因子的定价模型并不总是最优的结果相一致。当K_M较大时，M 模型

下的市场竞争更加激烈，平台的蚕食作用使 U 模型得到更好的发展[177]。除此以外，在其他情况下 M 模型可以利用不同的价格获得更多的需求，故有较大的收益。

5.4.2　M 模型下异质的需求者价值

为了便于比较，M 模型中认为需求者在所有时期都能感知到相同的价值。然而，异质的需求者价值可能更适合即需服务平台，其中需求者可以在不同时期更有效地选择加入。例如，需求者在不同时期感受到的价值可能不同，因为这两个时期的需求者有着不同的感觉和体验。因此在这部分将 M 模型扩展为需求者在不同时期的价值具有异质性。

这里仍然假设非高峰时期需求者感受的价值为 v，需求者在高峰时期获得的价值为 ϕv，其中 ϕ 表示 M 模型中需求者之间的异质性，$\phi>1$ 表示平台在高峰期所提供服务被感知的价值较高。$\phi\leqslant 1$ 的情况与基本模型相似，因为给定 $\phi\leqslant 1$ 时 $\phi v-p_2$ 仍然小于 $v-p_1+\gamma p_2$，其余参数和基本模型一样。此时，需求者的效用 u''_M 变为：

$$u''_M=\begin{cases}v-p_1+\gamma\rho p_1，\text{在非高峰期}\\ \phi v-\rho p_1，\text{在高峰期}\end{cases}$$

因此，非高峰期和高峰期的需求分别为 $D_1=n\alpha(1-F(p_1-\gamma\rho p_1))$ 和 $D''_2=n(1-\alpha)\left(1-F\left(\dfrac{\rho p_1}{\phi}\right)\right)$。根据式(5-4)，可以将 M 模型中的平台期望利润 π''_M 表示如下：

$$\max_{\boldsymbol{p}_M,\boldsymbol{\eta}_M,\boldsymbol{K}''_M,\rho}\pi''_M=p_1\min\{D_1,k_1\}+\rho p_1\min\{D''_2,k''_2\}-\boldsymbol{k}''_M\boldsymbol{\eta}_M$$

其中，$\boldsymbol{k}''_M=\{k_1,k''_2\}$、$\boldsymbol{\eta}_M=\{\eta_1,\eta_2\}$ 和 $\boldsymbol{p}_M=\{p_1,\rho p_1\}$。然后，需要分析溢价因子的上限。根据引理 5.2 的证明可以得到 $(1-\alpha)\left(1-F\left(\dfrac{p_1-\gamma\rho p_1}{\phi}\right)\right)\leqslant\alpha\left(1-F\left(\dfrac{\rho p_1}{\phi}\right)\right)$。整理后有 $F\left(\dfrac{\rho p_1}{\phi}\right)-(1-\alpha)F\left(\dfrac{p_1-\gamma\rho p_1}{\phi}\right)\leqslant 1-2\alpha$ 且不等式左边随着 ρ 的增加而增加。因此，有 $\rho\in\left(1,\ \min\left\{\dfrac{1}{\gamma},\ \widetilde{\rho_{\max}}\right\}\right]$，其中 $\widetilde{\rho_{\max}}$ 满足等式

$F\left(\frac{\rho p_1}{\phi}\right)-(1-\alpha)F\left(\frac{p_1-\gamma\rho p_1}{\phi}\right)=1-2\alpha$。同样，可以发现当且仅当服务提供者数量和需求者的数量相等时，上述模型存在最优解。根据第 5.2.2 小节的分析过程，可以得到 M 模型的均衡解如下：

命题5.8　当$\rho\in(1,\ \min\{\frac{1}{\gamma},\ \widetilde{\rho_{\max}}\}]$时，最优策略和期望利润分别为：$p_1^*=\frac{(-1+\alpha)(2+\gamma\phi)}{-4+4\alpha+\alpha\gamma^2\phi}$、$\rho^*=\frac{-2\phi+2\alpha\phi-\alpha\gamma\phi}{(-1+\alpha)(2+\gamma\phi)}$和$\pi''^*_M=-\frac{n(-1+\alpha)(-1+\lambda)(\alpha+\phi+\alpha(-1+\gamma)\phi)}{-4+\alpha(4+\gamma^2\phi)}$。

从命题 5.8 中得知随着 ϕ 的增加 p_1^* 也在增加，即有 $\frac{dp_1^*}{d\phi}=-\frac{2(-1+\alpha)(2+\alpha(-2+\gamma))\gamma}{(-4+\alpha(4+\gamma^2\phi))^2}\geqslant 0$，这表明当高峰时段需求者感受的价值较高时，平台在非高峰时段应设定较高的价格。因为当 ϕ 增加时，需求者更倾向于在高峰期加入平台，较高的价格避免需求者选择在非高峰期加入。另外也可以得到$\frac{dp_1^*}{d\alpha}=\frac{\gamma^2\phi(\gamma\phi+2)}{(\alpha(\gamma^2\phi+4)-4)^2}\geqslant 0$ 和$\frac{dp_1^*}{d\gamma}=-\frac{(\alpha-1)\phi(\alpha(\gamma(\gamma\phi+4)-4)+4)}{(\alpha(\gamma^2\phi+4)-4)^2}\geqslant 0$，这与命题 5.4 相一致。同时还可以推导出 $p_1^*-p_U^*=\frac{(\alpha-1)(\gamma\phi+2)}{\alpha\gamma^2\phi+4\alpha-4}-\frac{1}{2}\leqslant 0$，这与推论 5.2 相一致。令 $\Delta''\equiv\pi''^*_M-\pi_U^*$，在比较 U 模型中的结果之后得到 $\Delta''=\frac{1}{4}n\left(-1+\lambda+\frac{4(-1+\alpha)(2+\alpha(-2+\gamma))^2(-1+\lambda)}{(-4+\alpha(4+\gamma^2\phi))^2}\right)$。通过求解 Δ''，发现当 $\alpha\in\left(\frac{4}{4+\gamma^2},\ \frac{-\gamma^4-4\gamma^2-32\gamma+32}{8(\gamma-2)^2}+\frac{1}{8}\sqrt{\frac{\gamma^8+8\gamma^6+64\gamma^5+80\gamma^4}{(\gamma-2)^4}}\right)$时，命题 5.6 仍然成立。借助例 5.1 中的参数值，可以将 Δ'' 整理为 $\Delta''=\frac{1}{60}n\left(-3+\frac{2(2+5\gamma)^2}{(4-5\gamma^2\phi)^2}\right)$。从图 5-11中发现，存在两种情况使平台采用 M 模式更有利：一种是较小的 ϕ 和较大的 γ。原因是当 γ 较大时，需求者更愿意选择非高峰期时加入且较小的 ϕ 能够缩小高峰期和非高峰期之间的效用差距。另一种是较小的 γ，因为较小的 γ 表明需求者不关心高峰期较高的价格。

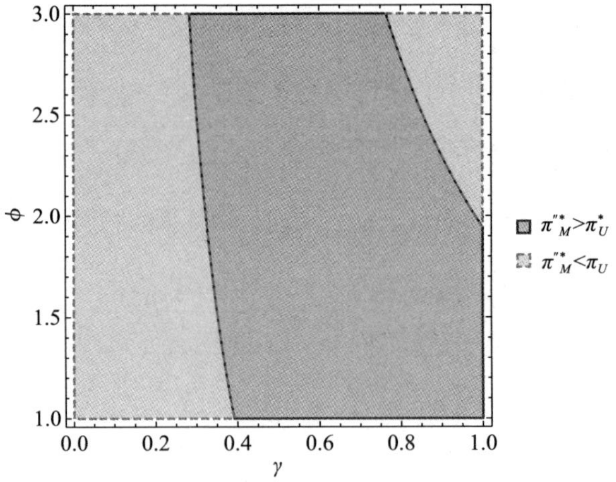

图 5-11　π''^*_M 和 π^*_U 的比较

5.4.3　与峰期相关的分布

基本模型假定 α 为一天中非高峰期所占的比例，该假设也存在一定的局限性。因此，这一部分考虑与周期相关的分布并分析在基于溢价因子的定价策略中均衡策略的变化。

为了方便起见，仅考虑序贯决策的情况且把一天分为相等持续时间的 m 个周期，其中 $m_p(m_{np} \geqslant m_p)$ 个周期为高峰期（非高峰期）且存在 $m_{np} \cap m_p = \varnothing$，$m_{np} \cup m_p = m_T$。对于所有的 t 而言，如果 $t \in m_{np}(t \in m_p)$ 且 $F_{np}(t) \geqslant F_p(t)$，则需求者在 t 时段内感知到的价值服从分布 $F_{np}(F_p)$。对服务提供者而言，如果 $t \in m_{np}(t \in m_p)$ 且 $G_{np}(t) \leqslant G_p(t)$，则可利用的服务提供者在 t 时期内服从分布 $G_{np}(G_p)$。因此，在非高峰期和高峰期的需求分别为 $D_{np} = n(1-F_{np}(p_1-\gamma\rho p_1))$ 和 $D_p = n(1-F_p(\rho p_1))$，非高峰期和高峰期内实际的服务提供者数量分别为 $k_{np} = KG_{np}(\eta_{np})$ 和 $k_p = KG_p(\eta_p)$。在基于溢价因子的定价模式中，平台的目标函数是在非高峰期内选择 p_1 和在高峰期内选择 ρ 以最大化其利润，所以 M 模型下平台的期望利润函数如式(5-12)所示：

$$\max_{p_1,\rho} \pi_M = p_1 \min\{D_{np}, k_{np}\} - k_{np}\eta_{np} + \rho p_1 \min\{D_p, k_p\} - k_p\eta_p \tag{5-12}$$

根据引理 5.3 的证明，可以推出 $D_{np} = k_{np}$ 和 $D_p = k_p$。将式(5-12)重新

整理后，有：

$$\max_{p_1,\rho}\pi_M=(1-\lambda)p_1n(1-F_{np}(p_1-\gamma\rho p_1))+(1-\lambda)\rho p_1n(1-F_p(\rho p_1))$$

$$s.t.\begin{cases}n(1-F_{np}(p_1-\gamma\rho p_1))=KG_{np}(\eta_{np})\\n(1-F_p(\rho p_1))=KG_p(\eta_p)\end{cases}$$

通过求解上式，得到如下命题：

命题5.9　如果存在$\frac{f_p(\rho p_1)}{f_{np}((1-\gamma\rho)p_1)}\geqslant\gamma$，则最优的溢价因子$\rho^*$可以被下式唯一确定；否则，最优解不存在。

$$p_1(-\gamma f_{np}((1-\gamma\rho)p_1)+\rho f_p(\rho p_1))=\overline{F}_p(\rho p_1)$$

将ρ^*代入$\frac{\partial\pi_M}{\partial p_1}=0$后，得到M模型下最优的价格。约束条件$\frac{f_p(\rho p_1)}{f_{np}((1-\gamma\rho)p_1)}\geqslant\gamma$表明$F_p(\rho p_1)-F_{np}(p_1-\gamma\rho p_1)>0$或者$KG_{np}(\eta_{np})-KG_p(\eta_p)>0$随着$\rho$的增加而增加，即较大的溢价因子带来较高的需求者价值且较多的服务提供者在非高峰期加入平台。这里给出一组最优解，$F_{np},G_p\sim U\left(\frac{5}{10},\frac{6}{10}\right)$和$F_p,G_{np}\sim U\left(\frac{5}{10},\frac{9}{10}\right)$。此时最优解为$p_1^{**}=\frac{45\gamma+42}{77-20\gamma^2}$、$\rho^{**}=\frac{8\gamma+33}{30\gamma+28}$、$K^{**}=-\frac{3(15\gamma+14)(30\gamma^2+52\gamma+99)n}{5(22\gamma-5)(20\gamma^2-77)}$和$\lambda^{**}=-\frac{(20\gamma^2-77)(10\gamma(3\gamma+14)+79)}{6(15\gamma+14)(30\gamma^2+52\gamma+99)}$。根据最优解可以得到最优利润：$\pi_M^{**}=-\frac{3(6\gamma(5\gamma(24\gamma+85)-82)-4051)(2\gamma(5\gamma(10\gamma(6\gamma+55)+647)+1249)+2233)n}{32(15\gamma+14)(77-20\gamma^2)^2(30\gamma^2+52\gamma+99)}$。当U模型中的平台设置相同的补贴比例$\lambda^{**}$时，如果$\gamma$较小则有$\pi_M^{**}\geqslant\pi_U^{**}$，反之有$\pi_M^{**}\leqslant\pi_U^{**}$。在某种程度上，这与本章的主要结果相一致，因为在命题5.6中较小的γ意味着较大的α。然后，检验单调性后得到$\frac{dp_1^{**}}{d\gamma}=\frac{60\gamma(15\gamma+28)+3465}{(77-20\gamma^2)^2}\geqslant0$，这与命题5.4的结论相一致。这种情境与基本模型唯一的区别是非高峰价格高于统一价格，即$p_1^{**}\geqslant\frac{1}{4}$，这表明依赖于峰

期的分布提高了价格歧视的程度，并导致较小的需求者剩余。

5.5 本章小结

本章研究了即需服务平台的定价策略问题，并比较两种定价模式对平台收益的影响。在统一定价策略下，平台在非高峰期和高峰期都采用相同的定价方式。在基于溢价因子的定价策略下，平台在非高峰期制定较低的价格，在高峰期设置一个较高的价格且该价格等于溢价因子乘以非高峰期时的价格。本章首先利用博弈的方法构建两种不同的定价模型并得出不同模式下的均衡策略和平台的期望收益；其次将两种模式下的最优解和平台收益进行对比，探究哪种定价策略对平台更有利；最后，将原始模型扩展为三个方面，分别是考虑独立于效用的市场需求、异质的需求者价值和与峰期相关的分布，研究不同情境下平台最优定价策略的变化。

第6章

参考依赖偏好下即需服务平台的能力管理问题

前景理论能够系统地解释不确定需求下报贩的参考行为造成的决策偏差。与传统的报贩问题不同，即需服务平台由于拥有自调度服务提供者，所以能够根据价格管理服务提供者的数量。因此，本章研究即需服务平台中服务提供者的能力管理问题，其中平台决策者的目标是在不确定的需求环境下通过选择价格以最大化其期望效用。本章考虑两种情境：有参考依赖偏好和无参考依赖偏好，并利用前景理论的参考点解释了即需服务平台决策者的报贩行为。研究发现：两种不同的情境倾向于设定不同的补贴区间以保证平台的运营；具有参考依赖偏好的平台会影响服务提供者的能力池和收入，其中补贴比例和佣金比例起到重要的作用；当补贴比例较低和佣金比例较高时，服务提供者应该加入无参考依赖偏好的情境；同时还发现相比于无参考依赖偏好平台的利润，具有参考依赖偏好的平台得到较少的利润，因为价格中普遍存在类似于“Pull-to-center”的现象；然后，本章通过考虑服务提供者数量的上限约束、高峰期基于溢价因子的定价策略和一个可替代的参考点以检验结果的稳健性，结果表明主要结论仍然有效。另外也从扩展中得到一些新的结论：当平台设置服务提供者的上限时，在高利润和低利润的情况下仍然存在“Pull-to-center”的偏差；有道德风险问题的服务提供者不一定损害平台的利润。

6.1 引言

随着共享经济的发展，人们见证了即需服务的兴起和取得的巨大成功[2]。通常情况下，这些服务平台运营在需求变动较大的双边市场中[70]且根据双边市场的性质可知服务提供者先于需求者到达[25]，这表明即需服务平台需要在匹配需求者之前具备一定的服务能力，即在服务前招募一定数量的服务提供者加入。因此，平台经常面临一个问题：怎样在不确定的需求下选择合适的服务提供者能力池去匹配需求者以最大化其期望收益？传统的报贩情境无法很好的应用在即需服务中，因为传统报贩问题中的价格一般不作为决策变量。但在即需服务中，服务提供者可以根据价格决定自己是否加入，因为佣金合同下他们的收入是价格的一部分[9]，从而导致平台可以通过制定价格间接地进行能力管理。在传统的报贩问题中，不确定条件下的订购量决策与正常决策之间存在偏差。例如，汉堡王为购买儿童套餐的顾客免费提供与《玩具总动员》相关的玩具，但大部分店铺老板低估了该需求，从而导致消费者的不满①。参考点作为前景理论[178-180]的一个重要特征，可以用来解释该现象。Uppari 和 Hasija[124]也给出了相似的观点：

“当报贩做出决策时，某些行为因素可能导致其不同于利润最大化模型预测的结果……参考点在解释报贩对前景的态度方面起着至关重要的作用。”

决策者对公司的价值有着积极的贡献[181]并且总是由个人做出决策，特别是在即需服务平台这类新兴市场和独角兽市场[124]。不确定的市场需求往往招致额外的成本，并影响平台决策者的期望效用，例如：过量的需求增加了需求者的等待成本，从而影响需求者的效用和降低他们使用服务的兴趣[182]；不足的需求不仅增加闲置服务提供者的数量，造成资源浪费②，还稀释分配给每个服务提供者的需求[174]。对于损失和获利而言，由于即需服务平台前期通过提供大量的补贴以占据市场，所以相比于获利，决策者更关注损失，同时并不会以零利润作为参考点[118]。因此，一个更合理的参考点选择是最大利润和最小利润的加权平均值[122]。与 Long 和 Nasiry[122]不同之处在于本章考虑服务提供者享受灵活的工作时间且平台可以调整价格以管理服务提供者的能力池。尽管前景理论已经被应用在许多

① https：//www. baltimoresun. com/news/bs-xpm-1995-12-02-1995336085-story. html.

② https：//inhabitat. com/huge-graveyards-of-abandoned-bikes-are-piling-up-in-china-after-sharing-craze-reaches-peak/.

不同领域的报贩模型中[119,122,124]，但很少有研究将其与即需服务相结合。鉴于以上研究空白在目前的相关文献中还未被涉及，本章关注即需服务平台的服务提供者能力管理并主要分析如下研究问题：

(1)即需服务平台如何选择依赖于价格的服务提供者能力以满足需求？

(2)参考依赖偏好如何影响即需服务平台的最优定价策略和期望利润？

为了回答以上问题，本章构建了一个即需服务平台模型且服务提供者存在自调度行为，考虑决策者无参考依赖偏好和具有参考依赖偏好两种情境下的平台并研究不同情境下平台的最优服务提供者能力管理问题。为了方便起见，本章提到的具有参考依赖偏好的平台是指平台的决策者具有参考依赖偏好，无参考依赖偏好的平台也同理。在无参考依赖偏好的情境下，平台面临市场需求不确定时需要决策服务提供者实际的数量以最大化期望利润。由于服务提供者根据平台给予的补贴和价格选择是否参与且该补贴与价格密切相关，所以平台可以间接地选择价格以调控服务提供者的数量。因此，平台的实际决策是设置最优价格以最大化期望利润，然后服务提供者根据价格决定是否加入。在参考依赖偏好的情境下，决策者在做决策之前需要考虑所面临的风险从而设置一个内心期望的收益，该收益为其期望效用参考点且等于供给不存在分配和市场需求不能被满足时平台收益的加权平均。因此，最优的价格是以期望效用最大化为原则得到的且服务提供者仍需要根据平台制定的价格选择是否加入。

本章有如下发现：两个情境需要设置不同的补贴比例阈值，其中在无参考依赖偏好和参考依赖偏好情境中分别设置补贴比例的下限和上限；随着平台决策者的乐观程度和损失规避系数的增加，参考依赖偏好使得平台逐渐降低价格和选择较小的服务提供者能力池；此外，具有参考依赖偏好情境的最优价格与参考效应强度呈非单调变化。同时还发现补贴和佣金比例在服务提供者的收入中起重要作用：当补贴比例较低且佣金比例较高时，服务提供者在无参考依赖的情境中更好，否则他们可以加入具有参考依赖偏好的情境；针对平台的利润而言，参考依赖偏好导致平台获得较小的收益。随后，扩展基本模型并对其进行鲁棒性检验。研究发现在所有扩展中，之前的主要结论仍然适用；当平台对服务提供者的数量设置上限时，不对称的“Pull-to-center”效应仍然存在于即需服务市场中；对于一个可替代的参考点而言，服务提供者的道德风险问题可能有助于提高平台的期望利润。

本章的贡献如下：首先，将前景理论应用在即需服务市场中，考虑平台决策者面对风险时的态度。以往研究即需服务的文献中平台的目标函数是期望利润最大化，考虑参考点后决策者根据期望效用最大化进行决策，这在以前的研究中还没有出现。其次，考虑平台决策者的乐观程度与参考点收益之间的关系并构建一个即需服务模型，其中由于服务提供者存在自调度行为，所以平台可以通过制定价格间接控制市场中服务提供者实际的数量，这点不同于以往有关研究即需服务的文献。最后，本章证明在无参考依赖的情境下，即需服务平台需要设置补贴的下限。忽视补贴范围可能导致以期望利润最大化为目标的模型出现部分平台决策的偏差。

本章的其余部分安排如下：第 6.2 节考虑了具有参考依赖偏好和无参考依赖偏好的情境；第 6.3 节分析了两种模型；第 6.4 节将模型扩展到考虑服务提供者数量上限、基于溢价因子的定价和一个可替代的参考点选择三个方面，并检验基本模型的鲁棒性；第 6.5 节对本章进行简单的总结；本章部分证明见附录 G。

6.2　模型的构建

本章考虑了一个即需服务平台且该平台通过提供丰厚的补贴以吸引服务提供者加入，从而匹配市场中的需求者[132]。令市场中的需求为 $D_i(i=n,w)$ 且服从[0,1]区间内的均匀分布[3,183]，即 $F(x)=x$，$f(x)=1$。为了方便起见，用下标 n 和 w 分别表示无参考依赖偏好和具有参考依赖偏好的情境。市场中最大的潜在服务提供者数量为 1，$p_i(i=n,w)$ 为平台向需求者收取的费用。即需服务平台通常会从相应的服务费用中抽取一定比例作为佣金[9]，将 $1-\alpha$ 表示为佣金比例，即服务提供者获得收入 αp_i。即需服务平台为了吸引服务提供者接受更多的服务，也会在工作时间提供丰厚的补贴

$s_i \leqslant p_i$（例如每小时 15 美元[77]）。令 θ 为补贴比例[137]且$\dfrac{s_i}{p_i}=\theta\leqslant\alpha$，即服务提供者的收入总是高于补贴。由于即需服务平台中的服务提供者存在自调度行为[9,77]，所以他们可以根据预留收益选择何时工作以及工作多久，这最终导致市场中服务提供者的实际数量小于潜在数量，令服务提供者实际参与的数量为 $k_i(i=n,w)$，保留收益为 τ_i 且服从分布 $G(\cdot)$（概率密度函数为 $g(\cdot)$），且 $g'(\cdot)=0$，$g(0)=0$[184]。对于具有预留收益 τ_i 的潜在服务提供者而言，他们仅当总收益 $s_i+\alpha p_i$ 至少等于 τ_i 时才会提供服务，即$k_i=Prob\{\tau_i\leqslant s_i+\alpha p_i\}=G(\theta p_i+\alpha p_i)=G((\theta+\alpha)p_i)$。针对即需服务平台而言，当实际参与人数为 k_i 时令其期望收益为 $R(k_i)$，所以有 $R(k_i)=(1-\alpha)p_i\min\{D_i,k_i\}$。根据平台的收益，可以得到其利润函数 $\pi_i(k_i)$ 为：

$$\pi_i(k_i)=R(k_i)-s_ik_i=(1-\alpha)p_i\min\{D_i,k_i\}-\theta p_ik_i$$

下面考虑两种不同的情境并分析每种情境下平台的最优策略：第一种为无参考依赖偏好的基本情境，在这种情境下平台的决策者无参考依赖偏好，做出的决策满足期望利润最大化原则；第二种为具有参考依赖偏好的情境，这种情境下平台的决策者需要以期望效用最大化为目标制定最优策略。

6.2.1　无参考依赖偏好模型

在无参考偏好的情境下，平台的目标是通过制定最优的价格 p_n^* 以最大化收益，将目标函数描述为：

$$\max_{p_n}\pi_n(k_n)=(1-\alpha)p_n\min\{D_n,k_n\}-\theta p_nk_n \tag{6-1}$$

$$s.t.\quad k_n=G((\alpha+\theta)p_n)$$

根据式（6-1）的一阶条件，可以得到以下命题。

命题 6.1　当约束 $2(1-k_n)-p_n(\alpha+\theta)g((\alpha+\theta)p_n)-\dfrac{2\theta p_n}{1-\alpha}\leqslant 0$ 和 $\alpha+\theta\in(0,1)$ 存在时，即需服务平台有唯一的最优定价策略 p_n^*，且 p_n^* 满足：

$$(1-\alpha)\left(\frac{k_n-\frac{1}{2}k_n^2}{\theta g((\alpha+\theta)p_n)}+\frac{(\alpha+\theta)p_n(1-k_n)}{\theta}\right)=\frac{k_n}{g((\alpha+\theta)p_n)}+(\alpha+\theta)p_n$$

(6-2)

其中，$\alpha+\theta\in(0,1)$意味着平台有足够的能力为服务提供者提供补贴和收入。在有关机制设计的文献中[168-170]，$C((\alpha+\theta)p_n)=(\alpha+\theta)p_n+\frac{k_n}{g((\alpha+\theta)p_n)}$表示平台的虚拟成本函数且随着 p_n 的增加而增加，即当每完成一次服务时，虽然平台需要支付$(\alpha+\theta)p_n$，但实际上是$(\alpha+\theta)p_n+\frac{k_n}{g((\alpha+\theta)p_n)}$。对式(6-2)约束条件左边的式子 $A=2(1-k_n)-p_n^*(\alpha+\theta)g((\alpha+\theta)p_n^*)-\frac{2\theta p_n^*}{1-\alpha}$求关于 θ 的偏导后可以得到：$\frac{\mathrm{d}A}{\mathrm{d}\theta}\leqslant 0$，即当 p_n 给定后，平台需要设置最小的 $\theta^{\min}$，使得 $2(1-k_n)=p_n^*(\alpha+\theta)g((\alpha+\theta)p_n^*)+\frac{2\theta p_n^*}{1-\alpha}$，所以有推论 6.1。

推论 6.1　当 p_n^* 给定后，平台需要设定一个补贴比例的下界 $\theta^{\min}$，即 $\theta\in[\theta^{\min},1)$。

推论 6.1 表明无参考依赖偏好的情境可能提供足够的补贴，因为较小的补贴削弱许多服务提供者加入的兴趣，从而影响平台的利润。上述推论也可以间接解释 Uber 经常提供丰厚的补贴以吸引司机加入的做法①。推论 6.1 还说明平台不能为服务提供者提供足够小的补贴，这表示补贴比例的范围不是总在(0,1)内。一些对无参考依赖偏好即需服务的研究可能会忽略这一范围，以致得到不太严谨的结果。

6.2.2　具有参考依赖偏好模型

下面考虑平台决策者具有参考依赖偏好的情境。过度和不足的需求都

① https：//www. nytimes. com/2015/06/09/technology/uber-spends-heavily-to-establish-itself-in-china. html.

会影响决策者的心理效用和利润，从而间接地干扰决策者的期望效用，其原因是需求的波动增加了需求者或空闲服务提供者的等待成本，影响平台决策者的参考点选择。这里将平台决策者的期望效用函数定义为平台的利润加上参考收益对心理效用的影响，同样的表示方法还出现在 Kőszegi 和 Rabin[184] 及 Long 和 Nasiry[122] 中。此时平台决策者的期望效用 $EU(k_w)$ 为：

$$EU(k_w)=\pi_w(k_w)+v(x)$$

从上式可以看出平台决策者的期望效用由两部分构成，其中 $\pi_w(k_w)$ 表示平台已实现的期望利润，$v(x)$ 表示参考收益相比于已实现的收益对决策者心理效用的影响且 $v(x)=\begin{cases}\lambda\eta(r-x), & 0<x<r\\ \eta(x-r), & r<x<1\end{cases}$；$\eta\geqslant 1$ 表示参考效应的强度，较大的 η 意味着平台决策者对参考点的偏离更为敏感，当 $\eta=0$ 时系统中无参考收益；$\lambda\geqslant 1$ 表示平台决策者规避不足市场的需求，较大的 λ 意味着相比于收益平台决策者更关注损失。

当市场的供给被完全匹配时，平台的最大利润为 $(1-\alpha)p_wk_w-s_wk_w$。供给被完全匹配意味着相对于已实现的需求，足够数量的需求者加入平台，从而导致其中一些需求者无法得到服务[9]。当市场的需求完全没有被满足时，可以得到平台的最小利润为 $-s_wk_w$。这里最小利润为平台假定的最坏情况，它表示服务提供者出现了道德风险问题，即虽然服务提供者没有匹配需求者但依然能得到补贴，例如幽灵车①和刷单行为②。在第 6.4.3 小节对该假设做了放松，考虑其他形式的参考点对平台利润的影响，发现主要结果将保持不变。基于以上描述，令参考收益为：

$$r(k_w)=\beta((1-\alpha)p_wk_w-s_wk_w)+(1-\beta)(0-s_wk_w)$$

其中，$\beta\in[0,1]$ 表示权重，可以表示为平台决策者对供给完全被匹配的乐观态度。当 $\beta=0$ 时意味着平台总是面临需求小于供给的情况，当 $\beta=1$ 时表示需求大于供给的情况。平台决策者的目标是通过选择最优的 p_w^* 以

---

① https：//www. forbes. com/sites/janetwburns/2018/07/24/uber-riders-are-seeing-high-fees-from-ghost-trips-and-vomit-fraud/.

② https：//www. vice. com/enus/article/9a3qnz/in-china-uber-and-competitor-didi-are-still-plagued-by-driver-fraud.

最大化其效用，所以将其优化问题描述如式(6-3)：

$$\max_{p_w} EU(k_w)=\pi_w(k_w)+v(x) \tag{6-3}$$

$$s.t.\begin{cases} r(k_w)=\beta(1-\alpha-\theta)p_w k_w-(1-\beta)\theta p_w k_w \\ k_w=G((\alpha+\theta)p_w) \end{cases}$$

根据式(6-3)的一阶条件，可以得到如下命题。

命题 6.2　当参考点为 r 且存在 $B\leqslant\frac{2\theta-2(1-\alpha)((1-\beta)\eta+1)}{1-\alpha}$ 时，即需服务平台有唯一最优的定价 p_w^*，且 p_w^* 满足式(6-4)：

$$A_1+A_2=\frac{G(p_w(\alpha+\theta))}{g(p_w(\alpha+\theta))}+p_w(\alpha+\theta) \tag{6-4}$$

其中 A_1 和 A_2 见附录 G。同理，令 $C((\alpha+\theta)p_w)=\frac{G(p_w(\alpha+\theta))}{g(p_w(\alpha+\theta))}+p_w(\alpha+\theta)$ 为平台的虚拟成本且随着 $(\alpha+\theta)p_w$ 的增加而增加。根据约束条件左边的式子 $B=A_1+A_2$，发现当 p_w^* 给定时有 $\frac{dB}{d\theta}=(\alpha+\theta)g((\alpha+\theta)p_w^*)(\beta^2\eta(\lambda-1)+\eta+1)\geqslant 0$，故存在 θ^{max} 使得 $B=\frac{2\theta-2(1-\alpha)((1-\beta)\eta+1)}{1-\alpha}$。因此，有以下推论。

推论 6.2　与无参考依赖偏好的情境不同，当 p_w^* 给定后，具有参考依赖偏好的平台需要设定一个补贴比例的上界 θ^{max}，即 $\theta\in(0,\theta^{max}]$。

推论 6.2 表明，具有参考依赖偏好的情境无法提供足够的补贴，并且可能提供较少的补贴。原因是决策者在这种情况下更关注损失而非收益，较高的补贴比例吸引了更多的服务提供者，这说明平台会增加闲置服务提供者的数量并支付更多的补贴，然后制定补贴比例的上限。推论 6.2 在某种程度上可能描述一个事实：Uber 对司机的补贴比以前有所减少①。同时还发现，平台在考虑风险时不仅会改变最优策略，还会调整补贴策略。

① https：//www. bloomberg. com/news/articles/2019-05-30/uber-beats-sales-estimates-while-losing-1-billion-in-a-quarter.

6.3 均衡分析

这一部分主要比较和分析有无参考依赖偏好时平台最优策略和最优利润之间的变化，从而给出相应的结论。为了得到两种情境下最优定价策略的闭环解，令 τ_i 服从在[0,1]区间内的均匀分布，同样的做法还有 Bai 等[3]和 Yu 等[11]。

6.3.1 无参考依赖偏好模型的均衡分析

将 $k_n=G((\alpha+\theta)p_n)=(\alpha+\theta)p_n$ 代入式(6-1)中，得到无参考依赖偏好时平台的最优定价策略和收益如命题 6.3 所示。

命题 6.3　当无参考依赖偏好出现时，平台的最优定价 $p_n^*=\frac{4(\alpha+\theta-1)}{3(\alpha-1)(\alpha+\theta)}$、期望收益 $\pi_n^*=-\frac{16(\alpha+\theta-1)^3}{27(\alpha-1)^2(\alpha+\theta)}$ 和服务提供者的能力池 $\frac{4(1-\alpha-\theta)}{3(1-\alpha)}$。

由于命题 6.3 只有在约束 $2(1-k_n)-p_n(\alpha+\theta)g((\alpha+\theta)p_n)-\frac{2\theta p_n}{1-\alpha}\leqslant 0$ 成立时才存在，将 p_n^* 代入后得到 $2(1-k_n)-p_n(\alpha+\theta)g((\alpha+\theta)p_n)-\frac{2\theta p_n}{1-\alpha}=2(-1+\theta)\leqslant 0$，所以对于所有范围的 θ 都存在最优解。命题 6.3 表明最优价格 p_n^* 随着补贴比例 θ 的增加逐渐减小，即 $\frac{\mathrm{d}p_n^*}{\mathrm{d}\theta}\leqslant 0$，因为 θ 越大意味着补贴越多，更多的服务提供者选择加入。随着补贴的增加，平台需要承担过多的开支，这将导致较低的定价。此外，平台还可以通过降价吸引需求者和招募更少的服务提供者以更好地改善供求关系，例如即需服务平台之间

进行的价格战①。同样还发现，最优价格随着佣金比例的增加而增加，即 $\frac{dp_n^*}{d\alpha} \leqslant 0$，这表明较高的价格总是允许平台设置较高的佣金比例。命题 6.3 也表明随着 θ 或 α 的增加，收入的减少会促使平台选择较小的服务提供者能力池。因此，这些参数对 p_n^* 的影响类似于在无参考依赖偏好情境下对能力池的影响。

6.3.2 具有参考依赖偏好模型的均衡分析

同样的做法，可以根据式(6-4)得到具有参考依赖偏好时平台的均衡策略，如命题 6.4 所示。

命题 6.4 具有参考依赖偏好的平台存在如下的最优策略 p_w^* 和 π_w^*，此时服务提供者的能力池为 $\frac{4(-(\alpha-1)(\beta-1)\eta+\alpha+\theta-1)}{3(\alpha-1)(\beta^2\eta(\lambda-1)+\eta+1)}$：

$$p_w^* = \frac{4(-(\alpha-1)(\beta-1)\eta+\alpha+\theta-1)}{3(\alpha-1)(\alpha+\theta)(\beta^2\eta(\lambda-1)+\eta+1)} \text{ 和 } \pi_w^* = -\frac{16(\theta-(\alpha-1)((\beta-1)\eta-1))^2(\alpha\beta\eta(3\beta(\lambda-1)+2)\alpha\eta+\alpha+\beta\eta(3\beta(\theta-1)(\lambda-1)-2)+3\eta\theta-\eta+\theta-1)}{27(\alpha-1)^2(\alpha+\theta)(\beta^2\eta(\lambda-1)+\eta+1)^3}。$$

从命题 6.4 中可以发现最优价 p_w^* 分别随着 β 或 λ 的增加而减少，即 $\frac{\mathrm{d}p_w^*}{\mathrm{d}\beta} \leqslant 0$ 和 $\frac{\mathrm{d}p_w^*}{\mathrm{d}\lambda} \leqslant 0$。前者表明当平台决策者对供应完全匹配过于乐观时，具有参考依赖偏好的情境可能设定较低的价格，并招募较少符合条件的服务提供者。当平台决策者倾向于认为大多数的需求无法满足时，具有参考依赖偏好的情境设置更高的价格，并招募更多符合条件的服务提供者。这些结果可能违背了降低价格刺激需求和提高价格抑制需求的常识。原因是具有参考依赖偏好的平台决策者在对实现的需求持悲观态度时寻求风险。随着 β 的增加，参考点收益增加，这使得平台将更多实现的利润转化为收益。因此，平台降低最优价格 p_w^*，并选择一个较小的能力池以避免风险。

---

① https：//www. forbes. com/sites/briansolomon/2016/01/25/is-uber-trying-to-kill-lyft-with-a-price-war/.

然后分析后者。λ 是损失规避系数，随着 λ 的增加，平台决策者对损失的敏感度高于对收益的敏感度。因此，在这种情况下总是避免风险的平台将制定一个较低的价格，并选择一个较小的能力池。

命题 6.4 还表明 p_w^* 随着 θ 的增加而减少，即$\frac{\mathrm{d}p_w^*}{\mathrm{d}\theta}\leqslant 0$，这为诸多平台的决策者们提供一些建议：当他们决定提高低于价格的补贴或收取较低的佣金时，可以提高价格以弥补损失和保持市场服务提供者的数量。参考效应强度与价格的关系取决于补贴比例和佣金比例：当 α 和 θ 都较小时，即 $\theta\in\left(0,\ \frac{\beta^2\lambda-\beta^2+\beta}{\beta^2\lambda-\beta^2+1}\right)$ 和 $\alpha\in\left(0,\ \frac{-\beta^2\theta\lambda+\beta^2\theta+\beta^2\lambda-\beta^2+\beta-\theta}{\beta^2\lambda-\beta^2+\beta}\right)$，对偏离参考点更敏感的平台设定较低的价格，反之可能选择较高的价格。在参考依赖偏好的情境下，参数对能力池的影响与它们对 p_w^* 的影响相似，原因与命题 6.3 中的描述相同。同时也分析了 π_w^* 与 β,η 的关系如推论 6.3 所示。

推论 6.3　β 和 η 对最优期望利润 π_w^* 的影响如下：

(i) $\frac{\mathrm{d}\pi_w^*}{\mathrm{d}\eta}\leqslant 0$；

(ii) 如果 $\beta\in\left[0,\ \frac{\theta}{1-\alpha}\right)$，$\lambda\in\left[1,\ \frac{\alpha\beta^2-\alpha\beta+\beta^2\theta-\beta^2+\beta-\theta}{\alpha\beta^2+\beta^2\theta-\beta^2}\right)$，有$\frac{\mathrm{d}\pi_w^*}{\mathrm{d}\beta}\geqslant 0$；反之则有$\frac{\mathrm{d}\pi_w^*}{\mathrm{d}\beta}\leqslant 0$。

推论 6.3 的(i)表明，当参考效应强度增加时，平台的最优利润减小。因为对偏离参考点更敏感的决策者可能滋生认知上的偏差，从而导致不确定需求下的结果偏离最优的预期，这将带来一个较低的期望利润[185]。从推论 6.3 的(ii)中可以发现随着 β 的增加，π_w^* 呈非单调的变化。为了方便起见，将 $\beta\in\left[0,\ \frac{\theta}{1-\alpha}\right)$，$\lambda\in\left[1,\ \frac{\alpha\beta^2-\alpha\beta+\beta^2\theta-\beta^2+\beta-\theta}{\alpha\beta^2+\beta^2\theta-\beta^2}\right)$ 的区间视为理性区域，即具有参考依赖偏好平台的利润随着 β 的增加而增加，因为较大的 β 使得决策者对最后的结果持较高的期望；将 $\beta\in\left[0,\ \frac{\theta}{1-\alpha}\right)$，$\lambda>\frac{\alpha\beta^2-\alpha\beta+\beta^2\theta-\beta^2+\beta-\theta}{\alpha\beta^2+\beta^2\theta-\beta^2}\parallel\beta\in$

$\left(\frac{\theta}{1-\alpha}, 1\right]$视为过度自信区域，$\pi_w^*$随着$\beta$的增加而减小。对于有经验的决策者而言，这种偏离总是伴随着随机事件和环境而产生[186]。

6.3.3 均衡结果比较

这一部分对比具有参考依赖偏好和无参考依赖偏好时平台的最优价格和收益，研究具有参考依赖偏好情境下均衡策略相比无参考依赖偏好情境下均衡策略最优的条件。这里忽略了不同情境下服务提供者能力池的比较，因为可以用不同情境下均衡价格的比较来代替。首先分析两种情境下的最优定价策略。以下命题总结了命题6.3和命题6.4中均衡价格的比较结果。

命题6.5　当$\theta \in (0,\theta_1)$和$\alpha \in (0,\alpha_1)$时，可以得到$p_w^* \leqslant p_n^*$，符合要求的服务提供者在无参考依赖偏好的情境下更好；当$\theta \in (0,\theta_1)$，$\alpha \in (\alpha_1, 1)$或者$\theta \in (\theta_1, 1)$时，可以得到$p_w^* \geqslant p_n^*$，符合要求的服务提供者在具有参考依赖偏好的情境下更好。

其中$\theta_1 = \frac{\beta^2\lambda - \beta^2 + \beta}{\beta^2\lambda - \beta^2 + 1}$和$\alpha_1 = \frac{-\beta^2\theta\lambda + \beta^2\theta + \beta^2\lambda - \beta^2 + \beta - \theta}{\beta^2\lambda - \beta^2 + \beta}$。图6-1显示两个情境下最优价格之间的关系，这反映了符合要求服务提供者的收入和最优的能力池。从命题6.5可以看出当α和θ都较小时，具有参考依赖偏好情境下的最优价格低于无参考依赖偏好情境下的最优价格，此时平台收取更多的佣金并为服务提供者提供较少的补贴。较小的β意味着平台决策者对最坏情况的锚定更多。因此，与无参考依赖偏好的情境相比，具有参考依赖偏好的情境可能降低均衡价格以刺激需求，减小足够的服务需求能力。当α较大时，由于佣金较少，所以更多的服务提供者加入。较高的β意味着平台决策者对没有能力匹配的情况抱有较高的期望，这表明具有参考依赖偏好的情境可能采用更高的价格，并招募比无参考依赖偏好时更多的服务提供者以获得更多的利润。当α较大且θ较小时，尽管平台减少补贴，但较低的佣金比例会令符合条件的服务提供者获得更多的收入。因此，当β是中等或较大的，具有参考依赖偏好的情境可以制定比无参考依赖偏好时更高的价格和服务提供者能力池。

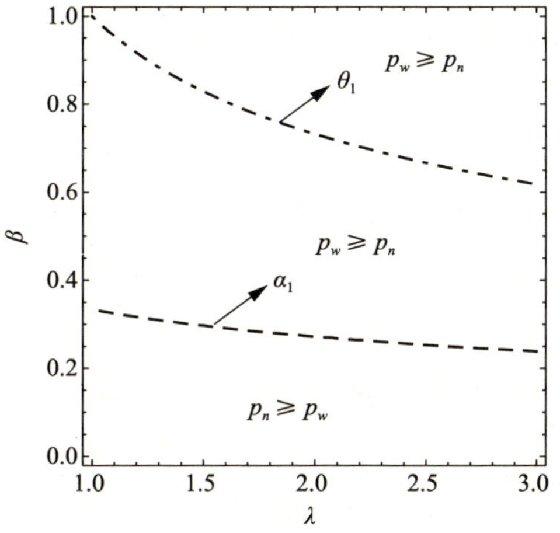

图 6-1 两种情境下的价格对比

在分析命题 6.5 中 $p_w^*-p_n^*$ 和 θ,α 之间的关系之后，可以发现随着 θ 的增加，$p_w^*-p_n^*$ 逐渐增加，即$\frac{d(p_w^*-p_n^*)}{d\theta}\geqslant 0$。这表明当补贴增加时，具有参考依赖偏好情境下与无参考依赖偏好情境下价格之间的差距逐渐增加。从两个方面解释该现象：一是较小的 λ。当 θ 增大时，具有参考依赖偏好情境下的最优价格逐渐高于无参考依赖偏好情境的最优价格，导致$\frac{d(p_w^*-p_n^*)}{d\theta}\geqslant 0$。二是较大的 λ。p_n^* 随着 θ 的增加而减小，p_w^* 随着 θ 的增加而增加。因此，很容易得到$\frac{d(p_w^*-p_n^*)}{d\theta}\geqslant 0$，这间接表明当补贴增加时，具有参考依赖偏好的情境可以招募到更多符合条件的服务提供者。同时也发现 $p_w^*-p_n^*$ 与 α 之间呈非单调变化：当 $\alpha\in\left(0,\frac{1-\theta}{2}\right)$，$\beta\in\left[0,\frac{-2\alpha\theta-\theta^2+\theta}{\alpha^2-2\alpha+1}\right)$，$\lambda\in\left[1,\frac{\alpha^2\beta^2-\alpha^2\beta+2\alpha\beta^2\theta-2\alpha\beta^2+2\alpha\beta-2\alpha\theta+\beta^2\theta^2-\beta^2\theta+\beta^2-\beta-\theta^2+\theta}{\alpha^2\beta^2+2\alpha\beta^2\theta-2\alpha\beta^2+\beta^2\theta^2-\beta^2\theta+\beta^2}\right)$，有$\frac{d(p_w^*-p_n^*)}{d\alpha}\geqslant 0$，反之则有$\frac{d(p_w^*-p_n^*)}{d\alpha}\leqslant 0$。在前者区域，出现 $p_w^*-p_n^*$ 的概率更高，这意味着制定更高的佣金比例促使无参考依赖偏好情境下的价格增长更快，因为此

时平台决策者更加关注最坏的情况。

下面对比分析不同情境下平台的最优利润，并在命题 6.6 中给出相应的结果。

命题 6.6　相比于无参考依赖偏好情境下的平台收益，具有参考依赖偏好将导致平台获得较小的收益，即有 $\pi_n^* \geq \pi_w^*$。

从命题 6.6 中可以发现：无参考依赖偏好情境下的平台得到更高的收益，因为当 α 和 θ 都较小时，无参考依赖偏好情境的价格较高，所以导致诸多服务提供者为得到更高的补贴选择加入该情境，以获得更高的收益。此时需求者在具有参考依赖偏好下无更多的匹配资源，从而使得他们都加入无参考依赖偏好情境下的平台。当 $\theta \in (0,\theta_1)$，$\alpha \in (\alpha_1, 1)$ 或者 $\theta \in (\theta_1, 1)$ 时，具有参考依赖偏好的情境提高价格，增加服务提供者加入的概率以提高平台的利润。因此，$\pi_n^* - \pi_w^*$ 的值逐渐变小。然而，平台的决策者倾向于在市场需求完全不匹配时寻求风险，在供给能被完全匹配的情况下规避风险，这使得具有参考依赖偏好情境下的收益仍然低于无参考依赖偏好情境下的收益。命题 6.6 与 Ho 等[119]中所描述的相一致，$\pi_n^* \geq \pi_w^*$ 的主要原因是价格中普遍存在一种类似于“Pull-to-center”效应。

6.3.4　有关补贴比例的讨论

在第 6.2 节中提到，当平台的价格给定时可以得出 θ 的存在区间。这一部分详细研究当价格给定时，补贴比例对两种情境的影响。由于 $s_i = \theta p_i^*$，平台总是先设定价格，然后再选择补贴比例。因此，这里考虑最优价格已给定。首先，对于无参考依赖偏好的情境，可以得到 $A = 2(1-k_n) - p_n^*(\alpha+\theta) g((\alpha+\theta)p_n^*) - \dfrac{2\theta}{1-\alpha} = \dfrac{2\theta}{\alpha-1} - 3p_n^*(\alpha+\theta) + 2$，所以有 $\theta^{\min} = \dfrac{2}{-3\alpha p_n^* + 3p_n^* + 2} - \alpha$，即无参考依赖偏好情境下平台制定的补贴比例需要满足 $\theta \in \left[\dfrac{2}{-3\alpha p_n^* + 3p_n^* + 2} - \alpha,\ 1\right)$。同样的方法，得到具有参考依赖偏好情境下，$B = A_1 + A_2 = \dfrac{2\theta - 2(1-\alpha)((1-\beta)\eta + 1)}{1-\alpha}$，所以很容易验证 $\theta^{\max}$ 满足 $3p_w^*(\alpha+$

$\theta)(\beta^2\eta(\lambda-1)+\eta+1)=\frac{2\theta-2(1-\alpha)((1-\beta)\eta+1)}{1-\alpha}$，求解后有 $\theta^{max}=\frac{(\alpha-1)(-2(\beta-1)\eta+3\alpha p_w^*(\beta^2\eta(\lambda-1)+\eta+1)+2)}{3(\alpha-1)p_w^*(\beta^2\eta(\lambda-1)+\eta+1)+2}$。故具有参考依赖偏好情境下平台制定的 θ 需满足 $\theta\in\left(0,\ \frac{(\alpha-1)(-2(\beta-1)\eta+3\alpha p_w^*(\beta^2\eta(\lambda-1)+\eta+1)+2)}{3(\alpha-1)p_w^*(\beta^2\eta(\lambda-1)+\eta+1)+2}\right]$。

令 $\Delta\equiv\theta^{max}-\theta^{min}=\frac{2(\alpha-1)(-2(\beta-1)\eta+3p_n^*((\alpha-1)(\beta-1)\eta+1)+3p_w^*(\beta^2\eta(\lambda-1)+\eta+1))}{(3(\alpha-1)p_n^*-2)(3(\alpha-1)p_w^*(\beta^2\eta(\lambda-1)+\eta+1)+2)}$。下面对比不同的 θ，比较后发现当 α 较大时，有 $\Delta\geqslant0$，这表明只有区域1和4存在。为了揭示更多的区域，假定 $\lambda=2$、$\eta=1$、$\beta=\frac{1}{2}$ 和 $\alpha=\frac{2}{5}$，很容易得到 $\Delta=\frac{52}{40-81p_w^*}-\frac{10}{9p_n^*+10}$，同时也验证除了较大 α 以外的其他参数区间，发现区域基本稳定。根据 $\Delta=0$ 和 $p_n^*=p_w^*$，将分为如图6-2所示的四个区间并讨论两种情境的竞争和存在问题。

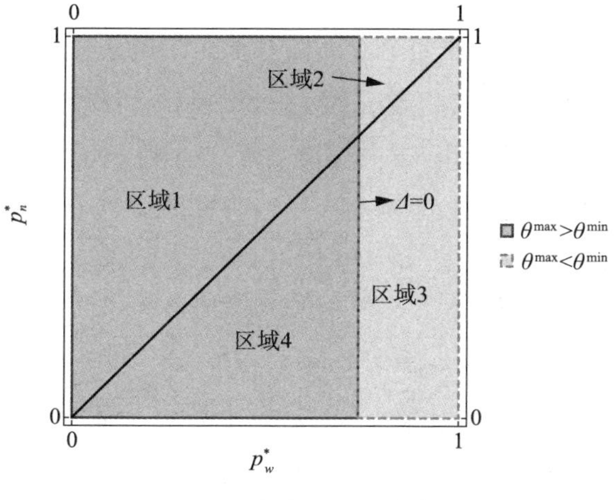

图6-2　不同价格区域内的补贴比例

首先对于区域1而言，这种情况下有 $\theta^{max}>\theta^{min}$ 且 $p_n^*>p_w^*$，所以在 $\theta\in[\theta^{min},\theta^{max}]$ 内存在两种情境。基于双边市场的特点，服务提供者总是先于需求者到达，较高的价格 p_n^* 诱使更多符合要求的服务提供者加入无参考依赖偏好的情境。尽管许多需求者希望在具有参考依赖偏好的情境下接收服务(因为价格较低)，但加入此情境可用的服务提供者更少。因此，无参考依赖偏好的情境可能具有竞争优势并在市场中生存。在$\theta \in (0, \theta^{min}]$内仅存在具有参考依赖偏好情境下的平台，$\theta \in [\theta^{max}, 1)$仅存在无参考依赖偏好情境下的平台。然后对于区域2和3而言，此时存在$\theta^{max} < \theta^{min}$，所以在$\theta \in [\theta^{min}, 1)$内存在无参考依赖偏好的情境，在$\theta \in (0, \theta^{max}]$内存在具有参考依赖偏好的情境，故两种情境不存在竞争关系。最后对于区域4而言，有$\theta^{max} > \theta^{min}$且$p_n^* < p_w^*$存在，所以在$\theta \in [\theta^{min}, \theta^{max}]$内存在两种情境。与区域1不同，由于此时具有参考依赖偏好的平台设置较高的价格和较大的补贴比例，所以拥有完全的竞争优势，故市场中很可能只有这一种情境。同时，在$\theta \in (0, \theta^{min}]$内仅存在具有参考依赖偏好情境下的平台，$\theta \in [\theta^{max}, 1)$仅存在无参考依赖偏好情境下的平台。

6.4 扩展和鲁棒性检验

这一部分对基本模型做四个方面的扩展：①考虑服务提供者数量的管制，即平台对市场中服务提供者的数量进行限制，即施加一个管制值；②平台在制定价格时考虑高峰期和非高峰期，所以构建一种基于溢价因子的定价方式；③考虑一种其他形式的参考点，在这种情况下平台的最小利润为0。

6.4.1 对服务提供者数量施加管制

2018年7月，纽约市对城市街道上Uber和Lyft的汽车数量设置了上限①，这表明这些所谓的“共乘汽车”在一年内不会获得新的牌照。类似的做法也出现在国内的一些城市中(例如北京和上海)②。上述规则的实施给市场服务提供者的管理带来了新挑战。基本模型认为市场中潜在服务提供者的数量为1。因此，考虑平台对潜在服务提供者的最大数量设置一个管制

---

① https://arstechnica.com/tech-policy/2018/08/new-york-city-imposes-temporary-cap-on-uber-lyft-vehicles/.

② https://fortune.com/2016/11/14/didi-chuxing-regulations-china-uber-ride-hailing/.

值 $N_i(i=n,w)$，目的是验证即需服务市场是否仍存在"Pull-to-center"效应。

这里认为两种情境下的价格事先给定且均为 p，即服务提供者根据平台给定的价格选择是否加入，然后平台设置管制值以限制潜在服务提供者的数量。固定价格的主要原因是更容易验证"Pull-to-center"效应。另外，还可以将价格看作平均价格，所以是相对固定的，同样的做法还存在于 Yu 等[11]和 Gurvich 等[77]中。因此，在这种情况下市场中实际服务提供者的数量为 $k_i = N_iG(s+\alpha p)=N_iG((\theta+\alpha)p)$，平台需要选择最优的管制值 N_i 以最大化其利润。此时两种情境下的目标函数 π_n' 和 π_w'，分别为：

$$\max_{N_n}\pi'_n(k'_n)=R(k'_n)-\theta pk'_n,\ \max_{N_w}EU'(k'_w)=\pi'_w(k'_w)+v'(x)。$$

其中，$k_n' = N_nG((\alpha+\theta)p)$，$k_w' = N_wG((\alpha+\theta)p)$，$v'(x) = \begin{cases}\lambda\eta(r'-x),\ 0<x<r'\\ \eta(x-r'),\ r'<x<1\end{cases}$，$r'(k_w')=\beta((1-\alpha)pk_w'-sk_w')-(1-\beta)sk_w'$，$\pi_w'(k_w') = \int_0^{k_w'}((1-\alpha)px-sk_w')f(x)\mathrm{d}x+\int_{k'_w}^1((1-\alpha)p-s)k_w'f(x)\mathrm{d}x$ 和 $R(k_n')=(1-\alpha)p(N_nG((\alpha+\theta)p)-\int_0^{N_nG((\alpha+\theta)p)}F(x)\mathrm{d}x)$。给定 τ_i 和 D_i 服从 $[0,1]$ 区间内的均匀分布时，得到最优的 N_i^* 和 π_i^* 如命题 6.7 所示。

命题 6.7　当平台对市场中潜在服务提供者的数量施加管制值时，具有参考依赖偏好和无参考依赖偏好情境下的最优策略为：

(i) 无参考依赖偏好情境下，得到最优的 $N_n^* = \dfrac{\alpha+\theta-1}{(\alpha-1)p(\alpha+\theta)}$、$\pi'^*_n = -\dfrac{p(\alpha+\theta-1)^2}{2(\alpha-1)}$ 和服务提供者的能力池 $\dfrac{1-\alpha-\theta}{1-\alpha}$；

(ii) 参考依赖偏好情境下，可以得到最优的 $N_w^* = \dfrac{-(\alpha-1)(\beta-1)\eta+\alpha+\theta-1}{(\alpha-1)p(\alpha+\theta)(\beta^2\eta(\lambda-1)+\eta+1)}$、

$$\pi'^*_w = \frac{p((\alpha-1)((\beta-1)\eta-1)-\theta)(\alpha\eta(2\beta^2(\lambda-1)+\beta+1)+\alpha+\eta(\beta(2\beta(\theta-1)(\lambda-1)-1)+2\theta)-\eta+\theta-1)}{2(\alpha-1)(\beta^2\eta(\lambda-1)+\eta+1)^2}$$

和服务提供者的能力池为 $\dfrac{-(\alpha-1)(\beta-1)\eta+\alpha+\theta-1}{(\alpha-1)(\beta^2\eta(\lambda-1)+\eta+1)}$。

从命题 6.7 可知：$\frac{d\pi_n'^*}{d\alpha}=\frac{1}{2}p\left(\frac{\theta^2}{(\alpha-1)^2}-1\right)\leqslant 0$ 和 $\frac{d\pi_n'^*}{d\theta}=-\frac{p(\alpha+\theta-1)}{\alpha-1}\leqslant 0$，这与命题 6.3 相一致。$\frac{d\pi_w'^*}{d\eta}=\frac{\eta p(\beta^2(\lambda-1)(\alpha+\theta-1)+(\alpha-1)\beta+\theta)^2}{(\alpha-1)(\beta^2\eta(\lambda-1)+\eta+1)^3}\leqslant 0$ 和当 $\beta\in\left[0,\ \frac{\theta}{1-\alpha}\right)$，$\lambda\in\left[1,\ \frac{\alpha\beta^2-\alpha\beta+\beta^2\theta-\beta^2+\beta-\theta}{\alpha\beta^2+\beta^2\theta-\beta^2}\right)$ 时，有 $\frac{d\pi_w'^*}{d\beta}\geqslant 0$，反之则有 $\frac{d\pi_w'^*}{d\beta}\leqslant 0$，这与推论 6.3 相一致。$\pi_w'^*-\pi_n'^*=\frac{\eta^2p(\beta^2(\lambda-1)(\alpha+\theta-1)+(\alpha-1)\beta+\theta)^2}{2(\alpha-1)(\beta^2\eta(\lambda-1)+\eta+1)^2}\leqslant 0$，这与推论 6.3 相一致。通过对比不同情境下的均衡策略，可以得到图 6-3。图 6-3 表明，如果存在较大的 β（$\beta\in\left(\frac{1}{2}\sqrt{\frac{\alpha^2-4\alpha\theta-2\alpha-4\theta^2+4\theta+1}{(\alpha+\theta-1)^2}}+\frac{1-\alpha}{2(\alpha+\theta-1)},\ 1\right]$），具有参考依赖偏好下的平台将设置更低的管制值，因为当决策者对最终结果持有很高的期望时总是规避风险，而招募更多的服务提供者意味着带来供应过剩的风险（供给可能不完全匹配）。如果存在较小的 β（$\beta\in\left[0,\ \frac{1}{2}\sqrt{\frac{\alpha^2-4\alpha\theta-2\alpha-4\theta^2+4\theta+1}{(\alpha+\theta-1)^2}}+\frac{1-\alpha}{2(\alpha+\theta-1)}\right)$），具有参考依赖偏好下的平台将设置更高的管制值，因为决策者可能在这种情况下追求风险，吸引更多的服务提供者。这里将 $1-(\alpha+\theta)$ 定义为实验条件且 $\alpha+\theta$ 定义为临界分位点，如果 $\alpha+\theta<\frac{1}{2}$，则市场被认为是高利润情况，反之则被认为是低利润情况。然后可以得到推论 6.4。

推论 6.4　在即需服务平台的高利润和低利润情况下存在着不对称的“Pull-to-center”效应。

推论 6.4 表明，平台在高利润情况下招募的服务提供者较少，而在低利润情况下招募的服务提供者较多，这与 Schweitzer 和 Cachon[187] 中的结论相一致。图 6-3 表明即需服务平台中的高利润和低利润情况存在不对称的“Pull-to-center”效应。

6.4.2　在高峰期内基于溢价因子的定价模式

目前的即需服务平台（例如滴滴出行和 Uber）都采用基于溢价因子的定

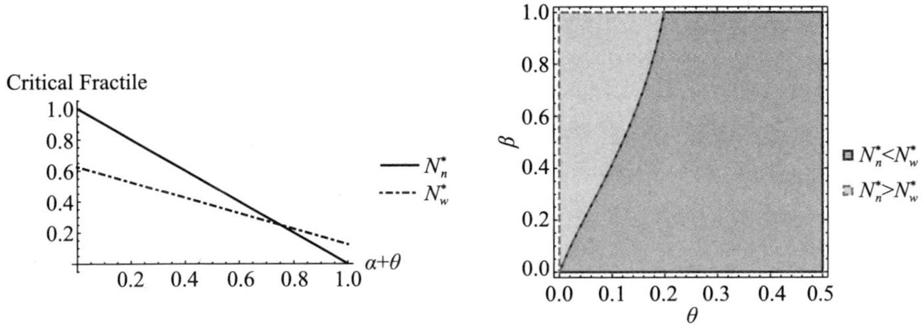

图 6-3　不同情境下最优的管制值对比

价方式，即在非高峰期采用一般的定价，在高峰期时采用基于溢价因子的定价，该定价有利于缓解在高峰期市场的需求，平台在高峰期的价格为非高峰期的价格乘以一个溢价因子[72]。因此，这里分析平台使用基于溢价因子的定价策略后均衡策略的变化。

为了方便起见，令 γ 为一天中非高峰期所占的比例，则 $1-\gamma$ 为高峰期的比例。非高峰期和高峰期的需求分别为 γD_i 和 $(1-\gamma)D_i$，可以得到非高峰期和高峰期时实际市场的交易量分别为 $\gamma\min\{D_i, k_i\}$ 和 $(1-\gamma)\min\{D_i, k_i\}$。由于平台在高峰期时的定价为基于溢价因子的方式，所以令溢价因子为 ρ_i 且高峰期时的价格为 $p_{1i}=\rho_i p_i$。将其分别代入具有参考依赖偏好和无参考依赖偏好下平台的目标函数后可以得到 π_n'' 和 U_w''，如下所示：

$$\begin{cases}\max\limits_{\rho_n, p_n'}\pi_n''(k_n'')=R\left(\dfrac{k_n''}{\gamma}\right)+R\left(\dfrac{k_n''}{1-\gamma}\right)-\theta p_n'k_n''-\theta\rho_n p_n'k_n'' \\ \max\limits_{\rho_w, p_w'}EU_w''(k_w'')=\pi_w''(k_w'')+v''(x)\end{cases} \tag{6-5}$$

其中，$r_j''(k_w'')=\begin{cases}\beta((1-\alpha)p_w'k_w''-\theta p_w'k_w'')-(1-\beta)\theta p_w'k_w'', & j=1 \\ \beta((1-\alpha)\rho_w p_w'k_w''-\theta\rho_w p_w'k_w'')-(1-\beta)\theta\rho_w p_w'k_w'', & j=2\end{cases}$ 和 $v''(x)=\begin{cases}\lambda\eta(r_j''-x), & 0<x<r_j'' \\ \eta(r_j''-r''), & r_j''<x<1\end{cases}$。通过求解式(6-5)的两个目标函数后，可以得到最优的策略如命题 6.8 所示。

命题 6.8　如果平台采用基于溢价因子的定价方式 $\gamma\in\left(0, \dfrac{1}{2}\right)$ 时，两

种情境下的最优值分别为：

（i）无参考依赖偏好的情境下，可以得到：$p_n'^*=\frac{4(\alpha\gamma+\gamma^2\theta-\gamma)}{3(\alpha-1)(\alpha+\theta)}$，$\rho_n^*=\frac{(\gamma-1)(-\alpha+\gamma\theta-\theta+1)}{\gamma(\alpha+\gamma\theta-1)}$，$p_{1n}^*=-\frac{4(\gamma-1)(\alpha-\gamma\theta+\theta-1)}{3(\alpha-1)(\alpha+\theta)}$。在非高峰期和高峰期下服务提供者的能力池分别为$\frac{4(\alpha\gamma+\gamma^2\theta-\gamma)}{3(\alpha-1)}$和$-\frac{4(\gamma-1)(\alpha-\gamma\theta+\theta-1)}{3(\alpha-1)}$；

（ii）具有参考依赖偏好的情境下，可以通过解下列方程得到唯一确定的最优解：

$$\begin{cases} p_w'^*=\dfrac{\begin{array}{c}4(\gamma-1)\gamma(\gamma\rho_w^{*2}((\alpha-1)(\beta-1)(\gamma-1)\eta+\alpha-\gamma\theta+\theta-1)\\ +(\gamma-1)(\alpha((\beta-1)\gamma\eta-1)-\gamma((\beta-1)\eta+\theta))+\gamma-1)\end{array}}{\begin{array}{c}3(\alpha+\theta)(\gamma^2\rho_w^{*3}((2\alpha-1)\beta^2(\gamma-1)\eta\lambda-(\alpha-1)(\beta^2-1)\\ (\gamma-1)\eta-\alpha+1)+(1-\alpha)(\gamma-1)^2(\gamma\eta(\beta^2(\lambda-1)+1)+1))\end{array}} \\ \rho_w^*=\dfrac{4(\gamma-1)((\alpha-1)(\beta-1)(\gamma-1)\eta+\alpha-\gamma\theta+\theta-1)}{3p_w'^*(\alpha+\theta)((2\alpha-1)\beta^2(\gamma-1)\eta\lambda-(\alpha-1)(\beta^2-1)(\gamma-1)\eta-\alpha+1)} \end{cases}$$

命题 6.8 的（i）表明$\frac{dp_n'^*}{d\alpha}\leqslant 0$，$\frac{dp_n'^*}{d\theta}\leqslant 0$且服务提供者的能力随着 α 或者 θ 的增加而减少，这与命题 6.3 相一致。另外，研究还发现两个峰期的价格与非高峰期的比例呈非单调变化，即价格随着非高峰期比例的增加先增加后减小，因为当 γ 较小时，平台设定更高的价格以缓解高峰时段的需求。当 γ 达到最优值时，所有的需求被满足，此时平台获得最大利润。当 γ 继续增加时，平台可能降低价格以吸引需求者在非高峰期加入。由于考虑参考依赖偏好情境下的闭环解较为复杂，令 $\lambda=2$[188]。因此，这种情况下平台的最优策略为 $\rho_w^*=-\frac{(\alpha-1)(\gamma-1)((\beta^2+1)\gamma\eta+1)((\alpha-1)(\beta-1)(\gamma-1)\eta+\alpha-\gamma\theta+\theta-1)}{\gamma((\gamma-1)\eta((3\alpha-1)\beta^2+\alpha-1)-\alpha+1)((\alpha-1)((\beta-1)\gamma\eta-1)-\gamma\theta)}$和 $p_w'^*=\frac{4\gamma(-(\alpha-1)(\beta-1)\gamma\eta+\alpha+\gamma\theta-1)}{3(\alpha-1)(\alpha+\theta)((\beta^2+1)\gamma\eta+1)}$，可以得到$\frac{dp_w'^*}{d\theta}\leqslant 0$、$\frac{dp_w'^*}{d\alpha}\leqslant 0$和$\frac{dp_w'^*}{d\beta}\leqslant 0$，非高峰期时的服务提供者能力池$\frac{4\gamma(-(\alpha-1)(\beta-1)\gamma\eta+\alpha+\gamma\theta-1)}{3(\alpha-1)((\beta^2+1)\gamma\eta+1)}$随着 α 或者 θ 的增加而减小，这些结果都与命题 6.4 相一致。比较两个情境下的最优利

润后，从图 6-4 可以看出：当 $\alpha=\frac{7}{10}$[136]、$\beta=\frac{1}{2}$和 $\eta=1$[122]给定时，具有参考依赖偏好情境下的平台使用基于溢价因子的定价策略将导致较低的利润，这个结果与命题 6.6 相一致。同时，也发现当 $\alpha+\beta\in(0,1)$，$\beta\in[0,\alpha)$和 $\eta\geqslant 1$ 时，结果仍然成立。

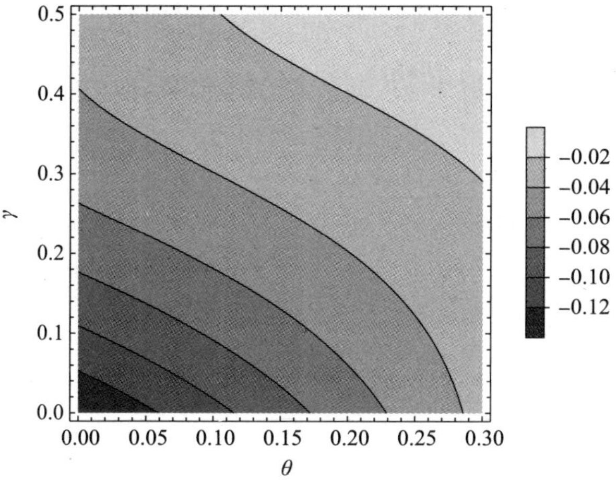

图 6-4　$\pi_w''-\pi_n''$的等高线图

6.4.3　一个备选的参考点

基本模型认为服务提供者出现的道德行为将导致即需服务平台实现的最小利润为$-s_ik_i$。但实际情况下，在即需服务平台意识到该问题后往往采取相应的措施及时制止[189]。因此，平台此时的最小利润为 0。这一部分研究参考点的变化对平台定价和期望利润的影响。

对无参考依赖偏好的平台而言，最优策略不发生变化，即为 $p_n^*=\frac{4(\alpha+\theta-1)}{3(\alpha-1)(\alpha+\theta)}$和 $\pi_n^*=-\frac{16(\alpha+\theta-1)^3}{27(\alpha-1)^2(\alpha+\theta)}$。

对于具有参考依赖偏好的平台而言，此时的目标函数如式(6-6)所示：

$$\max_{\widehat{p_w}} E\widehat{U}(\widehat{k_w})=\widehat{\pi_w}(\widehat{k_w})+\hat{v}(\widehat{k_w}) \tag{6-6}$$

$$s.t.\begin{cases}\hat{r}(\widehat{k_w})=\beta(\widehat{p_w}\widehat{k_w}-\widehat{s_w}\widehat{k_w})\\ \widehat{k_w}=G((\alpha+\theta)\widehat{p_w})\end{cases}$$

根据式(6-6)的一阶条件，可以得到：

$$\widehat{p_w}^*=\frac{4(\alpha-1)(\alpha+\theta-1)((\beta-1)\eta-1)}{3(\alpha+\theta)(\alpha^2(\beta^2\eta(\lambda-1)+\eta+1)+2\alpha(\beta\eta\lambda(\beta(\theta-1)-\theta)-(\beta-1)\eta(\beta(\theta-1)-1)-1)+\eta(\lambda-1)(-\beta\theta+\beta+\theta)^2+\eta+1)}$$

$$\widehat{\pi_w}^*=-\frac{1-2\alpha((\beta-1)\eta(3\beta(\theta-1)-1)+1)+\alpha^2(\beta\eta(3\beta(\lambda-1)+2)+\eta+1)+6\alpha\beta\eta\lambda(\beta(\theta-1)-\theta)+\eta(3\beta^2(\theta-1)^2(\lambda-1)+\beta(6\theta(-\theta\lambda+\theta+\lambda-1)+2)+3\theta^2(\lambda-1)+1)}{27(\alpha+\theta)(\alpha^2(\beta^2\eta(\lambda-1)+\eta+1)+2\alpha(\beta\eta\lambda(\beta(\theta-1)-\theta)-(\beta-1)\eta(\beta(\theta-1)-1)-1)+\eta(\lambda-1)(-\beta\theta+\beta+\theta)^2+\eta+1)^3}$$
$$(16(\alpha-1)^2(\alpha+\theta-1)^3)((\beta-1)\eta-1)^2$$

对比无参考依赖偏好时平台的利润和采用原参考点时平台的利润后，有如下命题。

命题 6.9　如果决策者选取的参考点 $\hat{r}(\widehat{k_w})=\beta(\widehat{p_w}\widehat{k_w}-\widehat{s_w}\widehat{k_w})$，则有：

(i) $\widehat{p_w}^*\leqslant p_w^*$，$\widehat{p_w}^*\leqslant p_n^*$；

(ii) $\widehat{\pi_w}^*\leqslant\pi_n^*$。

从命题 6.9 中可以得到 $\widehat{\pi_w}^*\leqslant\pi_n^*$，这与命题 6.6 相一致。根据最优价格 $\widehat{p_w}^*$，可以得到 $\frac{d\widehat{p_w}^*}{d\lambda}\leqslant 0$、$\frac{d\widehat{p_w}^*}{d\beta}\leqslant 0$ 和 $\frac{d\widehat{p_w}^*}{d\theta}\leqslant 0$，这些与命题 6.4 相一致。从最优利润 $\widehat{\pi_w}^*$ 中可以发现 $\frac{d\widehat{\pi_w}^*}{d\eta}\leqslant 0$，这与推论 6.3 的(i)相一致，但不同的地方是 $\widehat{\pi_w}^*$ 在这种情况下随着 β 的增加而减小，因为备选的参考点提高了平台的参考收益，增加决策者过度自信的程度。命题 6.9 表明，当平台的决策者具有参考依赖偏好时，无道德风险问题时比有道德风险问题时设定的价格更低，因为平台无负利润出现，所以能够降低价格获得市场份额。同时还发现服务提供者的道德风险问题可能不会损害平台的利益。下面使用一组数据 $\left\{\eta=1,\beta=\frac{1}{2},\lambda=2,\alpha=\frac{7}{10}\right\}$ 说明这一现象，如图 6-5 所示，其中第一和第二个数据来自 Long 和 Nasiry[122]，第三和第四个数据分别来自 Ho 和 Zhang[188] 及 Rosenblat 和 Stark[136]。如果平台给予的补贴比例较小，则无道德风险下平台的期望利润相比于道德风险下的更低，这表明平台可能为了吸引服务提供者的加入而对其产生的道德风险问题视而不见，因为“水至清则无鱼”。

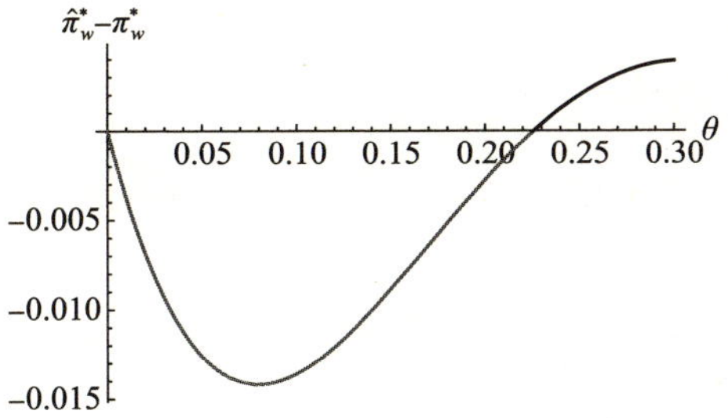

图 6-5 $\widehat{\pi_w}^*$ 和 π_w^* 之间的关系

6.5 本章小结

本章研究了即需服务平台中受价格控制的服务提供者能力管理问题，其中考虑了平台决策者的参考行为以分析其心理效用对决策的影响，即本章的研究背景考虑了不确定的市场需求和决策者对风险的态度。在基本模型中，构建决策者具有参考依赖偏好和无参考依赖偏好两种情境。在无参考依赖偏好的情境下，平台在面对不确定的市场需求时需要选择最优的价格以最大化期望利润。在具有参考依赖偏好的情境下，目标函数涉及决策者的心理效用，即优化目标变为期望效用最大化，其主要包括期望利润和与参考行为相对应的期望效用。本章比较了两个不同情境下的结果，然后将模型做三个方面的扩展：考虑平台对服务提供者的数量设置管制值、基于溢价因子的定价方式和其他参考点的选择，并同时检验模型的鲁棒性。

第7章

结论与展望

当今社会，随着共享经济的爆炸式发展，即需服务平台进入了人们的视线，它的出现颠覆了人们以往的生活方式且逐渐成为现在生活中不可或缺的一部分。这些平台在诞生和快速成长的阶段必然产生诸多与运营管理相关的问题，它们不仅改变了即需服务平台的运营策略选择，还在一定程度上影响系统中各利益相关者的优化决策。因此，本书以即需服务平台为对象研究其在不同情境下所面临的运营问题，旨在为平台运营策略的优化提供一定的建议，同时也为后续有关即需服务平台的研究提供一定的理论基础并丰富和扩展对双边市场的研究。本书的研究主要包括以下四个方面：首先，研究即需服务平台中不同目的地信息获取时间对各利益相关者最优决策的影响，同时结合实际对比分析哪种模式最优并提出相应的管理启示；其次，以即需服务平台之间的串谋为出发点，研究不同串谋类型下平台的信息共享策略问题，在此基础上得出结论并为系统各成员和市场监管者提供建议；再次，以即需服务平台使用的统一定价和基于溢价因子的定价为研究背景，分析不同定价策略的最优适用区间和对各利益相关者最优决策的影响；最后，考虑了即需服务平台在运营中面临不确定需求的风险，结合参考点的选择分析具有参考依赖偏好下平台的能力管理问题。

7.1 研究结论

本书针对即需服务平台的运营策略优化问题进行研究，主要的工作和研究结论如下：

(1)即需服务平台的服务提供者接单前与接单后目的地信息可见模式选择

即需服务平台在进行需求匹配时，通常将需求者的目的地信息以两种模式提供给服务提供者，一种是事前的目的地信息分享，另一种是事后的目的地信息分享。第3章利用博弈论的方法构建两种信息分享模式的模型，并对比分析不同模式下各利益相关者的优化决策值。研究发现：当供需匹配时，平台采用接单后目的地可见的模式将得到更多的利润，因为服务提供者在接单前可见模式下拒绝较多的订单；当服务提供者的机会成本较小时，平台选择接单后可见模式的优势较大；当机会成本较大且补贴较小时，服务提供者继续留在接单后目的地可见模式的平台更有利，其他情况下应该选择接单前目的地可见模式的平台，因为较多的服务提供者退出接单后可见模式，所以留给剩余服务提供者较大的利润空间。除此之外，还得出与常识相反的结论：接单前目的地可见模式对需求者更有利，因为策略性需求者选择接单前可见模式能有效地避免支付由于目的地距离过远而产生的较高费用。研究还发现：当平台选择按服务提供者所得收入的一定比例作为补贴策略时，服务提供者选择接单后目的地信息可见模式的平台对自己完全有利；针对系统的社会福利而言，随着市场需求的增加和公平程度的提高，平台逐渐选择接单前目的地可见模式；当考虑平台竞争时，采用事前目的地信息模式的入侵者将赢得竞争，主要原因是来自需求者，该结果也能够从滴滴出行和Uber的竞争中体现出来；最后，还分析了供需不匹配、服务提供者异质的机会成本和平台施加的服务提供者数量管制这三种情境并给出不同情境下的均衡策略。

(2)即需服务平台串谋下的信息共享策略研究

针对即需服务平台之间出现的串谋问题，第4章研究了明显串谋和默契串谋的平台对系统信息共享策略的影响，并利用无限期单阶段偏离原则和合同理论对模型进行求解，最后将基本模型扩展为三个方面。研究发现：当平台之间存在明显串谋时，服务提供者与即需服务平台之间不存在信息共享，因为信息共享有利于服务提供者，却损害了平台的利润，这与传统供应链节点企业之间的信息共享策略相一致；随着互补佣金比例的增大，服务提供者、平台和系统整体在信息共享时与无信息共享时的收益差距逐渐缩小；当即需服务平台之间达成默契串谋时，给出存在分离均衡和混同均衡的最优解以及出现混同均衡的条件，同时还发现若平台可以根据努力水平推断服务提供者是否接收到有用的信息时，服务提供者选择与完美信息下相同的努力水平，此时即需服务平台与服务提供者之间存在信息共享，该结果不同于传统供应链批发价格契约下的结果，这也间接说明在一些条件下如果平台采用佣金合同则可能更有利于实现信息的交换；若平台不能推测，则服务提供者选择一个小于完美信息时的努力水平以激励平台共享信息，此时信息共享有利于系统整体和服务提供者，但不利于即需服务平台，故不存在信息共享。通过分析即需服务平台对串谋偏好的选择后发现：当市场需求的信号精度较高且不确定程度较低时，平台更倾向于采用明显串谋。针对需求者剩余而言，研究发现：不同信息共享方式下需求者剩余的大小与努力水平是否能传递给平台有用的信息密切相关。

（3）即需服务平台基于溢价因子的定价策略研究

鉴于目前即需服务平台使用两种不同的定价策略，即统一的定价策略和基于溢价因子的定价策略，第5章通过博弈论的方法构建不同策略下的模型并分析每种策略的最优适用区间，最后对基本模型进行扩展并检验其鲁棒性。研究得到以下管理启示：首先，解释了平台采用基于溢价因子定价策略的原因并证明非高峰期的价格低于统一价格，该结果也与即需服务平台往往在非高峰期设置较低价格的做法相一致，而且随着非高峰期比例的增加，服务提供者逐渐选择在非高峰时段加入平台。另外，虽然平台使用基于溢价因子的定价策略在大多数情况下是较优的，但当该比例较高时，统一定价模式不一定劣于基于溢价因子的定价模式，此时平台应该采用统一的定价模型，该结果也可以反映出打车平台和出租车的市场共存。其次，关注基于溢价因子的定价模式中需求者对溢价因子的敏感性。在基于溢价因子的定价模型中，需求者在非高峰期对溢价因子较高的敏感程度可以使得平台可以提升价格和增加利润。最后，将基本模型进行扩展后得到一些结论：对于基于溢价因子定价策略中的异质需求者价值而言，提高需求者在非高峰期对于溢价因子的敏感程度和减小高峰期需求者价值的异质性或降低敏感程度，可以使得基于溢价因子定价策略优于统一定价策略。对于具有独立于效用的市场需求而言，使用基于溢价因子定价策略的平台在大多数情况下是有利的。

(4)参考依赖偏好下即需服务平台的能力管理问题

由于即需服务平台运营在需求不确定的市场中，它们可能面临着需求和服务提供者供给不匹配后所产生的风险，所以决策者的最优目标是期望效用最大化而非期望收益最大化。第 6 章利用前景理论和博弈论刻画了基本模型，探讨不同决策目标下即需服务平台的最优决策问题，最后将基本模型进行扩展并验证其鲁棒性。研究发现：首先，参考依赖偏好会影响定价和服务提供者的能力决策。当平台决策者对损失的敏感度高于收益的或对最终结果持有较高的期望时，具有参考依赖偏好的情境设定较低的价格并招募较少的服务提供者。其次，服务提供者的补贴和收入影响具有参考依赖偏好价格与无参考依赖偏好价格之间的关系。当补贴比例较低且佣金比例较高时，平台在具有参考依赖偏好的情境下可能制定比无参考依赖偏好情境下更低的价格。再次，证实了当考虑参考行为时，平台的利润可能变得更糟。最后，较高的补贴比例和较低的乐观程度促使平台在考虑参考行为时设置较高的管制值，同时还揭示了高利润和低利润情况下仍然出现“Pull-to-center”效应，即平台在高利润和低利润情况下分别出现需求分配和供给分配，该结果与有关传统报贩问题研究所得到的结果相对应：报贩在高利润区间一直处于订购缺货的状态，而在低利润区间则处于订购过量的状态。另外，平台在提供较小的补贴时，不必担心服务提供者的道德风险问题。

7.2　管理启示

本书的研究有以下管理启示：

(1)即需服务平台的服务提供者接单前与接单后目的地信息可见模式选择

首先，第 3 章的研究为即需服务平台(特别是即需服务打车平台)的决策者提供了一定的管理启示：平台选择接单前目的地可见模式时能够得到较大的社会福利且快速地占有需求者资源从而为以后的发展创造有利条件，这也与滴滴出行的运营策略相符合。另外，即需服务平台可以通过提高补贴的方式使得服务提供者接受较远距离的订单以覆盖更多的需求者，该启示也适用于一些即需服务的配送平台，例如美团外卖和饿了么；然后，若平台选择接单后目的地可见的模式时，研究结果对决策者的建议是他们可以通过提高补贴或增加补贴倍数以防止该模式下服务提供者的流失。其次，第3章的研究也为系统中服务提供者和需求者的选择决策提供了一定的建议：服务提供者在确定加入哪种模式之前需要综合考虑补贴程度和机会成本，需求者更应该选择在接单前目的地可见模式的平台上寻求服务。最后，与服务提供者收入相关的补贴策略可能不适用于接单前目的地可见模式的平台，原因是服务提供者会选择加入接单后目的地可见模式，致使接单前目的地可见模式的平台失去较多的需求者。

(2)即需服务平台串谋下的信息共享策略研究

首先，对于即需服务平台而言，它们为了避免遭到反垄断组织的调查可能选择与服务提供者共享市场的需求信息以实现超额的边际利润，从而达到串通的目的。因此，反垄断机构应该意识到平台与服务提供者的这种信息共享方式可能会产生串谋，并提前做好预防措施。其次，反垄断机构不仅应该关注横向信息共享出现的成员间串谋问题，还应该更新一些政策使之能够包括由于某种形式的纵向信息共享而产生的串谋。再次，第4章的研究结果表明默契的串谋可能对需求者带来的危害更大，这对反垄断机构的建议是它们应该在限制成员间明显串谋的同时加大对默契串谋企业的处罚力度。最后，第4章得出了与串谋偏好相关的结论，即分别给出平台在不同串谋偏好时的阈值且该阈值依赖于信号精度和需求不确定程度，该结果有助于反垄断组织根据信号和需求判断出平台可能出现的串谋类型，从而起到一定的监管作用。

(3)即需服务平台基于溢价因子的定价策略研究

首先，鉴于平台使用基于溢价因子的定价策略不总是优于统一的定价策略，所以为即需服务平台(特别是即需服务打车平台)选择运营模式提供的经验法则是：它们应该考虑每天峰期的比例(即非高峰期时间)，并灵活地将两种定价策略进行结合以获取较高的利润。其次，第5章的研究还发现高峰期的溢价因子存在一个上限的约束，这对于平台决策者来说：他们不应该在高峰期定价过高，否则不利于平台的正常运行。再次，第5章的研究结果为使用基于溢价因子定价策略的平台提供的启示是：它们应该努力提高需求者在非高峰期的满意度，即增加需求者对溢价因子的敏感程度。目前一些即需服务平台也正是这样做的，例如：Uber在运营初期往往给予消费者较多的打折券；对于与峰期相关的分布而言，建议需求者应该更加关注平台的价格，因为在非高峰期较高的价格可能对他们不利。最后，如果市场的需求相对独立于需求者的效用，平台应该考虑服务提供者之间的竞争问题。以上管理启示也可以推广到一些即需服务的产能分享平台中，例如智能云科的“iSESOL”。

(4)参考依赖偏好下即需服务平台的能力管理问题

首先，第6章的研究为自调度服务提供者和需求者提供的建议是他们可以根据决策者的态度选择是否加入平台。另外，第6章的结果也为后续关于即需服务平台的研究提供了启示：平台决策者在考虑风险时可能对补贴比例设定不同的阈值，这表明在关于即需服务平台运营管理问题的研究中需要考虑补贴策略，忽视它可能导致结果出现一些偏差。其次，根据第6章得到的具有参考依赖偏好和无参考依赖偏好时价格之间的关系，可以为平台的竞争提供一定的建议：决策者应该在竞争情况下考虑佣金和补贴的设置问题，将佣金和补贴策略进行有效的结合能够增强自身的竞争力。然后，鉴于研究结果表明参考依赖偏好效应可能会对平台的决策者不利，所以给他们的建议是需要通过不断去修正参考依赖偏差以提高平台的获利能力。最后，第6章扩展部分为平台决策者带来的管理启示是：总是对服务提供者的行为进行监管可能不是一个较优的策略，在一定条件下给他们一个宽松的环境对平台的发展更有利。

7.3　研究展望

即需服务平台是目前研究的热门方向，随着其近年来的快速发展、涉及领域的增多和运营模式的不断完善，势必将产生新的管理问题和为学术界对其研究带来新的挑战，所以还可能需要利用多种方法解释和分析不同领域所出现新现象的原因。因此，本书的工作只是一个开始，今后还可以开展如下研究以弥补和完善本书的一些局限：

本书在分析不同的接单模式对即需服务平台中各利益相关者最优决策的影响时，忽略了服务提供者的道德风险问题，未来的研究可以分析该行为对平台定价策略的影响。为了方便起见，第3章假设需求曲线是线性的。因此，系统地考虑其他形式的需求函数可能带来不同的管理启示。

针对即需服务平台串谋问题的研究，在本书的基础上还可以分析非同等权力大小的平台串谋对信息共享策略的影响是否会有所不同。另外，还可以考虑多个即需服务平台的串谋问题，研究服务提供者参与即需服务平台之间的串谋对多平台信息共享策略的影响。

为了降低模型的复杂程度，本书在探究即需服务平台使用不同的定价策略问题时，忽略了多归属服务提供者，即服务提供者通过多个平台向需求者提供服务，未来可以研究该情境对即需服务平台使用不同定价策略的影响。此外，未来的研究还可以分析平台双边的匹配率对不同定价策略的影响。

为了便于分析，第6章忽略了需求者的行为，平台的定价可能影响市场的需求，因此未来的研究可以加入需求者的优化问题进行分析。此外，第6章没有考虑服务提供者的参考效应且假定一个静态的参考点，所以考虑动态的参考点和服务提供者的参考效应也是今后的研究方向。

参考文献

[1]Chen M K, Sheldon M. Dynamic Pricing in a Labor Market: Surge Pricing and Flexible Work on the Uber Platform[R]. Los Angeles: Working paper, University of California, 2016.

[2]Guda H, Subramanian U. Your Uber Is Arriving: Managing On-Demand Workers Through Surge Pricing, Forecast Communication, and Worker Incentives [J]. Management Science, 2019, 65(5): 1995-2014.

[3]Bai J, So K C, Tang C S, et al. Coordinating Supply and Demand on an On-Demand Service Platform with Impatient Customers[J]. Manufacturing & Service Operations Management, 2019, 21(3): 556-570.

[4]Benjaafar S, Hu M. Operations Management in the Age of the Sharing Economy: What Is Old and What Is New? [J]. Manufacturing & Service Operations Management, 2020, 22(1): 93-101.

[5]Bai J, Tang C S. Can two competing on-demand service platforms be profitable? [J]. International Journal of Production Economics, 2022, 250: 108672.

[6]Li Z, Liang C, Hong Y, et al. How Do On-demand Ridesharing Services Affect Traffic Congestion? The Moderating Role of Urban Compactness[J]. Production and Operations Management, 2022, 31(1): 239-258.

[7]Botsman R, Rogers R. What's Mine Is Yours: The Rise of Collaborative Consumption[M]. New York: Harper Collins, 2010.

[8]He L, Mak H Y, Rong Y, et al. Service Region Design for Urban Electric Vehicle Sharing Systems[J]. Manufacturing & Service Operations Management, 2017, 19(2): 309-327.

[9]Cachon G P, Daniels K M, Lobel R. The Role of Surge Pricing on a

Service Platform with Self-Scheduling Capacity[J]. Manufacturing & Service Operations Management, 2017, 19(3): 368-384.

[10] Taylor T A. On-Demand Service Platforms[J]. Manufacturing & Service Operations Management, 2018, 20(4): 704-720.

[11] Yu J J, Tang C S, Max Shen Z J, et al. A Balancing Act of Regulating On-Demand Ride Services[J]. Management Science, 2020, 66(7): 2975-2992.

[12] Der Burg RV, Ahaus K, Wortmann H, et al. Investigating the on-demand service characteristics: An empirical study[J]. Journal of Service Management, 2019, 30(6): 739-765.

[13] Bensinger G. Startups scramble to define "employee"[J]. The Wall Street Journal, 2015: B1.

[14] Cachon G P, Daniels K M, Lobel R. The role of surge pricing on a service platform with self-scheduling capacity[J]. Sharing economy: Making supply meet demand, 2019: 101-113.

[15] Jiang Z Z, Kong G, Zhang Y. Making the Most of Your Regret: Workers' Relocation Decisions in On-Demand Platforms[J]. Manufacturing & Service Operations Management, 2021, 23(3): 695-713.

[16] Zhao D, Chen M. Ex-ante versus ex-post destination information model for on-demand service ride-sharing platform[J]. Annals of Operations Research, 2019, 279(1-2): 301-341.

[17] Tirole J. The theory of industrial organization[M]. Cambridge: MIT Press, 1988.

[18] Zhao D, Fang M. Thekey of network manufacturing: Integrating material, information, capital and knowledge flows[C]. The 7th Annual International Manufacturing Symposium. Cambridge, UK: Cambridge University, 2002: 236-242.

[19] Yang H, Shao C, Wang H, et al. Integrated reward scheme and surge pricing in a ridesourcing market[J]. Transportation Research Part B: Methodological, 2020, 134: 126-142.

[20] Rysman M. The economics of two-sided markets[J]. Journal of Economic Perspectives, 2009, 23(3): 125-143.

[21] Caillaud B, Jullien B. Chicken & egg: Competition among intermediation service providers[J]. The RAND Journal of Economics, 2003: 309-328.

[22] Rochet J C, Tirole J. Platform competition in two-sided markets[J]. Journal of the European Economic Association, 2003, 1(4): 990-1029.

[23] Rochet J C, Tirole J. Two-sided markets: A progress report[J]. The RAND Journal of Economics, 2006, 37(3): 645-667.

[24] Armstrong M. Competition in two-sided markets[J]. The RAND Journal of Economics, 2006, 37(3): 668-691.

[25] Hagiu A. Pricing and commitment by two-sided platforms[J]. The RAND Journal of Economics, 2006, 37(3): 720-737.

[26] Hagiu A. Two-sided platforms: Product variety and pricing structures [J]. Journal of Economics & Management Strategy, 2009, 18(4): 1011-1043.

[27] Armstrong M, Wright J. Two-sided markets, competitive bottlenecks and exclusive contracts[J]. Economic Theory, 2007, 32(2): 353-380.

[28] Ambrus A, Argenziano R. Asymmetric networks in two-sided markets [J]. American Economic Journal: Microeconomics, 2009, 1(1): 17-52.

[29] Wu T, Zhang M, Tian X, et al. Spatial differentiation and network externality in pricing mechanism of online car hailing platform[J]. International Journal of Production Economics, 2020, 219: 275-283.

[30] Chen J, Fan M, Li M. Advertising versus Brokerage Model for Online Trading Platforms[J]. Management Information Systems Quarterly, 2016, 40(3): 575-596.

[31] Banerjee S, Riquelme C, Johari R. Pricing in ride-share platforms: A queueing-theoretic approach[R]. Ithaca: Working paper, Cornell University, 2015.

[32] Ming L, Tunca T I, Xu Y, et al. An empirical analysis of market formation, pricing, and revenue sharing in ride-hailing services[R]. Shenzhen: Working paper, The Chinese University of Hong Kong, 2019.

[33] Katz M L, Shapiro C. Product compatibility choice in a market with technological progress[J]. Oxford Economic Papers, 1986, 38: 146-165.

[34] Katz M L, Shapiro C. Technology adoption in the presence of network externalities[J]. Journal of Political Economy, 1986, 94(4): 822-841.

[35] Katz M L, Shapiro C. Product introduction with network externalities [J]. The Journal of Industrial Economics, 1992: 55-83.

[36] Katz M L, Shapiro C. Network externalities, competition, and compatibility[J]. American Economic Review, 1985, 75(3): 424-440.

[37] Parker G G, Van Alstyne M W, Choudary S P. Platform Revolution: How Networked Markets Are Transforming the Economy? And How to Make Them Work for You[M]. New York: WW Norton & Company, 2016.

[38] Sönmez T. Manipulation via capacities in two-sided matching markets [J]. Journal of Economic Theory, 1997, 77(1): 197-204.

[39] Fudenberg D, Tirole J. Pricing a Network Good To Deter Entry[J]. The Journal of Industrial Economics, 2003, 48(4): 373-390.

[40] Bhargava H K, Choudhary V. Economics of an information intermediary with aggregation benefits[J]. Information Systems Research, 2004, 15(1): 22-36.

[41] Gallaugher J M, Wang Y M. Understanding network effects in software markets: Evidence from web server pricing[J]. Management Information Systems Quarterly, 2002: 303-327.

[42] Jing B. Network externalities and market segmentation in a monopoly [J]. Economics Letters, 2007, 95(1): 7-13.

[43] GrivaK, Vettas N. Price competition in a differentiated products duopoly under network effects[J]. Information Economics and Policy, 2011, 23 (1): 85-97.

[44] Anderson Jr E G, Parker G G, Tan B. Platform performance investment in the presence of network externalities[J]. Information Systems Research, 2014, 25(1): 152-172.

[45] Kung L C, Zhong G Y. The optimal pricing strategy for two-sided

platform delivery in the sharing economy[J]. Transportation Research Part E: Logistics and Transportation Review, 2017, 101: 1-12.

[46] BernsteinF, DeCroix G A, Keskin N B. Competition Between Two-Sided Platforms Under Demand and Supply Congestion Effects[J]. Manufacturing & Service Operations Management, 2021, 23(5): 1043-1061.

[47] Rochet J C, Tirole J. Cooperation among competitors: Some economics of payment card associations[J]. The RAND Journal of Economics, 2002: 549-570.

[48] Rochet J C, Tirole J. Tying in two-sided markets and the honor all cards rule[J]. International Journal of Industrial Organization, 2008, 26(6): 1333-1347.

[49] Lian Z, van Ryzin G. Optimal Growth in Two-Sided Markets[J]. Management Science, 2021, 67(11): 6862-6879.

[50] Hu M, Zhou Y. Dynamic Type Matching[J]. Manufacturing & Service Operations Management, 2022, 24(1): 125-142.

[51] Cohen M C, Zhang R. Competition and coopetition for two-sided platforms[J]. Production and Operations Management, 2022, 31(5): 1997-2014.

[52] Nikzad A. Size of the Labor Pool in On-demand Service Platforms[R]. Los Angeles: Working paper, University of Southern California, 2020.

[53] Zha L, Yin Y, Du Y. Surge pricing and labor supply in the ride-sourcing market[J]. Transportation Research Part B: Methodological, 2017, 23: 2-21.

[54] Hu B, Hu M, Zhu H. Surge Pricing and Two-Sided Temporal Responses in Ride Hailing[J]. Manufacturing & Service Operations Management, 2022, 24(1): 91-109.

[55] Lu A, Frazier P, Kislev O. Surge Pricing Moves Uber's Driver Partners[C]. Proceedings of the 2018 ACM Conference on Economics and Computation, 2018: 3-3.

[56] Gerstner E. Peak load pricing in competitive markets[J]. Economic Inquiry, 1986, 24(2): 349-361.

[57] Steiner P O. Peak loads and efficient pricing[J]. The Quarterly Journal of Economics, 1957, 71(4): 585-610.

[58] Houthakker H S. Electricity tariffs in theory and practice[J]. The Economic Journal, 1951, 61(241): 1-25.

[59] Hirshleifer J. Peak loads and efficient pricing: Comment[J]. The Quarterly Journal of Economics, 1958, 72(3): 451-462.

[60] Boiteux M. Peak-load pricing[J]. The Journal of Business, 1960, 33(2): 157-179.

[61] Williamson O E. Peak-load pricing and optimal capacity under indivisibility constraints[J]. American Economic Review, 1966, 56(4): 810-827.

[62] Zöttl G. A framework of peak load pricing with strategic firms[J]. Operations Research, 2010, 58(6): 1637-1649.

[63] Yang L, Dong C, Wan C J, et al. Electricity time-of-use tariff with consumer behavior consideration[J]. International Journal of Production Economics, 2013, 146(2): 402-410.

[64] Kim J Y, Lee M H, Berg N. Peak-load pricing in duopoly[J]. Economic Modelling, 2016, 57: 47-54.

[65] Dong C, Ng C T, Cheng T. Electricity Time-of-Use Tariff with Stochastic Demand[J]. Production and Operations Management, 2017, 26(1): 64-79.

[66] Grimm V, Schewe L, Schmidt M, et al. Uniqueness of market equilibrium on a network: A peak-load pricing approach[J]. European Journal of Operational Research, 2017, 261(3): 971-983.

[67] Yang Y, Wang M, Liu Y, et al. Peak-off-peak load shifting: Are public willing to accept the peak and off-peak time of use electricity price? [J]. Journal of Cleaner Production, 2018, 199: 1066-1071.

[68] Eisenack K, Mier M. Peak-load pricing with different types of dispatchability[J]. Journal of Regulatory Economics, 2019, 56(2-3): 105-124.

[69] Jin C, Hosanagar K, Veeraraghavan S K. Do Ratings Cut Both Ways?

Impact of Bilateral Ratings on Platforms[R]. Philadelphia: Working paper, University of Pennsylvania, 2018.

[70]Hall J, Kendrick C, Nosko C. The effects of Uber's surge pricing: A case study[R]. Chicago: Working paper, The University of Chicago, 2015.

[71]Cramer J, Krueger A B. Disruptive change in the taxi business: The case of Uber[J]. American Economic Review, 2016, 106(5): 177-182.

[72]Cohen P, Hahn R, Hall J, et al. Using Big Data to Estimate Consumer Surplus: The Case of Uber[R]. Oxford: Working paper, University of Oxford, 2016.

[73]Courcoubetis C, Dimakis A. A Surge-Type Pricing in Ridesharing Systems is Stability Optimal[R]. Singapore: Working paper, Singapore University of Technology and Design, 2018.

[74]Jacob J, Roet-Green R. Ride solo or pool: Designing price-service menus for a ride-sharing platform[J]. European Journal of Operational Research, 2021, 295(3): 1008-1024.

[75]Lee K B, Bellamy M A, Joglekar N, et al. Surge Pricing on A Service Platform underSpatial Spillovers: Evidence from Uber[J]. Academy of Management Proceedings, 2019(1): 16279.

[76]Hall J V, Krueger A B. An analysis of the labor market for Uber's driver-partners in the United States[J]. ILR Review, 2018, 71(3): 705-732.

[77]Gurvich I, Lariviere M, Moreno A. Operations in the on-demand economy: Staffing services with self-scheduling capacity[M]// Sharing Economy: Making Supply Meet Demand. Dordrecht: Springer, 2019: 249-278.

[78]Dong J, Ibrahim R. Managing Supply in the On-Demand Economy: Flexible Workers, Full-Time Employees, or Both? [J]. Operations Research, 2020, 68(4): 1238-1264.

[79]Hall J V, Horton J J, Knoepfle D T. Labor market equilibration: Evidence from Uber[R]. New York: Working paper, New York University, 2017.

[80]Zhong Y, Lin Z, Zhou Y W, et al. Matching supply and demand on

ride-sharing platforms with permanent agents and competition[J]. International Journal of Production Economics, 2019, 218: 363-374.

[81]Zhou Y W, Lin X, Zhong Y, et al. Contract selection for a multi-service sharing platform with self-scheduling capacity[J]. Omega, 2019, 86: 198-217.

[82]叶飞，徐学军. 供应链伙伴关系间信任与关系承诺对信息共享与运营绩效的影响[J]. 系统工程理论与实践，2009，29(8)：36-49.

[83]Fiala P. Information sharing in supply chains[J]. Omega, 2005, 33(5): 419-423.

[84]Forrester J W. Industrial Dynamics. A major breakthrough for decision makers[J]. Harvard Business Review, 1958, 36(4): 37-66.

[85]Cooper M C, Lambert D M, Pagh J D. Supply chain management: More than a new name for logistics[J]. The International Journal of Logistics Management, 1997, 8(1): 1-14.

[86]Yu M M, Ting S C, Chen M C. Evaluating the cross-efficiency of information sharing in supply chains[J]. Expert Systems with Applications, 2010, 37(4): 2891-2897.

[87]Li L. Information sharing in a supply chain with horizontal competition[J]. ManagementScience, 2002, 48(9): 1196-1212.

[88]Shamir N. Cartel formation through strategic information leakage in a distribution channel[J]. Marketing Science, 2016, 36(1): 70-88.

[89]Squire B, Cousins P D, Lawson B, et al. Supply chain management: Theory and practice-the emergence of an academic discipline? [J]. International Journal of Operations & Production Management, 2006.

[90]Guan X, Chen Y J. Timing of information acquisition in a competitive environment[J]. Naval Research Logistics, 2016, 63(1): 3-22.

[91]Bikhchandani S, Mamer J W. Decreasing marginal value of information under symmetric loss[J]. Decision Analysis, 2013, 10(3): 245-256.

[92]Marinovic I, Sridhar S S. Discretionary disclosures using a certifier

[J]. Journal of Accounting and Economics, 2015, 59(1): 25-40.

[93]Bergemann D, Välimäki J. Information acquisition and efficient mechanism design[J]. Econometrica, 2002, 70(3): 1007-1033.

[94] Nafziger J. Timing of information in agency problems with hidden actions[J]. Journal of Mathematical Economics, 2009, 45(11): 751-766.

[95]Krähmer D, Strausz R. Ex post information rents in sequential screening [J]. Games and Economic Behavior, 2015, 90: 257-273.

[96]Zhang H. Vertical information exchange in a supply chain with duopoly retailers[J]. Production and Operations Management, 2002, 11(4): 531-546.

[97]Li L, Zhang H. Confidentiality and information sharing in supply chain coordination[J]. Management Science, 2008, 54(8): 1467-1481.

[98]Jain A, Seshadri S, Sohoni M. Differential pricing for information sharing under competition[J]. Production and Operations Management, 2011, 20 (2): 235-252.

[99]Anand K S, Goyal M. Strategic information management under leakage in a supply chain[J]. Management Science, 2009, 55(3): 438-452.

[100] Jain A, Sohoni M. Should firms conceal information when dealing with common suppliers? [J]. Naval Research Logistics, 2015, 62(1): 1-15.

[101]Kong G, Rajagopalan S, Zhang H. Revenue sharing and information leakage in a supply chain[J]. Management Science, 2013, 59(3): 556-572.

[102] Chen Y, Özer Ö. Supply chain contracts that prevent information leakage[J]. Management Science, 2019, 65(12): 5619-5650.

[103]Shang W, Ha A Y, Tong S. Information sharing in a supply chain with a common retailer[J]. Management Science, 2015, 62(1): 245-263.

[104]Zhao D, Chen M, Gong Y. Strategic information sharing under revenue-sharing contract: Explicit vs. tacit collusion in retailers[J]. Computers & Industrial Engineering, 2019, 131: 99-114.

[105]Shi N, Zhou S, Wang F, et al. Horizontal cooperation and information sharing between suppliers in the manufacturer-supplier triad [J]. International

Journal of Production Research, 2014, 52(15): 4526-4547.

[106]Gomez-Martinez F, Onderstal S, Sonnemans J. Firm-specific information and explicit collusion in experimental oligopolies[J]. European Economic Review, 2016, 82: 132-141.

[107]Asker J, Fershtman C, Jeon J, et al. The Competitive Effects of Information Sharing[R]. Cambridge: Working paper, Harvard University, 2016.

[108]Roy N. Action revision, information and collusion in an experimental duopoly market [R]. Cambridge: Working paper, City University of Hong Kong, 2017.

[109]Cason T N, Mason C F. Information sharing and tacit collusion in laboratory duopoly markets[J]. Economic Inquiry, 1999, 37(2): 258-281.

[110]Skrzypacz A, Hopenhayn H. Tacit collusion in repeated auctions[J]. Journal of Economic Theory, 2004, 114(1): 153-169.

[111]Bertomeu J, Evans J H, Feng M, et al. Tacit Collusion and Voluntary Disclosure: Theory and Evidence from the U. S. Automotive Industry[J]. Management Science, 2021, 67(3): 1851-1875.

[112]Sweeting A, Tao X, Yao X. Dynamic oligopoly pricing with asymmetric information: Implications for mergers[R]. Washington D. C.: Working paper, University of Maryland, 2016.

[113]Zipkin P H. Foundations of Inventory Management[M]. New York: McGrawHill Higher Education, 2000.

[114] Chen X, Chen C, Xie W. Optimal Spatial Pricing for an On-demand Ride-sourcing Service Platform[R]. Hangzhou: Working paper, Zhejiang University, 2019.

[115]Khouja M. The single-period (news-vendor) problem: Literature review and suggestions for future research[J]. Omega, 1999, 27(5): 537-553.

[116] Thaler R. Mental Accounting and Consumer Choice[J]. Marketing Science, 1985, 4(3): 199-214.

[117] Kopalle P K, Rao A G, Assunção J a L. Asymmetric Reference

Price Effects and Dynamic Pricing Policies[J]. Marketing Science, 1996, 15(1): 60-85.

[118]Popescu I, Wu Y. Dynamic Pricing Strategies with Reference Effects[J]. Operations Research, 2007, 55(3): 413-429.

[119]Ho T H, Lim N, Cui T H. Reference Dependence in Multilocation Newsvendor Models: A Structural Analysis[J]. Management Science, 2010, 56(11): 1891-1910.

[120]Nagarajan M, Shechter S. Prospect Theory and the Newsvendor Problem[J]. Management Science, 2014, 60(4): 1057-1062.

[121]Zhang J, Chiang W y K, Liang L. Strategic pricing with reference effects in a competitive supply chain[J]. Omega, 2014, 44: 126-135.

[122]Long X, Nasiry J. Prospect Theory Explains Newsvendor Behavior: The Role of Reference Points[J]. Management Science, 2015, 61(12): 3009-3012.

[123]Kirshner S N, Ovchinnikov A. Heterogeneity of Reference Effects in the Competitive Newsvendor Problem[J]. Manufacturing & Service Operations Management, 2019, 21(3): 571-581.

[124]Uppari B S, Hasija S. Modeling Newsvendor Behavior: A Prospect Theory Approach[J]. Manufacturing & Service Operations Management, 2019, 21(3): 481-500.

[125]Baillon A, Bleichrodt H, Spinu V. Searching for the reference point[J]. Management Science, 2020, 66(1): 93-112.

[126] Hu X, Caldentey R, Vulcano G. Revenue Sharing in Airline Alliances[J]. Management Science, 2013, 59(5): 1177-1195.

[127]Li L, Zhang R Q. Cooperation through capacity sharing between competing forwarders[J]. Transportation Research Part E: Logistics and Transportation Review, 2015, 75: 115-131.

[128]Aloui C, Jebsi K. Platform optimal capacity sharing: Willing to pay more does not guarantee a larger capacity share[J]. Economic Modelling, 2016, 54: 276-288.

[129]Kostami V, Kostamis D, Ziya S. Pricing and Capacity Allocation for Shared Services[J]. Manufacturing & Service Operations Management, 2017, 19(2): 230-245.

[130]Guo L, Wu X. Capacity Sharing Between Competitors[J]. Management Science, 2018, 64(8): 3554-3573.

[131]Dai B, Nu Y. Pricing and capacity allocation strategies: Implications for manufacturers with product sharing[J]. Naval Research Logistics, 2020, 67(3): 201-222.

[132]Wirtz J, Tang C. Uber: Competing as Market Leader in the US versus Being a Distant Second in China[M]. U. S. A: World Scientific, 626-632.

[133]Loginova O, Wang X H, Liu Q. The impact of multi-homing in a ride-sharing market[J]. The Annals of Regional Science, 2022, 69(1): 239-254.

[134]Luo Q, Saigal R. Dynamic Pricing for On-Demand Ride-Sharing: A Continuous Approach[R]. Ann Arbor: Working paper, University of Michigan, 2017.

[135]Jiang B, Tian L. Collaborative Consumption: Strategic and Economic Implications of Product Sharing[J]. Management Science, 2018, 64(3): 1171-1188.

[136]Rosenblat A, Stark L. Algorithmic Labor and Information Asymmetries: A Case Study of Uber's Drivers[J]. International Journal of Communication, 2016, 10: 3758-3784.

[137]Bimpikis K, Candogan O, Saban D. Spatial Pricing in Ride-Sharing Networks[J]. Operations Research, 2019, 67(3): 744-769.

[138] Jiang Z, Sarkar S, Jacob V S. Postrelease testing and software release policy for enterprise-level systems[J]. Information Systems Research, 2012, 23(3-part-1): 635-657.

[139]Filippas A, Horton J J, Zeckhauser R J. Owning, Using, and Renting: Some Simple Economics of the "Sharing Economy"[J]. Management Science, 2020, 66(9): 4152-4172.

[140]Benjaafar S, Ding J Y, Kong G, et al. Labor Welfare in On-Demand Service Platforms[J]. Manufacturing & Service Operations Management, 2022,

24(1): 110-124.

[141] Aksaray G, Thompson P. Density dependence of entrepreneurial dynamics: Competition, opportunity cost, or minimum efficient scale? [J]. Management Science, 2018, 64(5): 2263-2274.

[142] Hoff K, Stiglitz J E. Moneylenders and bankers: Price-increasing subsidies in a monopolistically competitive market[J]. Journal of Development Economics, 1998, 55(2): 485-518.

[143] Caillaud B, De Nijs R. Strategic loyalty reward in dynamic price discrimination[J]. Marketing Science, 2014, 33(5): 725-742.

[144] Ding Y, Gao X, Huang C, et al. Service competition in an online duopoly market[J]. Omega, 2018, 77: 58-72.

[145] Modak N M, Panda S, Sana S S. Three-echelon supply chain coordination considering duopolistic retailers with perfect quality products[J]. International Journal of Production Economics, 2016, 182: 564-578.

[146] Phillips R. Balancing supply and demand in a two-sided marketplace [C]. June 2017, plenary talk at the 3rd Workshop on Marketplace Innovation-Stanford University, 2017.

[147] Liu W, Yan X, Wei W, et al. Pricing decisions for service platform with provider's threshold participating quantity, value-added service and matching ability[J]. Transportation Research Part E: Logistics and Transportation Review, 2019, 122: 410-432.

[148] Andreoli-Versbach P, Franck J U. Econometric evidence to target tacit collusion in oligopolistic markets[J]. Journal of Competition Law & Economics, 2015, 11(2): 463-492.

[149] Fonseca M A, Normann H T. Explicit vs tacit collusion —The impact of communication in oligopoly experiments[J]. European Economic Review, 2012, 56(8): 1759-1772.

[150] Porter R H. A Study of Cartel Stability: The Joint Executive Committee, 1880-1886[J]. Bell Journal of Economics, 1983, 14(2): 301-314.

[151]van den Berg A, Bos I. Collusion in a price-quantity oligopoly[J]. International Journal of Industrial Organization, 2017, 50: 159-185.

[152]Li T, Zhang H. Information sharing in a supply chain with a make-to-stock manufacturer[J]. Omega, 2015, 50: 115-125.

[153]Benjamin R. Tacit collusion in electricity markets with uncertain demand[J]. Review of Industrial Organization, 2016, 48(1): 69-93.

[154]Fudenberg D, Tirole J. Game Theory[M]. Cambridge: MIT Press, 1991.

[155]Friedman J W. Game Theory with Applications to Economics[M]. New York: Oxford University Press, 1990.

[156]Colombo S. Product Differentiation and Collusion Sustainability When Collusion Is Costly[J]. Marketing Science, 2013, 32(4): 669-674.

[157]Rao A R, Bergen M E, Davis S. How to fight price a war[J]. Harvard Business Review, 2000, 78(2): 107-116.

[158]Gal-Or E, Geylani T, Dukes A J. Information sharing in a channel with partially informed retailers[J]. Marketing Science, 2008, 27(4): 642-658.

[159]Lee H L, Whang S. Information sharing in a supply chain[J]. International Journal of Manufacturing Technology and Management, 2000, 1(1): 79-93.

[160]Jiang B, Tian L, Xu Y, et al. To share or not to share: Demand forecast sharing in a distribution channel[J]. Marketing Science, 2016, 35(5): 800-809.

[161]Spence M. Job Market Signaling[J]. Quarterly Journal of Economics, 1973, 87(3): 355-374.

[162]Palsule-Desai O D. Supply chain coordination using revenue-dependent revenue sharing contracts[J]. Omega, 2013, 41(4): 780-796.

[163]Raweewan M, Ferrell W G. Information sharing in supply chain collaboration[J]. Computers & Industrial Engineering, 2018, 126: 269-281.

[164]Guo L, Li T, Zhang H. Strategic information sharing in competing channels[J]. Production and Operations Management, 2014, 23(10): 1719-1731.

[165]Ross T W. Cartel stability and product differentiation[J]. International

Journal of Industrial Organization, 1992, 10(1): 1-13.

[166]Tian L, Jiang B. Effects of Consumer-to-Consumer Product Sharing on Distribution Channel[J]. Production and Operations Management, 2017, 27(2): 350-367.

[167]Bikhchandani S. Intermediated surge pricing[J]. Journal of Economics & Management Strategy, 2020, 29(1): 31-50.

[168]Myerson R B, Satterthwaite M A. Efficient mechanisms for bilateral trading[J]. Journal of Economic Theory, 1983, 29(2): 265-281.

[169]Gallien J. Dynamic Mechanism Design for Online Commerce[J]. Operations Research, 2006, 54(2): 291-310.

[170]Gallego G, van Ryzin G. Optimal Dynamic Pricing of Inventories with Stochastic Demand over Finite Horizons[J]. Management Science, 1994, 40(8): 999-1020.

[171]Adida E, Özer O. Why Markdown as a Pricing Modality?[J]. Management Science, 2019(5): 2161-2178.

[172]Aksoy-Pierson M, Allon G, Federgruen A. Price Competition Under Mixed Multinomial Logit Demand Functions[J]. Management Science, 2013, 59(8): 1817-1835.

[173]Camerer C, Babcock L, Loewenstein G, et al. Labor Supply of NewYork City Cabdrivers: One Day at a Time[J]. The Quarterly Journal of Economics, 1997, 112(2): 407-441.

[174]Benjaafar S, Kong G, Li X, et al. Peer-to-Peer Product Sharing: Implications for Ownership, Usage, and Social Welfare in the Sharing Economy[J]. Management Science, 2019, 65(2): 477-493.

[175]Lam C T, Liu M, Hui X. The geography of ridesharing: A case study on New York City[J]. Information Economics and Policy, 2021, 57: 100941.

[176]Wang Y, Wu C, Zhu T. Mobile Hailing Technology and Taxi Driving Behaviors[J]. Marketing Science, 2019, 38(5): 734-755.

[177]Shapiro M H. Density of Demand and the Benefit of Uber[R]. Singapore: Working paper, Singapore Management University, 2018.

[178] Tversky A, Kahneman D. Judgment under Uncertainty: Heuristics and Biases[J]. Science, 1974, 185(4157): 1124-1131.

[179] Kahneman D, Tversky A. Prospect Theory: An Analysis of Decision under Risk[J]. Econometrica, 1979, 47(2): 263-291.

[180] Tversky A, Kahneman D. Advances in prospect theory: Cumulative representation of uncertainty[J]. Journal of Risk & Uncertainty, 1992, 5(4): 297-323.

[181] Chang Y Y, Dasgupta S, Hilary G. CEO Ability, Pay, and Firm Performance[J]. Management Science, 2010, 56(10): 1633-1652.

[182] Castillo J C, Knoepfle D, Weyl G. Surge pricing solves the wild goose chase[C]. Proceedings of the 2017 ACM Conference on Economics and Computation, 2017: 241-242.

[183] Wen X, Siqin T. How do product quality uncertainties affect the sharing economy platforms with risk considerations? A mean-variance analysis[J]. International Journal of Production Economics, 2019: 107544.

[184] Kőszegi B, Rabin M. A Model of Reference-Dependent Preferences [J]. The Quarterly Journal of Economics, 2006, 121(4): 1133-1165.

[185] Li M, Petruzzi N C, Zhang J. Overconfident Competing Newsvendors [J]. Management Science, 2017, 63(8): 2637-2646.

[186] Ren Y, C. Croson D, TA Croson R. The overconfident newsvendor [J]. Journal of the Operational Research Society, 2017, 68(5): 496-506.

[187] Schweitzer M E, Cachon G P. Decision Bias in the Newsvendor Problem with a Known Demand Distribution: Experimental Evidence[J]. Management Science, 2000, 46(3): 404-420.

[188] Ho T H, Zhang J. Does Format of Pricing Contract Matter? [R]. Berkeley: Working paper, University of California, 2005.

[189] Weber T A. Intermediation in a sharing economy: Insurance, moral hazard, and rent extraction[J]. Journal of Management Information Systems, 2014, 31(3): 35-71.

附录 A　第 3 章的部分证明

A.1　关于引理 3.1 的证明

如果一个服务提供者选择加入 ADI 模式下的平台，则当他成功接到订单时将会获得$(1-\varphi_A)p_A s$ 的收入并且得到 $\theta_A(s)=zs^2$ 的补贴，但同时也会招致 $c_s=ks^2$ 的成本。因此，如果服务提供者的期望收入至少是 c_s 时，他会选择接受一个需求者发出的需求。因为所有的服务提供者都拥有着同样成本，所以他们将会选择都接受或者都不接受。

然后，可以得到：

$$(1-\varphi_A)p_A s+zs^2 \geqslant ks^2 \Rightarrow s \in \left[0,\ \frac{(1-\varphi_A)p_A}{k-z}\right]$$

令 $\bar{s}=\dfrac{(1-\varphi_A)p_A}{k-z}$为需求者目的地距离的上限，故所有需求者目的地距离小于等于 $\bar{s}$ 的需求将会被接受，同时服务提供者将会放弃那些较远距离的需求。

A.2　关于命题 3.1 的证明

在接单前目的地可见模式下，平台的决策是选择最优的佣金比例 φ_A^* 和制定最优价格 p_A^* 从而最大化其期望利润。对于平台最大化的收益而言，它可以在供需匹配的条件下被实现，即 $N_A=a-p_A$。根据引理 3.1 的条件 $\dfrac{(1-\varphi_A)p_A}{k-z}=a-p_A$，可以得到：

$$p_A=\frac{a(k-z)}{1+k-z-\varphi_A}$$

将式(3-3)重新整理后，得到如下结果：

$$\max_{\{0<p_A<1,0<\varphi_A<1\}} E[U_A]=\left(\int_0^{\bar{s}}(\varphi_A p_A s-zs^2)f(s)\mathrm{d}s\right)N_A$$

$$s.t.\begin{cases}p_A=\dfrac{a(k-z)}{1+k-z-\varphi_A}\\ k>z\end{cases}$$

将第一个约束代入目标函数后，可以得到：

$$E[U_A]=\left(\int_0^{\frac{a(-1+\varphi_A)}{-1-k+z+\varphi_A}}\left(\varphi_A\frac{a(k-z)}{1+k-z-\varphi_A}s-zs^2\right)f(s)ds\right)\left(a-\frac{a(k-z)}{1+k-z-\varphi_A}\right)$$

根据一阶条件$\dfrac{\partial E[U_A]}{\partial\varphi_A}=0$，有：

$$-\frac{a^3(\varphi_A-1)^2(z-3k)\left(a-\dfrac{a(k-z)}{k-\varphi_A-z+1}\right)(\varphi_A-1)^2}{6(1+k-z-\varphi_A)^3}-\frac{a^3(\varphi_A-1)((\varphi_A+2)z-3k\varphi_A)\left(a-\dfrac{a(k-z)}{k-\varphi_A-z+1}\right)}{3(k-\varphi_A-z+1)^3}+$$

$$\frac{a^4(\varphi_A-1)^2(k-z)((\varphi_A+2)z-3k\varphi_A)}{6(k-\varphi_A-z+1)^5}-\frac{a^3(\varphi_A-1)^2((\varphi_A+2)z-3k\varphi_A)\left(a-\dfrac{a(k-z)}{k-\varphi_A-z+1}\right)}{2(k-\varphi_A-z+1)^4}=0$$

通过简单的计算后，可以得到最优的φ_A^*：

$$\varphi_A^*=\frac{3+3k+5z}{3+12k-4z}$$

将φ_A^*代入$p_A^*=\dfrac{a(k-z)}{1+k-z-\varphi_A}$后，可以得到：

$$p_A^*=a+\frac{9a}{4(-3-3k+z)}$$

同样的方法，将最优佣金比例φ_A^*和最优定价p_A^*代入$\bar{s}=\dfrac{(1-\varphi_A)p_A}{k-z}$后可得：

$$\bar{s}=\frac{9a}{12+12k-4z}$$

所以此时平台的最优利润 $E[\pi_A^*]$ 和服务提供者的最大收益 $E[U_A^*]$ 分别为：

$$E[\pi_A^*]=\frac{243a^3(k-z)}{128(3+3k-z)^3}，\ E[U_A^*]=\frac{729a^4}{512(3+3k-z)^3}$$

可以推出：

$$\frac{\mathrm{d}p_A^*}{\mathrm{d}z}=-\frac{9a}{4(-3k+z-3)^2}\leqslant 0$$

$$\frac{\mathrm{d}\varphi_A^*}{\mathrm{d}z}=\frac{9(8k+3)}{(12k-4z+3)^2}\geqslant 0$$

A.3 关于命题 3.2 的证明

根据目的地距离上限的约束 $\frac{p_P(1-\varphi_P)+z\Omega}{k}=1$，可以得到 $\varphi_P=\frac{-k+z\Omega+p_P}{p_P}$，$\Omega\in\left(1,\ \frac{k}{z}\right]$，即当 p_P 和 φ_P 满足该条件时，所有路程在 $s\in[0,1]$ 内的需求将会被接受。由于市场中实际的服务提供者数量为 N_P，所以根据供需匹配条件有 $N_P=a-p_P$。因此，式(3-6)的目标函数可以被整理为：

$$E[U_P]=\left(\int_0^{\frac{k-z\Omega}{k-z}}\left(\frac{-k+z\Omega+p_P}{p_P}p_Ps-zs^2\right)f(s)\mathrm{d}s+\int_{\frac{k-z\Omega}{k-z}}^1\left(\frac{-k+z\Omega+p_P}{p_P}p_Ps-z\Omega s^2\right)f(s)\mathrm{d}s\right)N_P$$

$$s.t.\begin{cases}\varphi_P=\dfrac{-k+z\Omega+p_P}{p_P}\\ N_P=a-p_P\\ k>z\Omega\end{cases}$$

平台的主要目标是通过选择最优的价格和佣金比例以最大化自己的期望收益。将上述两个约束代入目标函数后，根据一阶条件$\frac{\partial E[U_P]}{\partial p_P}=0$有如下结果：

$$(a-p_P)\left(\frac{(k-\Omega z)^2}{2(k-z)^2}+\frac{(\Omega-1)z(2k-(\Omega+1)z)}{2(k-z)^2}\right)+\frac{(k-\Omega z)^2((3k-z)(k-\Omega z)-3p_P(k-z))}{6(k-z)^3}$$

$$-\frac{(\Omega-1)z(-6k^3+3k^2(\Omega+3)z+3p_P(k-z)(2k-(\Omega+1)z)+3k((\Omega-2)\Omega-1)z^2+\Omega(-2\Omega^2+\Omega+1)z^3)}{6(k-z)^3}=0$$

通过简单的计算，可以得到最优的p_P^*：

$$p_P^*=\frac{3k^4+3a(k-z)^3-k^3z(7+3\Omega)+z^4\Omega(1+2(-1+\Omega)\Omega^2)+3k^2z^2(3+\Omega(-1+2\Omega))-3kz^3(1+\Omega(1+2(-1+\Omega)\Omega))}{6(k-z)^3}$$

将p_P^*代入$\varphi_P=\frac{-k+z\Omega+p_P}{p_P}$后，可以求得最优的佣金比例$\varphi_P^*$：

$$\varphi_P^*=\frac{-3k^4+3a(k-z)^3+k^3z(11+3\Omega)+z^4\Omega(-5+2(-1+\Omega)\Omega^2)+3k^2z^2(-3+\Omega(-7+2\Omega))+3kz^3(1+\Omega(5-2(-1+\Omega)\Omega))}{3k^4+3a(k-z)^3-k^3z(7+3\Omega)+z^4\Omega(1+2(-1+\Omega)\Omega^2)+3k^2z^2(3+\Omega(-1+2\Omega))-3kz^3(1+\Omega(1+2(-1+\Omega)\Omega))}$$

为了保证$\varphi_P^*\in(0,1)$，有：

$$0<\frac{-3k^4+3a(k-z)^3+k^3z(11+3\Omega)+z^4\Omega(-5+2(-1+\Omega)\Omega^2)+3k^2z^2(-3+\Omega(-7+2\Omega))+3kz^3(1+\Omega(5-2(-1+\Omega)\Omega))}{3k^4+3a(k-z)^3-k^3z(7+3\Omega)+z^4\Omega(1+2(-1+\Omega)\Omega^2)+3k^2z^2(3+\Omega(-1+2\Omega))-3kz^3(1+\Omega(1+2(-1+\Omega)\Omega))}<1$$

可以得到：当z较大时$\left(z\in\left(\frac{3}{5},\ 1\right)\right)$，$\varphi_P^*$总满足$\varphi_P^*\in(0,1)$；当$z$较小时，$a$、$k$和$\Omega$还需满足一定条件后才能保证$\varphi_P^*\in(0,1)$。即：区间包括$\left(0<z<\frac{3}{5}\&((z<k\leqslant\frac{5z}{3}\&1<\Omega\leqslant\frac{k}{z}\&0\leqslant a\leqslant1\right)\ \|\ \left(\frac{5z}{3}<k<1\&((\Omega\text{ 较小 }\&a\text{ 较}\right.$

大 ‖ Ω 较大 &0≤a≤1)))))‖$\left(\frac{3}{5}\leqslant z<1\&z<k<1\&1<\Omega\leqslant\frac{k}{z}\&0\leqslant a\leqslant 1\right)$。

将最优的 φ_P^* 和 p_P^* 代入$\bar{s}'=\frac{p_P(1-\varphi_P)}{k-z}$后有目的地上限$\bar{s}'$为:

$$\bar{s}'=\frac{k-z\Omega}{k-z}$$

根据最优的 φ_P^* 和 p_P^*，可以得到:

$$\frac{\mathrm{d}p_P^*}{\mathrm{d}z}=\frac{k^4(2-3\Omega)+4k^3(3(\Omega-1)\Omega+1)z-6k^2\Omega(\Omega(3\Omega-4)+2)z^2+4k\Omega(2(\Omega-1)\Omega^2+1)z^3+\Omega(-2(\Omega-1)\Omega^2-1)z^4}{6(k-z)^4}\leqslant 0$$

$$\frac{\mathrm{d}\varphi_P^*}{\mathrm{d}z}=6(k-z)^2\left(\frac{k^4(3a\Omega+4(3(\Omega-2)\Omega+1)z)-12k^3\Omega z(a+\Omega(2\Omega-3)z)+3a\Omega z^4+2k^5}{(3a(k-z)^3+3k^4-k^3(3\Omega+7)z+3k^2(\Omega(2\Omega-1)+3)z^2-3k(\Omega(2(\Omega-1)\Omega+1)+1)z^3+\Omega(2(\Omega-1)\Omega^2+1)z^4)^2}+\frac{2k^2\Omega z^2(9a+2((\Omega-1)\Omega(5\Omega-3)-2)z)+2k\Omega z^3((((5-3\Omega)\Omega-2)\Omega^2+1)z-6a)}{(3a(k-z)^3+3k^4-k^3(3\Omega+7)z+3k^2(\Omega(2\Omega-1)+3)z^2-3k(\Omega(2(\Omega-1)\Omega+1)+1)z^3+\Omega(2(\Omega-1)\Omega^2+1)z^4)^2}\right)\geqslant 0$$

A.4 关于命题 3.3 的证明

定义 $\Delta\equiv E[U_P^*]-E[U_A^*]$，根据命题 3.1 和命题 3.2，可知:

$$\Delta=\frac{729a^4}{512(-3-3k+z)^3}+\frac{1}{72(k-z)^6}(-3k^4+3a(k-z)^3+k^3z(7+3\Omega)+3k^2z^2(-3+\Omega-2\Omega^2)+z^4\Omega(-1-2(-1+\Omega)\Omega^2)+3kz^3(1+\Omega(1+2(-1+\Omega)\Omega)))^2$$

由于参数较多，很难利用一般的方法进行比较，所以只能借助数值分析。在给定 $a\in[0,1]$的取值后判断 Δ 的大小，图像如图 A-1 所示:

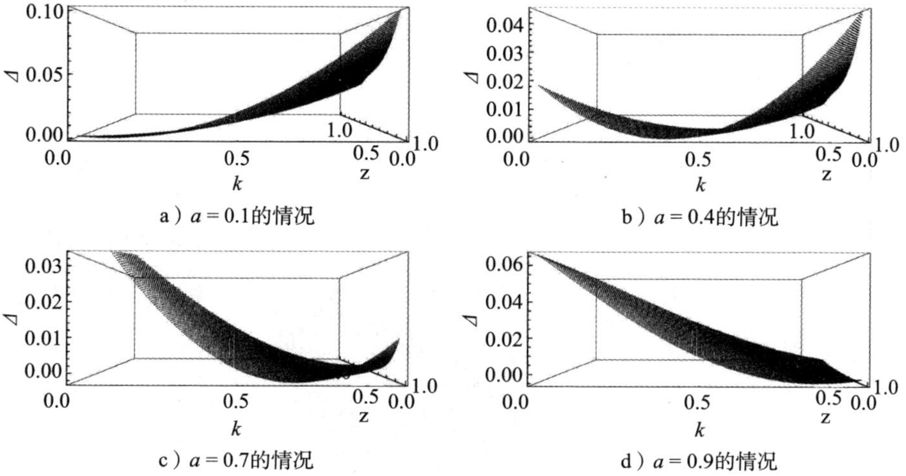

a）$a=0.1$的情况　b）$a=0.4$的情况

c）$a=0.7$的情况　d）$a=0.9$的情况

图 A-1　不同 a 值下 Δ 的变化

将图 A-1 转化为二维图形后得图 A-2，为了节省空间这里只给出 a 取 0.4 和 0.7 时的图：

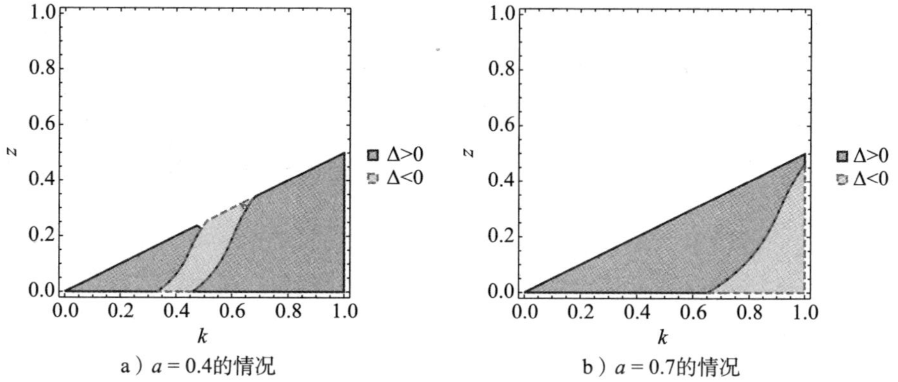

a）$a=0.4$的情况　b）$a=0.7$的情况

图 A-2　不同 a 值下 Δ 变化的平面图

从图 A-2 中可以发现平台采用 PDI 模式在大多数情况下是有利的，进而后分析需求状态 a 与 Δ 之间的关系。当给定 $\Delta=2$ 时，可以根据一阶条件得到$\frac{d\Delta}{da}$的表达式，且$\frac{d\Delta}{da}>0$ 的区域（如图 A-3 所示）：

$$\frac{\mathrm{d}\Delta}{\mathrm{d}a}=\frac{729a^3}{128(-3-3k+z)^3}+\frac{-3k^4+3a(k-z)^3+13k^3z-27k^2z^2+33kz^3-18z^4}{12(k-z)^3}$$

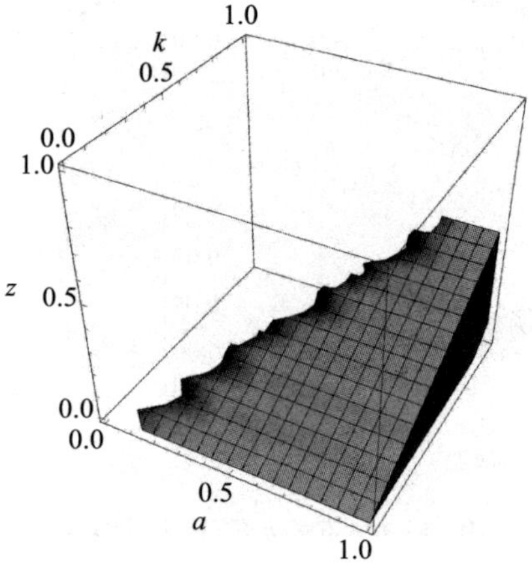

图 A-3 $\frac{\mathrm{d}\Delta}{\mathrm{d}a}>0$ 的区域

A.5 关于命题 3.4 的证明

由于给定的需求函数为线性，所以需求者剩余等于 $DS_i=\frac{1}{2}(a-p_i)^2$。因此，不同模式下的需求者剩余为：

$$DS_A=\frac{1}{2}(a-p_A)^2$$

$$DS_P=\frac{1}{2}(a-p_P)^2$$

由于不同模式下的需求状态 a 相同，所以只需要考虑不同模式下的价格对比。根据命题 3.1 和命题 3.2，可以得到：

$$p_A^*=a+\frac{9a}{4(-3-3k+z)}$$

$$p_P^*=\frac{\begin{array}{c}3k^4+3a(k-z)^3-k^3z(7+3\Omega)+z^4\Omega(1+2(-1+\Omega)\Omega^2)\\+3k^2z^2(3+\Omega(-1+2\Omega))-3kz^3(1+\Omega(1+2(-1+\Omega)\Omega))\end{array}}{6(k-z)^3}$$

所以给定 $\Omega=2$，有：

$$p_P^*-p_A^*=\frac{\begin{array}{c}3k^4-k^3(3\Omega+7)z+3k^2(\Omega(2\Omega-1)+3)z^2\\-3k(\Omega(2(\Omega-1)\Omega+1)+1)z^3+\Omega(2(\Omega-1)\Omega^2+1)z^4\end{array}}{6(k-z)^3}$$

$$+\frac{1}{4}a(\frac{9}{3k-z+3}-2)\geqslant 0$$

因此，可以得到 $DS_A>DS_P$。

A. 6　关于命题 3. 5 的证明

根据推论 3. 1 和推论 3. 2 的描述，可以求得服务提供者在两种模式下的收益，所以有：

$$\Lambda=\frac{(k-z)(k-z\Omega)^3+z^2(-1+\Omega)^2(-k+z\Omega)(-3k+z+2z\Omega)}{6(k-z)^3}-\frac{243a^3(k-z)}{128(3+3k-z)^3}$$

采用同样的方法固定 $a\in[0,1]$的取值，观察 a 变动对服务提供者的影响如图 A-4 所示：

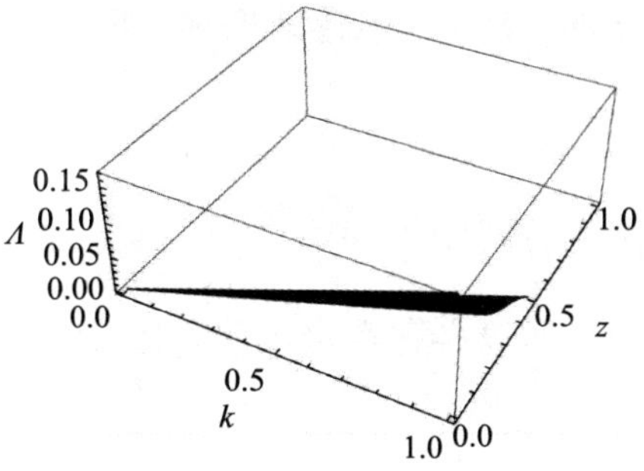

a）$a=0.1$的情况

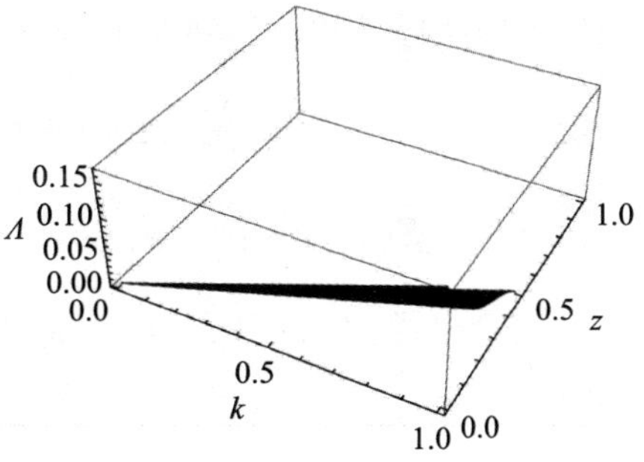

b）$a=0.3$的情况

图 A-4　不同 a 值下 Λ 的变化

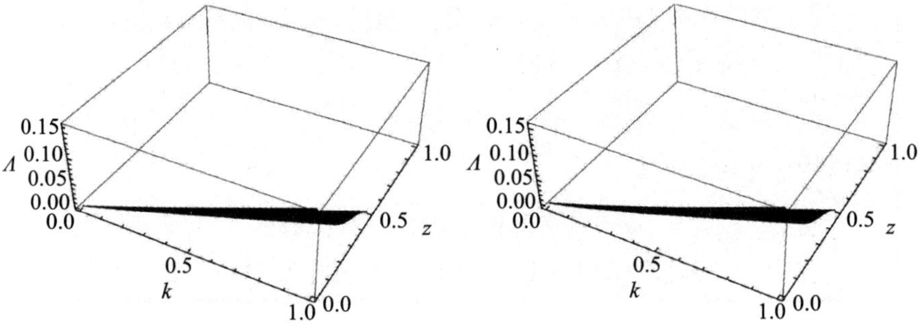

c）$a=0.7$的情况　　　　d）$a=1$的情况

图 A-4　不同 a 值下 Λ 的变化（续）

从图 A-4 中可以发现，a 值的变化不影响 Λ 整体的形状，所以在分析服务提供者的收益时假定 $a=1$。

A.7　关于命题 3.6 的证明

假定平台 $p_A=G(\varphi_A)$（其实相当于平台决定 $\varphi_A p_A$），根据式(3-9)可知，平台在接单前目的地可见模式下，当 $F(\tilde{s})=d_A(p_A)$时供需完全匹配，此时有$\widetilde{p_A}$满足 $a-p_A=F(\tilde{s})$。当存在一个 $p_A\leqslant\widetilde{p_A}$时，平台的利润为：

$$E[U_A'] = \left(\int_0^{\tilde{s}}(\varphi_A\rho_A p_A s - \rho_A z s^2)f(s)\,\mathrm{d}s\right)F(s) \tag{A-1}$$

从式(A-1)中可以发现随着 p_A 的增加，$E[U_A']$也逐渐增加，所以最优的定价至少为$\widetilde{p_A}$。当 $p_A>\widetilde{\rho_A}$时，有式(A-2)：

$$E[U_A'] = \left(\int_0^{\tilde{s}}(\varphi_A\rho_A p_A s - \rho_A z s^2)f(s)\,\mathrm{d}s\right)(a - p_A) \tag{A-2}$$

可以发现式(A-2)中关于 p_A 是凹的，所以必存在最优值$\widehat{p_A}$且$\widehat{p_A}$满足式(A-3)：

$$(1-\varphi_A)\rho_A(\varphi_A\rho_A\,\widehat{p_A}\,\tilde{s} - \rho_A z\tilde{s}^2)f(\tilde{s})(a-\widehat{p_A}) = (k-\rho_A z)$$

$$\int_0^{\tilde{s}}(\varphi_A\rho_A\,\widehat{p_A}\,s - \rho_A z s^2)f(s)\,\mathrm{d}s \tag{A-3}$$

所以平台最优定价策略为 $p_A^*=\max\{\widehat{\rho_A},\widehat{p_A}\}$。根据上述描述很容易得

知：$\varphi_A^* \in (0, G^{-1}(\max\{\widetilde{p_A}, \widehat{p_A}\}))$，$\rho_A^* = \dfrac{a-\widehat{p_A}}{F(\tilde{s})}$

在接单后目的地可见情况下，市场将无法达到供需匹配，一方面是因为所有服务提供者都会加入，另一方面是需求 $d_P(p_P)=a-p_P<1$。所以在这种情况下，平台只有唯一的定价 p_P^*，根据式(3-10)可以发现 $E[U_p']$关于 p_P 是凹的，所以有最优解$\widehat{p_P}=p_P^*$ 且$\widehat{p_P}$满足式(A-4)：

$$\frac{(1-\varphi_P)\rho_P}{k-\rho_P z}(\Omega-1)f(\tilde{s}')\rho_P(\tilde{s}')^2 z(a-\widehat{p_P}) = \int_0^{\tilde{s}'}(\rho_P\varphi_P\widehat{p_P}s-\rho_P zs^2)f(s)\mathrm{d}s + \int_{\tilde{s}'}^1(\rho_P\varphi_P\widehat{p_P}s-\rho_P z's^2)f(s)\mathrm{d}s \tag{A-4}$$

根据目的地上限距离为 1 可知 $\varphi_P=\dfrac{-k+z\Omega+p_P}{p_P}=1+\dfrac{-k+z\Omega}{p_P}$，即随着 p_P 的增加，φ_P^* 在减少，所以最优的 φ_P^* 范围为$[G^{-1}(\widehat{p_P}),1)$。

A.8　关于命题 3.7 的证明

按照第 3.6.2 小节的描述，可知当 $z=\phi(1-\varphi_A)s$ 时，接单前平台的利润函数和服务提供者的收益函数分别为：

$$\max_{\{0<p_A<1,\ 0<\varphi_A<1\}} E[U_A] = \left(\int_0^{\hat{s}}(\varphi_A p_A s-\phi(1-\varphi_A)p_A s)f(s)\mathrm{d}s\right)(a-p_A)$$

$$E[\pi_A] = \int_0^{\hat{s}}[(1-\varphi_A)p_A(1+\phi)s-ks^2]f(s)\mathrm{d}s$$

其中，$\hat{s}=\dfrac{(1-\varphi_A)(1+\phi)p_A}{k}$。根据供需匹配条件，可以求得 $p_A=\dfrac{ak}{1+k+\phi-(1+\phi)\varphi_A}$。

代入平台利润函数后，可得：

$$p_A^* = a-\frac{3a}{4(1+k)},\quad \varphi_A^* = \frac{1+k+\phi+4k\phi}{(1+4k)(1+\phi)}$$

因此，平台的最优利润和服务提供者的最优收益：

$$E[\pi_A^*] = \frac{9a^3(7-8k)k}{128(1+k)^3(1+4k)},\quad E[U_A^*] = \frac{27a^4}{512(1+k)^3}$$

采取同样的方式，在接单后目的地信息可见情况下平台的最优利润和服务提供者的最优收益：

$$\max_{\{0<p_P<1,\ 0<\varphi_P<1\}} E[U_P]=\left(\int_0^{\hat{s}'}(\varphi_P p_P s-\phi(1-\varphi_P)p_P s)f(s)\,\mathrm{d}s+\int_{\hat{s}'}^1(\varphi_P p_P s-\Omega\phi(1-\varphi_P)p_P s)f(s)\,\mathrm{d}s\right)N_P$$

$$E[\pi_P]=\int_0^{\hat{s}'}((1-\varphi_P)(1+\phi)p_P s-ks^2)f(s)\,\mathrm{d}s+\int_{\hat{s}'}^1((1-\varphi_P)p_P(1+\Omega\phi)s-ks^2)f(s)\,\mathrm{d}s$$

其中，$\hat{s}'=\dfrac{(1-\varphi_p)(1+\phi)p_P}{k}$。根据边界条件有：$\varphi_P=\dfrac{-k+p_P+\phi\Omega p_P}{(1+\phi\Omega)p_P}$。

因此,可以得到：

$$p_P^*=\frac{a(1+\phi\Omega)^3+k(1+\phi(1+2\Omega+\phi(2+\phi-(2+\phi)\Omega+3\Omega^2+\phi\Omega^3)))}{2(1+\phi\Omega)^3}$$

$$\varphi_P^*=\frac{a(1+\phi\Omega)^3+k(-1+\phi(1-2\Omega+\phi(2+\phi-(2+\phi)\Omega+\Omega^2+\phi\Omega^3)))}{a(1+\phi\Omega)^3+k(1+\phi(1+2\Omega+\phi(2+\phi-(2+\phi)\Omega+3\Omega^2+\phi\Omega^3)))}$$

代入收益函数有：

$$E[U_P^*]=\frac{(a(1+\phi\Omega)^3-k(1+\phi(1+2\Omega+\phi(2+\phi-(2+\phi)\Omega+3\Omega^2+\phi\Omega^3))))^2}{8(1+\phi\Omega)^6}$$

$$E[\pi_P^*]=\frac{k(1+\phi(3+3\phi(2+(-2+\Omega)\Omega)+\phi^2(3-3\Omega+\Omega^3)))}{6(1+\phi\Omega)^3}$$

对比不同模式下服务提供者的最优收益，有：

$$\Lambda\equiv E[U_P^*]-E[U_A^*]=-\frac{9a^3k}{128(1+k)^3}+\frac{k(1+\phi(3+3\phi(2+(-2+\Omega)\Omega)}{6(1+\phi\Omega)^3}+\frac{\phi^2(3-3\Omega+\Omega^3)))}{6(1+\phi\Omega)^3}>0$$

其余的对比相似，所以将结果省略。

A.9　关于命题 3.8 的证明

由于具体的推导过程与命题 3.1、命题 3.2 和命题 3.7 的推导过程类似，所以这里将其省略。通过简单的计算，可以得到当给定 $\Omega=2$ 时，$E[W_A]-E[W_P]$的值如下：

$$\frac{\mathrm{d}(E[W_A]-E[W_P])}{\mathrm{d}a}=\frac{\sqrt{\frac{\alpha(-3a(k-z)^3+3k^4-13k^3z+27k^2z^2-33kz^3+18z^4)-\alpha^2(k-2z)(k^3-5k^2z+11kz^2-9z^3)+(k-z)^3}{(k-z)^3}}}{6\alpha}+$$

$$\frac{1}{6\alpha}-\frac{729(a+\alpha)^3}{128((\alpha-3)k-\alpha z+z-3)^3}$$

可以发现上式的第一项和第二项总是恒大于0。然后发现当 $\alpha,z\in(0,1)$，$a\in[0,1]$时，第三项亦恒为正。因此，有$\frac{\mathrm{d}(E[W_A]-E[W_P])}{\mathrm{d}a}\geqslant 0$。

A.10　关于命题3.9的证明

将式(3-15)化简后可得：

$$\max_{\{0<p_A<1,\ 0<\varphi_A<1\}}E[\widehat{U_A}]=\int_0^{\bar{\bar{s}}}\mathrm{d}s\int_A^1\left(\frac{a(k-z\eta)}{k+\eta(1-z-\varphi_A)}s-zs^2\right)$$

$$\frac{a\eta(1-\varphi_A)}{k+\eta(1-z-\varphi_A)}f(\eta)\mathrm{d}\eta$$

为了便于求导，令 $F(\varphi_A)=\int_A^1\left(\frac{a(k-z\eta)}{k+\eta(1-z-\varphi_A)}s-zs^2\right)\frac{a\eta(1-\varphi_A)}{k+\eta(1-z-\varphi_A)}$ $f(\eta)\mathrm{d}\eta$，可以得到：

$$\frac{\partial F(\varphi_A)}{\partial\varphi_A}=\int_A^1\left(\left(\frac{a(k-z\eta)}{k+\eta(1-z-\varphi_A)}s-zs^2\right)\frac{a\eta(-k+z\eta)}{(k+\eta-z\eta-\eta\varphi_A)^2}+\frac{a\eta(k-z\eta)}{(k+\eta-z\eta-\eta\varphi_A)^2}\frac{a\eta(1-\varphi_A)}{k+\eta(1-z-\varphi_A)}\right)f(\eta)\mathrm{d}\eta$$

$$\Rightarrow\frac{\partial F(\varphi_A)}{\partial\varphi_A}=\int_A^1\frac{a\eta(k-z\eta)(s^2z(k+\eta-z\eta)+a(-ks+\eta+sz\eta)-(a+s^2z)\eta\varphi_A)}{(k+\eta-z\eta-\eta\varphi_A)^3}f(\eta)\mathrm{d}\eta$$

根据偏导的运算法则，有：

$$\frac{\partial \widehat{U_A}}{\partial \varphi_A}=\frac{a\eta(-k+z\eta)}{(k+\eta-z\eta-\eta\varphi_A)^2}\int_A^1\left(\left(\frac{a(k-z\eta)}{k+\eta(1-z-\varphi_A)}\frac{a\eta(-1+\varphi_A)}{-k+(-1+z)\eta+\eta\varphi_A}-z\left(\frac{a\eta(-1+\varphi_A)}{-k+(-1+z)\eta+\eta\varphi_A}\right)^2\right)\frac{a\eta(-k+z\eta)}{(k+\eta-z\eta-\eta\varphi_A)^2}+\frac{a\eta(-k+z\eta)}{(k+\eta-z\eta-\eta\varphi_A)^2}\frac{a\eta(-1+\varphi_A)}{-k+(-1+z)\eta+\eta\varphi_A}\right)f(\eta)\mathrm{d}\eta+\int_0^{\bar{\bar{s}}}\int_A^1\frac{a\eta(k-z\eta)(s^2z(k+\eta-z\eta)+a(-ks+\eta+sz\eta)-(a+s^2z)\eta\varphi_A)}{(k+\eta-z\eta-\eta\varphi_A)^3}f(\eta)\mathrm{d}\eta\mathrm{d}s \tag{A-5}$$

对式(A-5)化简后，根据一阶条件$\frac{\partial E[\widehat{U_A}]}{\partial \varphi_A}=0$，可以得到 φ_A^* 满足式(A-6)：

$$\frac{\int_0^{\bar{\bar{s}}}\int_A^1\frac{a\eta(k-z\eta)(s^2z(k+\eta-z\eta)+a(-ks+\eta+sz\eta)-(a+s^2z)\eta\varphi_A^*)}{(k+\eta-z\eta-\eta\varphi_A^*)^3}f(\eta)\mathrm{d}\eta\mathrm{d}s}{\int_A^1\frac{a^2\eta^2(k-z\eta)(-1+\varphi_A^*)((-1+a)k+(-1+z-2az)\eta+(\eta+az\eta)\varphi_A^*)}{(k+\eta-z\eta-\eta\varphi_A^*)^4}f(\eta)\mathrm{d}\eta}=\frac{a\eta(k-z\eta)}{(k+\eta-z\eta-\eta\varphi_A^*)^2} \tag{A-6}$$

将 φ_A^* 代入式(3-13)后可以得到最优的 p_A^*。

下面证明 PDI 模式。根据式(3-16)和式(3-17)，可得式(A-7)：

$$\max_{\{0<p_P<1,\ 0<\varphi_P<1\}}E[\widehat{U_P}]=\left(\int_0^{\bar{\bar{s}}'}\left(\int_A^1\left((1+\frac{z\Omega-\frac{k}{\eta}}{p_P})p_Ps-zs^2\right)f(\eta)\mathrm{d}\eta\right)f(s)\mathrm{d}s+\int_{\bar{\bar{s}}'}^1\left(\int_A^1\left(\left(1+\frac{z\Omega-\frac{k}{\eta}}{p_P}\right)p_Ps-\Omega zs^2\right)f(\eta)\mathrm{d}\eta\right)f(s)\mathrm{d}s\right)(a-p_P) \tag{A-7}$$

采用同样的方式，令 $G(p_P)=\int_A^1\left(\left(1+\frac{z\Omega-\frac{k}{\eta}}{p_P}\right)p_Ps-zs^2\right)f(\eta)\mathrm{d}\eta$，$H(p_P)=\int_A^1\left(\left(1+\frac{z\Omega-\frac{k}{\eta}}{p_P}\right)p_Ps-\Omega zs^2\right)f(\eta)\mathrm{d}\eta$，$L(p_P)=\int_0^{\bar{\bar{s}}'}\mathrm{d}sG(p_P)+$

$\int_{\bar{\bar{s}}'}^{1}\mathrm{d}sH(p_P)$。

首先，可以得到$\frac{\partial G(p_P)}{\partial p_P}$和$\frac{\partial H(p_P)}{\partial p_P}$等于：

$$\frac{\partial G(p_P)}{\partial p_P}=\frac{\partial H(p_P)}{\partial p_P}=\int_{A}^{1}sf(\eta)\,\mathrm{d}\eta$$

其次，根据偏导的运算法则可以得到$\frac{\partial L(p_P)}{\partial p_P}$：

$$\frac{\partial L(p_P)}{\partial p_P}=\int_{0}^{\bar{\bar{s}}'}\left(\int_{A}^{1}sf(\eta)\,\mathrm{d}\eta\right)\mathrm{d}s+\int_{\bar{\bar{s}}'}^{1}\left(\int_{A}^{1}sf(\eta)\,\mathrm{d}\eta\right)\mathrm{d}s$$

根据一阶条件$\frac{\partial E[\widehat{U_P}]}{\partial p_P}=0$，有 p_P^* 满足式(A-8)：

$$\frac{\displaystyle\int_{0}^{\bar{\bar{s}}'}\int_{A}^{1}\frac{s(-k+z\eta(-s+\Omega)+\eta p_P^*)}{\eta}f(\eta)\,\mathrm{d}\eta\mathrm{d}s+\int_{\bar{\bar{s}}'}^{1}\int_{A}^{1}-\frac{s(k+z\eta\Omega(-1+s)-\eta p_P^*)}{\eta}f(\eta)\,\mathrm{d}\eta\mathrm{d}s}{\displaystyle\int_{0}^{\bar{\bar{s}}'}\int_{A}^{1}sf(\eta)\,\mathrm{d}\eta\mathrm{d}s+\int_{\bar{\bar{s}}'}^{1}\int_{A}^{1}sf(\eta)\,\mathrm{d}\eta\mathrm{d}s}=a-p_P^* \qquad (A-8)$$

将最优的 p_P^* 代入式(3-17)后，可以得到最优的佣金比例 φ_P^*。

附录 B 第 3 章中关于不同成本构成形式的讨论

在基本模型中，当服务提供者接受需求者发出的请求时，在 ADI 模式和 PDI 模式下路程的成本被定义为 $c_s=ks^2$。因此，这部分将放松这一假设并讨论不同成本的构成形式，即 $c_s=k_Bs+ks^2$ 和 $c_s=k_Bs$，其中 $k_B>0$。

B.1 $c_s=k_Bs+ks^2$ 的构成形式

当令 $c_s=k_Bs+ks^2$ 作为路程的总成本时，它表明基本费用将不能被忽略。为了便于分析，令 $k_B=k$，所以成本为 $c_s=k(s+s^2)$。

与基本模型相似，ADI 模式下服务提供者的期望收益 $E[\pi_A]$ 为：

$$E[\pi_A]=\int_0^{\bar{s}}((1-\varphi_A)p_As+zs^2-(ks+ks^2))f(s)\,\mathrm{d}s$$

对上式整理后，可以得到：

$$E[\pi_A]=\int_0^{\bar{s}}(((1-\varphi_A)p_A-k)s+zs^2-ks^2)f(s)\,\mathrm{d}s$$

因此，在 ADI 模式下，最优的价格满足：

$$p_A=\frac{a(k-z)}{k\varphi_A-z}$$

将最优的 p_A^* 代入目标函数式(3-13)后，可以根据一阶条件推出如式(B-1)所示的最优策略：

$$\begin{cases}E[U_A^*]=\dfrac{729a^4k^3}{512(3+2k)^3z^3}\\[2ex]E[\pi_A^*]=-\dfrac{81a^2k^2(3a(k-z)+4kz)}{128(3+2k)^2z^3}\end{cases}\tag{B-1}$$

从式(B-1)可以发现当 $k \geqslant z$ 时，$E[\pi_A^*]$ 总是小于0，所以有 $k<z$。

采用同样的方式，可以得到PDI模式下平台的最优利润 $E[\pi_P^*]$ 和服务提供者的最优收益 $E[U_P^*]$：

$$\begin{cases} E[U_P^*] = \dfrac{(3a(k-z)^3-6k^4+k^3(3\Omega+16)z+3k^2(-2\Omega^2+\Omega-6)z^2 + 3k(\Omega(2(\Omega-1)\Omega+1)+2)z^3+\Omega(-2(\Omega-1)\Omega^2-1)z^4)^2}{72(k-z)^6} \\ E[\pi_P^*] = \dfrac{(\Omega-1)^2z^2(\Omega z-k)(-3k+2\Omega z+z)+(k-z)(k-\Omega z)^3}{6(k-z)^3} \end{cases} \tag{B-2}$$

通过将式(B-1)和式(B-2)相比较后，可以得到如下命题：

命题B.1　当给定成本形式 $c_s=k(s+s^2)$ 时，平台选择PDI模式总是最优的，但PDI模式将会导致服务提供者的收益减小。另外，相比于ADI模式，在大多数情况下平台采用PDI模式将会带来较高的需求者剩余。

命题B.1给出一个重要的发现，如果成本的形式采用 $c_s=k(s+s^2)$ 而非 $c_s=ks^2$，结果将会是完全不同的：一方面是来自服务提供者，即服务提供者在ADI模式下更好，原因是随着目的地距离 s 的增加，如果采用 $c_s=k(s+s^2)$ 的成本形式对于服务提供者而言，接单将会产生较高的费用(如图B-1所示)，特别是对于那些较远距离的需求者，服务提供者接单会产生昂贵的成本。因此，大多数服务提供者想接受较近距离的需求，所以他们选择ADI模式。另一方面是来自需求者。由于ADI模式下存在较多的服务提供者，所以PDI模式的平台采用降价的方式以吸引服务提供者和需求者。因此，PDI模式产生较高的需求者剩余。

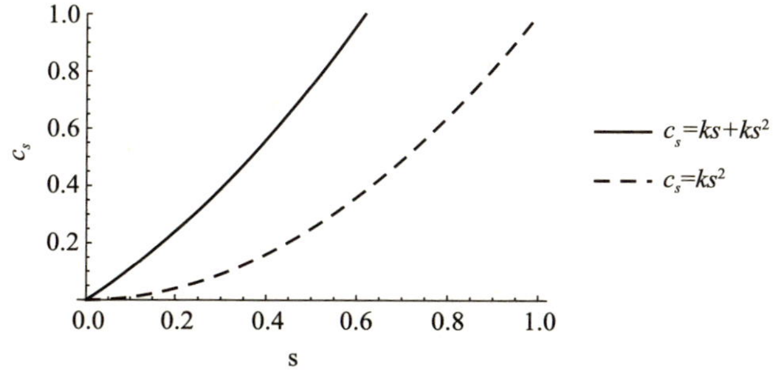

图B-1　不同成本构成形式的曲线

B. 2 $c_s = k_B s$ 的构成形式

现在分析 $c_s = k_B s$ 的构成形式。很显然，这种成本的构造方式不包含机会成本且 k_B 必须足够大，否则期望收益将恒大于 0，即服务提供者选择加入平台不需要考虑哪种模式。

基于服务提供者的期望收益函数，可以得到在下列条件满足时，他们将会选择加入平台：

$$(1-\varphi_A)p_A s+zs^2-k_B s \geqslant 0 \Rightarrow s \geqslant k_B-(1-\varphi_A)p_A \tag{B-3}$$

从式(B-3)中可以发现如果机会成本被忽略，则目的地距离将没有上限。取而代之的是存在一个目的地下限，这意味着服务提供者可以为需求者提供无限距离的服务，很显然它与实际相矛盾，因此在本章中不考虑该形式。

附录 C　第 4 章的部分证明

C.1　关于命题 4.1 的证明

假定平台 i 不会制定太大的偏离价格，即$\widehat{p_i}=p_c-\varepsilon$，$\varepsilon\to 0$，根据推论 4.1 和 off-schedule 约束可知：当 $\delta\geqslant\delta^*=\dfrac{\pi_{Pi}(e,\ \widehat{p_i},\ p_{-i})-\pi_{Pi}^{c}(e,\ p_c)}{V_{Pi}}$时串谋可持续，又因为 $\pi_{Pi}^{c}(e,p_c)\leqslant\dfrac{\delta\pi_{Pi}^{c}(e,\ p_c)\mu(1-r)}{1-\delta}$时无偏离，所以可得：

$$\delta\geqslant\delta^*\geqslant\begin{cases}\dfrac{1}{1+\mu(1-r)},\ \theta=h\\ \\ \dfrac{1}{2-\mu r},\ \theta=l\end{cases}\Rightarrow\frac{1}{1+\mu(1-r)}-\frac{1}{2-\mu r}=\frac{1-\mu}{(2-\mu r)(1+\mu-\mu r)}\geqslant 0$$

因此有 $\delta\geqslant\dfrac{1}{1+\mu(1-r)}$。

根据 BA 和 ND 情况下求得的最优价格 p^* 和努力程度 e^*，可得如下最优的平台利润 π_{Pi}^*和服务提供者收益 π_S^* 为：

$$\pi_S^{BA*}=\lambda_h\frac{H^2}{8-4\varphi}+\lambda_l\frac{\widehat{L^2}}{8-4\varphi},\ \pi_S^{ND*}=\frac{\overline{A}^2}{8-4\varphi}$$

$$\pi_S^{BA*}-\pi_S^{ND*}=\frac{(-1+r)^2r\mu(H-L)^2}{8(-1+r\mu)(-2+\varphi)}>0$$

$$\pi_{Pi}^{BA*}=\lambda_h\frac{H^2(1-\varphi)}{8(2-\varphi)^2}+\lambda_l\frac{\widehat{L^2}(1-\varphi)}{8(2-\varphi)^2}$$

$$\pi_{Pi}^{ND*}=\lambda_h\frac{(1-\varphi)(\overline{A}(1-\varphi)+H(-2+\varphi))^2}{8(-2+\varphi)^2}+\lambda_l\frac{(1-\varphi)(\overline{A}(1-\varphi)+L(-2+\varphi))^2}{8(-2+\varphi)^2}$$

$$\pi_{Pi}^{BA*}-\pi_{Pi}^{ND*}=-\frac{(-1+r)^2r\mu(-3+\varphi)(-1+\varphi)^2(H-L)^2}{8(-1+r\mu)(-2+\varphi)^2}>0$$

$$\pi^{BA*}=\lambda_h\frac{H^2}{8-4\varphi}+\lambda_l\frac{\widehat{L}^2}{8-4\varphi},\ \pi^{ND*}=\frac{\overline{A}^2}{8-4\varphi}$$

$$\pi^{BA*}-\pi^{ND*}=-\frac{(-1+r)^2r\mu(1+5\varphi-5\varphi^2+\varphi^3)(H-L)^2}{8(-1+r\mu)(-2+\varphi)^2}>0$$

C.2 关于命题 4.2 的证明

根据式(4-9)，可以计算出高和低市场需求下平台的最优价格分别为 $p_{sh}^{OD*}(e)=\frac{-H-w+H\varphi}{2(-1+\varphi)}$和 $p_{sl}^{OD*}(e)=\frac{-L-w+L\varphi}{2(-1+\varphi)}$。式(4-10)是 IC 约束(*Incentive Compatibility*)，前两个约束使得服务提供者不能够选择除最优努力程度 e_{sh}^{OD*} 和 e_{sl}^{OD*} 以外的努力程度 e^*，后两个约束使得服务提供者在接收到相应的信号后没有动机模仿其他类型。一般情况下，当折扣因子足够高时，将不会产生 off-schedule 偏离。另外，收到高需求信号的服务提供者没有动机模仿低市场需求，而且当服务提供者制定的努力程度 $e\notin\{e_{sh}^{OD*},e_{sl}^{OD*}\}$ 时，平台能够立即察觉从而停止信息共享，所以约束条件式(4-10)简化为：

$$\max_e V_S$$

$$s.t.\ \frac{(w+2(-1+\varphi)H-(-1+\varphi)\widehat{L})(w(-2+\varphi)+(-1+\varphi)\varphi\widehat{L})}{4(-1+\varphi)^2}\leqslant\frac{H^2}{8-4\varphi}$$

根据以上约束条件，构造拉格朗日函数可得：

$$L(e,\mu)=\max_e\frac{(e+(-1+\varphi)L)(e(-2+\varphi)+(-1+\varphi)\varphi L)}{4(-1+\varphi)^2}-$$

$$\mu\left(\frac{(e+2(-1+\varphi)H-(-1+\varphi L))(e(-2+\varphi)+(-1+\varphi)\varphi L)}{4(-1+\varphi)^2}-\frac{H^2}{8-4\varphi}\right)$$

由 Karush-Kuhn-Tucker(KKT)条件可得：

$$(1)\mu=0,\ e_{sl}=\frac{(-1+\varphi)^2\widehat{L}}{2-\varphi},\ \frac{\widehat{L}(-2(-2+\varphi)H+(-3+2\varphi)\widehat{L})}{4(-2+\varphi)}\leqslant\frac{H^2}{8-4\varphi},$$

$3\widehat{L}\leqslant H$；

$$(2)\mu\neq0,\ e_{sl}=\frac{(1-\varphi)\left((2-\varphi)H-\widehat{L}+(1-\varphi)\sqrt{\frac{(H-\widehat{L})((3-\varphi)H-(1-\varphi)\widehat{L})}{1-\varphi}}\right)}{2-\varphi},$$

$3\widehat{L}>H$。

为了方便起见，令$\frac{H}{\widehat{L}}=\psi$。求解上述问题，可以得到：

$$p_{sh}^{OD*}=\frac{(3-2\varphi)H}{2(2-\varphi)},\ p_{sl}^{OD*}=\begin{cases}\frac{(3-2\varphi)\widehat{L}}{2(2-\varphi)},\ \psi\geqslant3\ \|\ \psi\in(1,\ 3),\ \varphi\in\left[\frac{3-\psi}{2},\ 1\right)\\ \frac{(2-\varphi)H+(1-\varphi)\left(\widehat{L}+\sqrt{\frac{(H-\widehat{L})((3-\varphi)H+(1-\varphi)\widehat{L})}{1-\varphi}}\right)}{2(2-\varphi)},\ \psi\in(1,3),\ \varphi\in\left(0,\ \frac{3-\psi}{2}\right)\end{cases}$$

$$e_{sh}^{OD*}=\frac{(\varphi-1)^2H}{2-\varphi},\ e_{sl}^{OD*}=\begin{cases}\frac{(\varphi-1)^2\widehat{L}}{2-\varphi},\ \psi\geqslant3\ \|\ \psi\in(1,\ 3),\ \varphi\in\left[\frac{3-\psi}{2},\ 1\right)\\ \frac{(1-\varphi)\left((2-\varphi)H-\widehat{L}+(1-\varphi)\sqrt{\frac{(H-\widehat{L})((3-\varphi)H+(1-\varphi)\widehat{L})}{1-\varphi}}\right)}{2-\varphi},\ \psi\in(1,3),\ \varphi\in\left(0,\ \frac{3-\psi}{2}\right)\end{cases}$$

在混同情况下，平台串谋的总利润为：

$$\max_{p}\pi_{oP}=r(H-p)((1-\varphi)p-e)+(1-r)(L-p)((1-\varphi)p-e)$$

可得$p_o^*=\frac{\overline{A}}{2}+\frac{e}{2(1-\varphi)}$，$e_{oh}^*=(2p_h-\overline{A})(1-\varphi)$，$e_{ol}^*=(2p_l-\overline{A})(1-\varphi)$。可以验证：$\min(e_{oh}^*,e_{ol}^*)=e_{ol}^*=(2p_l-\overline{A})(1-\varphi)$。因此，当存在努力程度$e_o=((2p_l-\overline{A})(1-\varphi))^+>e_{ol}^*$，混同出现且$e^*=e_o$。

然后，分析命题4.2的(ii)。首先分析服务提供者接收到高需求信号，由式(4-12)可推出：

$$\left(H-\frac{\overline{A}}{2}-\frac{e}{2(1-\varphi)}\right)\left(e+\varphi\left(\frac{\overline{A}}{2}+\frac{e}{2(1-\varphi)}\right)\right)\geqslant\frac{H^2}{8-4\varphi}$$

因此，对于接收到高需求信号的服务提供者而言，最小的混同努力程度为：

$$e_{omin}^{h}=\frac{(1-\varphi)((2-\varphi)H-\overline{A}-\sqrt{(1-\varphi)(\overline{A}-H)(\overline{A}(1-\varphi)-(3-\varphi)H)})}{2-\varphi}$$

由式(4-11)可推出服务提供者接收到低需求信号时需满足的条件：

$$\left(\widehat{L}-\frac{\overline{A}}{2}-\frac{e}{2(1-\varphi)}\right)\left(e+\varphi\left(\frac{\overline{A}}{2}+\frac{e}{2(1-\varphi)}\right)\right)\geqslant\frac{2(2-\varphi)\widehat{L}H-(3-2\varphi)H^2}{4(2-\varphi)}$$

同理可得服务提供者接收到低需求信号时的最小混同努力程度为：

$$e_{omin}^{l}=\frac{(1-\varphi)((2-\varphi)\widehat{L}-\overline{A}+\sqrt{(3-2\varphi)H^2+(\overline{A}(1-\varphi)-(2-\varphi)\widehat{L})^2-2(2-\varphi)H\widehat{L}})}{2-\varphi},$$

$$\psi\in\left(1,\ \frac{2(2-\varphi)}{3-2\varphi}\right]$$

令 $e_{omin}^{h}-e_{omin}^{l}=\Delta$，经过比较有：

$$\Delta=\frac{(1-\varphi)((2-\varphi)(\psi-1)-\sqrt{(1-\varphi)(1-r\mu)(\psi-1)((1+r\mu(\psi-1))})\sqrt{(1-\varphi)-(3-\varphi)\psi}}{2-\varphi}+$$

$$\frac{(1-\varphi)\sqrt{(3-2\varphi)\psi^2+((1+(\psi-1)r\mu)(1-\varphi)(-(2-\varphi)\psi)^2-2(2-\varphi)\psi}}{2-\varphi}<0$$

因此，当 $e_o<e_{omin}^{h}$ 时，将不会出现混同均衡；当 $e_o^*>e_{ol}^*$ 时，产生混同均衡。根据命题 4.2 可知：

$$e_o^*=\left[\frac{(1-\varphi)((2-\varphi)\widehat{L}-\overline{A})}{2-\varphi}\right]^+$$

$$e_{ol}^*=e_{omin}^{h}=\frac{(1-\varphi)((2-\varphi)H-\overline{A}-\sqrt{(1-\varphi)(\overline{A}-H)(\overline{A}(1-\varphi)-(3-\varphi)H)})}{2-\varphi}$$

所以混同产生的条件需满足：

$$\frac{(1-\varphi)((2-\varphi)\widehat{L}-\overline{A})}{2-\varphi}>\frac{(1-\varphi)((2-\varphi)H-\overline{A}-\sqrt{(1-\varphi)(\overline{A}-H)(\overline{A}(1-\varphi)-(3-\varphi)H)})}{2-\varphi}\tag{C-1}$$

对式(C-1)求解后可得 $\psi\in(1,\vartheta(\varphi,\mu,r)]$，其中

$$\vartheta(\varphi,\mu,r)=\frac{-3-2r\mu(-1+\varphi)^2+r^2\mu^2(-1+\varphi)^2+2\varphi}{-1+r^2\mu^2(-1+\varphi)^2-2r\mu(2-3\varphi+\varphi^2)}$$

即当 $\psi\in(1,\vartheta(\varphi,\mu,r)]$ 时存在混同均衡。

C.3 关于命题4.3的证明

当 $\psi\in[1,3)$，$\varphi\in\left(0,\ \frac{3-\psi}{2}\right)$ 时，$e_l^{OD*}=\frac{(1-\varphi)((2-\varphi)H-\widehat{L}-\sqrt{(H-\widehat{L})((1-\varphi)\widehat{L}+(\varphi-3)H)})}{2-\varphi}$，

BA 模型下有 $e_l^{BA*}=\frac{(\varphi-1)^2\widehat{L}}{2-\varphi}$，所以可得：

$$e_l^{BA*}-e_l^{OD*}=\frac{(\varphi-1)^2\widehat{L}}{2-\varphi}-\frac{(1-\varphi)((2-\varphi)H-\widehat{L}-\sqrt{(H-\widehat{L})((1-\varphi)\widehat{L}+(\varphi-3)H)})}{2-\varphi}$$

$$=\frac{(-1+\varphi)(-(-2+\varphi)\widehat{L}-2H+\varphi H+\sqrt{(H-\widehat{L})((1-\varphi)\widehat{L}+(\varphi-3)H)})}{-2+\varphi}\tag{C-2}$$

将式(C-2)化简后得 $\Delta=(7-5\varphi+\varphi^2)\psi^2-2(6-5\varphi+\varphi^2)\psi+(5-5\varphi+\varphi^2)\geqslant0$，图像大致如图C-1所示：

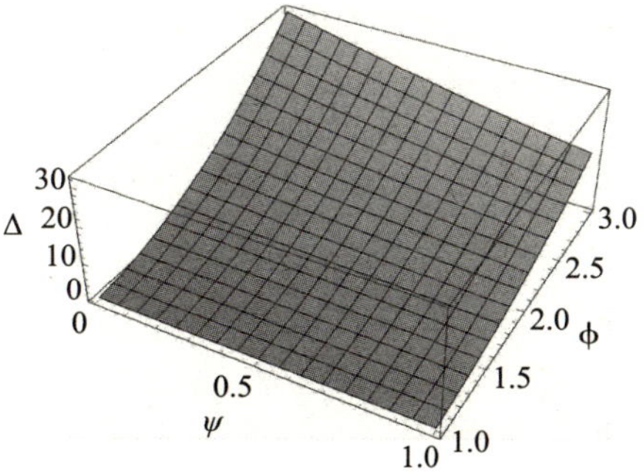

图 C-1 $e_l^{BA*}-e_l^{OD*}$ 的图像

C.4 关于命题 4.4 的证明

根据平台之间存在默契串谋时不同情况下的最优努力程度 e^* 和最优价格 p^*，可求得 OD 模型和 CND 模型下的服务提供者与平台利润分别为：

$$\pi_S^* = \begin{cases} \pi_S^{OD*} = \begin{cases} \dfrac{H^2}{8-4\varphi} \\ \begin{cases} \dfrac{\widehat{L}^2}{8-4\varphi}, & \psi \geqslant 3 \parallel \psi \in (1,3), \ \varphi \in \left[\dfrac{3-\psi}{2}, \ 1\right) \\ \dfrac{(1+b(-1+\varphi)+\varphi(-1+\psi)-2\psi)(-1+a(-1+\varphi)+\varphi+2\psi-\varphi\psi)}{4(-2+\varphi)}\widehat{L}^2, & \psi \in (1,3), \ \varphi \in \left(0, \ \dfrac{3-\psi}{2}\right) \end{cases} \end{cases} \\ \pi_S^{CND*} = \dfrac{\overline{A}^2}{8-4\varphi} \end{cases}$$

$$\pi_{Pi}^* = \begin{cases} \pi_{Pi}^{OD*} = \begin{cases} \dfrac{(1-\varphi)H^2}{8(2-\varphi)^2} \\ \begin{cases} \dfrac{(1-\varphi)\widehat{L}^2}{8(2-\varphi)^2}, & \psi \geqslant 3 \parallel \psi \in (1,3), \ \varphi \in \left[\dfrac{3-\psi}{2}, \ 1\right) \\ -\dfrac{(-1+\varphi)(3+b(-1+\varphi)+\varphi(-1+\psi)-2\psi)((1+a)(-1+\varphi)-(-2+\varphi)\psi)}{8(-2+\varphi)^2}\widehat{L}^2, & \psi \in (1,3), \ \varphi \in \left(0, \ \dfrac{3-\psi}{2}\right) \end{cases} \end{cases} \\ \pi_{Pi}^{CND*} = \dfrac{\overline{A}^2(1-\varphi)}{8(2-\varphi)^2} \end{cases}$$

由于 $\varphi \in (0,1)$，$r \in (0,1)$，$\mu \in (0,1)$，所以有：

$$\pi_S^{OD*} - \pi_S^{CND*} > 0, \ \psi \geqslant 3 \parallel \psi \in (1,3), \ \varphi \in \left[\frac{3-\psi}{2}, \ 1\right)$$

$$\pi_S^{OD*} - \pi_S^{CND*} > 0, \ \psi \in (1,3), \ \varphi \in \left(0, \ \frac{3-\psi}{2}\right)$$

$$\pi_{Pi}^{OD*} - \pi_{Pi}^{CND*} > 0, \ \psi \geqslant 3 \parallel \psi \in (1,3), \ \varphi \in \left[\frac{3-\psi}{2}, \ 1\right)$$

$$\pi_{Pi}^{OD*}-\pi_{Pi}^{CND*}<0,\ \psi\in(1,3),\ \varphi\in\left(0,\ \frac{3-\psi}{2}\right)$$

为了便于计算，令$\sqrt{\frac{(-1+\psi)(-1+\varphi+(-3+\varphi)\psi)}{-1+\varphi}}=a$，$\sqrt{\frac{(-1+\psi)(1+\varphi(-1+\psi)-3\psi)}{-1+\varphi}}=b$。当$\psi$和$\varphi$取值较小时，认为$a-b\approx 0$且$a-b$的图像如图C-2所示：

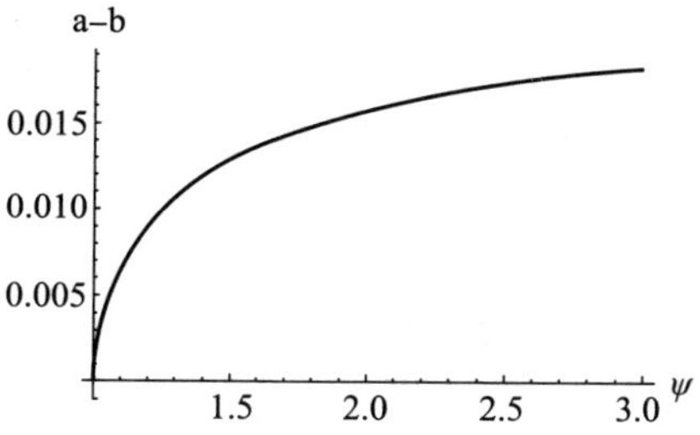

图 C-2　a-b 的图像

C.5　关于命题4.5的证明

根据第4.3节和4.4节对明显和默契串谋的均衡分析，可知当$\psi\geqslant 3 \parallel \psi\in(1,3)$，$\varphi\in\left[\frac{3-\psi}{2},\ 1\right)$时，存在OD模型和ND模型；当$\psi\in(1,3)$，$\varphi\in\left(0,\ \frac{3-\psi}{2}\right)$时，有CND模型和ND模型。通过对不同模型下串谋平台的利润进行比较后，分析平台的串谋偏好问题(忽略明显串谋的违法性)。

当$\psi\geqslant 3 \parallel \psi\in(1,3)$，$\varphi\in\left[\frac{3-\psi}{2},\ 1\right)$时，有：

$$V_{Pi}^{ND*}>V_{Pi}^{OD*}$$

当$\psi\in(1,3)$，$\varphi\in\left(0,\ \frac{3-\psi}{2}\right)$时，为了便于比较，令$r=\mu=\sigma$，比较结果见图4-4。其中，$\delta$为信号精度[152]：

$$V_{Pi}^{CND*}-V_{Pi}^{ND*}=\frac{\sigma^2(-1+\varphi+\sigma^2(-1+\varphi)(-1+\psi)+2\psi-\varphi\psi)^2-(-1+\sigma)^2(1+\sigma^2(-1+\varphi)(-1+\psi))^2}{4(-2+\varphi)^2(1+\sigma(\sigma(-1+\psi)-\psi))^2}-\frac{(1+\sigma^2(-1+\psi))^2}{8(-2+\varphi)^2(1+\sigma(\sigma(-1+\psi)-\psi))^2}$$

C.6　关于命题 4.6 的证明

根据第 4.3 节和 4.4 节的描述，可得存在平台竞争时服务提供者和平台的最优收益分别为：

$$\pi_{Pi}^{BA*}=\lambda_h\frac{H^2(1-\varphi)}{4(2+\gamma-\varphi)^2}+\lambda_l\frac{\widehat{L}^2(1-\varphi)}{4(2+\gamma-\varphi)^2}$$

$$\pi_{Pi}^{ND*}=\lambda_h\frac{(1-\varphi)(\overline{A}(2+\gamma-2\varphi)-2H(2+\gamma-\varphi))^2}{4(2+\gamma)^2(2+\gamma-\varphi)^2}+\lambda_l\frac{(1-\varphi)(\overline{A}(2+\gamma-2\varphi)-2\widehat{L}(2+\gamma-\varphi))^2}{4(2+\gamma)^2(2+\gamma-\varphi)^2}$$

$$\pi_{Pi}^{OD*}=\lambda_h\frac{H^2(1-\varphi)(1+\gamma)}{4(2+\gamma-\varphi)^2}+\lambda_l\frac{\widehat{L}^2(1-\varphi)(1+\gamma)}{4(2+\gamma-\varphi)^2},\quad B_1$$

$$\pi_{Pi}^{CND*}=\frac{\overline{A}^2(1-\varphi)}{4(2+\gamma-\varphi)^2}$$

(1) 当平台间存在明显串谋时，有排序：

$$V_S^{BA*}>V_S^{ND*},\quad V_{Pi}^{BA*}<V_{Pi}^{ND*}$$

(2) 当平台间存在默契串谋且在区域 B_1 时，有排序：

$$V_S^{OD*}>V_S^{CND*},\quad V_{Pi}^{OD*}<V_{Pi}^{CND*}$$

经过比较可知，考虑平台之间的竞争时，明显串谋下双方的排序与无竞争时的相同，共享信息有利于服务提供者但不利于平台；在默契串谋下，区域 B_1 内仍存在与无竞争时相同的排序。因此可以得出结论：平台之间的竞争可能不会改变平台的串谋和信息共享方式。

下面分析竞争对临界折扣因子的影响：根据明显串谋下折扣因子的约

束条件可知，可得$\delta \geqslant \frac{\pi_{Pi}(H, e_h^{BA}, \hat{p}) - \pi_{Pi}^c(H, e_h^{BA}, p_h^{BA})}{V_{Pi}}$。相比于无竞争时的情况，有竞争时的临界因子随着竞争系数γ的增加，分子会逐渐变小。但分母在一定区间内会逐渐变大$\gamma \in [0, \sqrt{2}-1) \parallel \gamma \in (\sqrt{2}-1, 2(\sqrt{2}-1)) \& \varphi \in (0, 2-\gamma(1+\sqrt{2}))$，所以折扣因子会减小，即平台之间较小的竞争能够促进串谋的形成。

C.7　关于命题4.7的证明

根据需求函数可以分别求出ND模型、OD模型和CND模型下的需求者剩余为：

$$DS^{ND} = \frac{1}{2}\left(\lambda_h\left(H - \frac{H(-2+\varphi) + \bar{A}(-1+\varphi)}{2(-2+\varphi)}\right)^2 + \lambda_l\left(L - \frac{\widehat{L}(-2+\varphi) + \bar{A}(-1+\varphi)}{2(-2+\varphi)}\right)^2\right)$$

$$DS^{CND} = \frac{1}{2}\left(\lambda_h\left(H - \frac{(3-2\varphi)\bar{A}}{2(2-\varphi)}\right)^2 + \lambda_l\left(L - \frac{(3-2\varphi)\bar{A}}{2(2-\varphi)}\right)^2\right)$$

$$DS^{OD} = \begin{cases} \frac{1}{2}(\lambda_h(H - \frac{(3-2\varphi)H}{2(2-\varphi)})^2 + \lambda_l(L - \frac{(3-2\varphi)\widehat{L}}{2(2-\varphi)})^2) \\ \frac{1}{2}(\lambda_h(H - \frac{(3-2\varphi)H}{2(2-\varphi)})^2 + \lambda_l(L - \frac{(2-\varphi)H + (1-\varphi)(\widehat{L} + \sqrt{\frac{(H-\widehat{L})((3-\varphi)H + (1-\varphi)\widehat{L})}{1-\varphi}})}{2(2-\varphi)})^2) \end{cases}$$

经过比较发现有如下排序：当$\psi \geqslant 3 \mid \mid \psi \in (1,3)$，$\varphi \in \left[\frac{3-\psi}{2}, 1\right)$，有：

$$DS^{ND} \geqslant DS^{OD}$$

当$\psi \in (1,3)$，$\varphi \in \left(0, \frac{3-\psi}{2}\right)$，有：

$$DS^{ND} \leqslant DS^{CND}$$

附录 D　第 5 章的部分证明

D.1　关于引理 5.1 的证明

可以将式(5-1)中的问题分为两种情况进行讨论，即 $D_U \leqslant k_U$ 和 $D_U \geqslant k_U$ 的情况。当 $D_U \leqslant k_U$ 时，式(5-1)变为：

$$\max_{p_U,\eta_U,k_U} \pi_U = p_U n(1-F(p_U)) - \eta_U k_U$$

$$s.t. \begin{cases} D_U \leqslant k_U \\ k_U = K_U G(\eta_U) \\ \eta_U = \lambda p_U \end{cases}$$

根据一阶条件有：$\dfrac{\partial \pi_U}{\partial p_U} = n(-p_U f(p_U) - F(p_U) + 1) - (\lambda^2 K_U p_U g(\lambda p_U) + \lambda K_U G(\lambda p_U))$，其中 $p_U - \dfrac{1-F(p_U)}{f(p_U)}$ 表示平台的虚拟效用，所以有 $-p_U f(p_U) - F(p_U) + 1 \leqslant 0$，即在 U 模型下，若 $D_U \leqslant k_U$ 且 K_U 给定时，平台随着定价的增加其利润逐渐减小，所以平台应该制定较低的价格。但随着 p_U 的减小，D_U 将会增加，k_U 则会减小，当 $D_U = k_U$ 时存在最小的定价 $p_U^{\min}$。当 $D_U \geqslant k_U$ 时，式(5-1)可以表示为：

$$\max_{p_U,\eta_U,k_U} \pi_U = (p_U - \eta_U) k_U$$

$$s.t. \begin{cases} D_U \geqslant k_U \\ k_U = K_U G(\eta_U) \\ \eta_U = \lambda p_U \end{cases}$$

同样，根据一阶条件可以得到：$\frac{\partial \pi_U}{\partial K_U}=(1-\lambda)p_U G(\lambda p_U)\geq 0$。这表明当 p_U 给定时，随着 K_U 的增加，平台收益也随之增加，所以平台应该吸引更多的服务提供者加入以提高 K_U。但由于有条件 $D_U\geq k_U$ 存在，因此存在一个最大的 $K_U^{\max}$ 使得 $D_U=k_U$。引理5.1得证。

D.2 关于命题5.1的证明

求解 π_U 关于 p_U 的一阶和二阶偏导数分别为：

$$\frac{\partial \pi_U}{\partial p_U}=(1-\lambda)n(1-F(p_U))-(1-\lambda)np_U f(p_U)$$

$$\frac{\partial^2 \pi_U}{\partial p_U^2}=-2(1-\lambda)nf(p_U)$$

因为有 $f(\cdot)$ 大于0，所以有 $\frac{\partial^2 \pi_U}{\partial p_U^2}\leq 0$。因此，可以得到 p_U^* 满足：$p_U^*=\frac{1-F(p_U^*)}{f(p_U^*)}$。根据供需匹配条件，有 $K_U=\frac{n(1-F(p_U))}{G(\lambda p_U)}$，所以有 $K_U^*=\frac{np_U^* f(p_U^*)}{G(\lambda p_U^*)}$。

D.3 关于引理5.2的证明

平台进行基于溢价因子定价的原因是缓解高峰时带来激增的需求，从而达到系统的供需匹配。因此，市场中需求者在高峰期的需求必然不小于非高峰时期的需求，否则采用基于溢价因子的定价策略将毫无意义。然而，由于 $\alpha\in\left(\frac{1}{2},1\right)$，所以当考虑一天中非高峰期所占的比例时，结果可能会是不同的。根据平台在非高峰和高峰时的需求 D_1 和 D_2 可知必然存在如式(D-1)所示的约束，原因是当高峰期所占的比例较大时，高峰期的需求必然不小于非高峰期的需求：

$$(1-\alpha)n(1-F(p_1-\gamma p_2))\leqslant\alpha n(1-F(p_2)) \tag{D-1}$$

将式(D-1)整理后，可以得到：

$$\alpha F(p_1\rho)-(1-\alpha)F(p_1(1-\gamma\rho))\leqslant 2\alpha-1$$

令 $A=\alpha F(p_1\rho)-(1-\alpha)F(p_1(1-\gamma\rho))$，根据一阶条件可以得到：

$$\frac{\partial A}{\partial\rho}=\alpha p_1 f(p_1-\gamma p_2)+(1-\alpha)p_1\gamma f(p_2)>0$$

从上式可知，随着 ρ 的增加 A 也一直增加，所以溢价因子必定存在一个上限 $\rho_{\max}$ 使其满足如下关系：

$$\alpha F(p_1\rho_{\max})-(1-\alpha)F(p_1(1-\gamma\rho_{\max}))=2\alpha-1$$

结合条件 $\begin{cases}p_1-\gamma p_2\geqslant 0\\ p_2\geqslant 0\end{cases}\Rightarrow\rho\leqslant\frac{1}{\gamma}$，可以得到 ρ 的范围为 $\rho\in\left(1,\ \min\left\{\frac{1}{\gamma},\ \rho_{\max}\right\}\right]$。

D.4 关于引理 5.3 的证明

下面分别讨论供给大于需求($D_1\leqslant k_1, D_2\leqslant k_2$)和需求大于供给($D_1\geqslant k_1, D_2\geqslant k_2$)这两种情况。为了方便分析令 $G(x)=x$，所以有 $K_1G(\eta_1)=K_1\eta_1$ 和 $K_2G(\eta_2)=K_2\eta_2$。如果 $G(x)\neq x$ 时，结论仍然成立。因此，式(5-4)可以表示为：

$$\max_{p_1,\boldsymbol{K}_M}\pi_M=\alpha p_1 n(1-F(p_1-\gamma p_2))+(1-\alpha)p_2 n(1-F(p_2))-\lambda^2K_1p_1p_1-\lambda^2K_2p_2p_2)$$

$$s.t.\begin{cases}D_1\leqslant k_1\\ D_2\leqslant k_2\\ \boldsymbol{k}_M=\boldsymbol{K}_M G(\boldsymbol{\eta}_M)\\ \boldsymbol{\eta}_M=\lambda\boldsymbol{p}_M\\ p_2=p_1\rho\end{cases}$$

根据一阶条件有：

$$\frac{\partial\pi_M}{\partial p_1}=-\alpha p_1 f(p_1-\gamma p_2)n(1-\gamma\rho)+\alpha n(1-F(p_1-\gamma p_1\rho))+(1-\alpha)\rho n(1-F(p_1\rho))-(1-\alpha)p_1\rho^2 nf(p_1\rho)-2\lambda^2K_2p_1\rho^2-2\lambda^2K_1p_1$$

只分析$\frac{\partial\pi_M}{\partial p_1}$中第一项和第二项，因为第三项和第四项与前两项正负相同而最后两项必为负。先假定前两项为正，则整理后有如式(D-2)所示的关系：

$$p_1(1-\gamma\rho)-\frac{1-F(p_1-\gamma p_1\rho)}{f(p_1-\gamma p_1\rho)}\leqslant 0 \tag{D-2}$$

根据需求者在非高峰期的效用函数 u_1，知道 $v\geqslant v'=p_1-\gamma p_2\geqslant 0$，代入式(5-6)后有：$v'-\frac{1-F(v')}{f(v')}\geqslant 0$，其中 $v'-\frac{1-F(v')}{f(v')}$表示需求者的虚拟效用，所以必然存在 $v'-\frac{1-F(v')}{f(v')}\geqslant 0$，故与原假设 $v'-\frac{1-F(v')}{f(v')}\leqslant 0$ 矛盾，所以有$\frac{\partial\pi_M}{\partial p_1}\leqslant 0$。因此，当 $\boldsymbol{K_M}$ 给定且 $D_1\leqslant k_1$，$D_2\leqslant k_2$ 时，随着 $\boldsymbol{p_M}$ 的增大会导致平台利润的减小，所以必然存在一个较小的 p_M'，使得平台的利润最大，此时 $\boldsymbol{p}_M'$满足 $D_1=k_1$，$D_2=k_2$。

下面讨论 $D_1\geqslant k_1$ 且 $D_2\geqslant k_2$ 的情况，式(5-4)可以表示为：

$$\max_{p_1,\boldsymbol{K_M}}\pi_M=k_1(p_1-\eta_1)+k_2(p_2-\eta_2)$$

同样求得一阶条件$\frac{\partial\pi_M}{\partial\boldsymbol{K_M}}\geqslant 0$，为了节省空间，这里省略式(5-4)的约束条件和一阶条件的具体值。因此，当 p_1 给定时同样可以设置一个较大的 $\boldsymbol{K}_m''$使得 $D_1=k_1$，$D_2=k_2$。

D.5　关于命题 5.2 的证明

为了证明目标函数在给定价格 p_1 的情况下存在最优的溢价因子 ρ^*，

需要证明 $\pi_M(\rho)$ 关于 ρ 的二阶偏导数是非正的，下面分别给出 $\pi_M(\rho)$ 关于 ρ 的一阶偏导和二阶偏导数：

$$\frac{\partial \pi_M}{\partial \rho}=\gamma np_1p_1\alpha(1-\lambda)f(p_1-\gamma p_1\rho)+(1-\alpha)(1-\lambda)p_1n(1-F(p_1\rho))-(1-\alpha)(1-\lambda)np_1p_1\rho f(p_1\rho)$$

$$\frac{\partial^2 \pi_M}{\partial \rho^2}=-2(1-\alpha)(1-\lambda)np_1p_1f(p_1\rho)\leqslant 0$$

所以，当 p_1 给定时存在唯一的最优解 ρ^*。下面证明最优的价格 p_1^* 存在，即目标函数 π_M 存在一个唯一的全局最优值。实际上，当求解平台 π_M 关于 $\{\boldsymbol{p}_M^*,\boldsymbol{\eta}_M^*,\boldsymbol{K}_M^*\}$ 的最优解时，需要证明其海塞矩阵为半负定。又因为可以将 $\boldsymbol{\eta}_M$ 和 $\boldsymbol{K}_M$ 表示为有关 $\boldsymbol{p}_M$ 的函数，所以只需证明当 ρ 给定时，π_M 关于 p_1^* 的二阶偏导数是非正的，将目标函数式（5-4）整理后可以得到式（D-3）：

$$\max_{p_1}\pi_M=D_1(p_1-\eta_1)+D_2(p_2-\eta_2) \tag{D-3}$$

通过求解式（D-3）关于 π_M 的二阶偏导数后有：

$$\frac{\partial \pi_M}{\partial p_1}=\alpha(1-\lambda)n(-p_1(1-\gamma\rho)f(p_1-\gamma p_1\rho)-F(p_1-\gamma p_1\rho)+1)+(1-\alpha)(1-\lambda)\rho n(-p_1\rho f(p_1\rho)-F(p_1\rho)+1)$$

$$\frac{\partial^2 \pi_M}{\partial p_1^2}=-2(1-\alpha)(1-\lambda)\rho^2nf(p_1\rho)-2\alpha(1-\lambda)n(1-\gamma\rho)f(p_1-\gamma p_1\rho)$$

因为有 $f(\cdot)>0$，$g(\cdot)>0$ 且 $\rho\in\left(1,\ \min\left\{\frac{1}{\gamma},\ \rho_{\max}\right\}\right]$，所以有 $\frac{\partial^2 \pi_M}{\partial p_1^2}\leqslant 0$ 且最优的 p_1^* 可以由 $\frac{\partial \pi_M}{\partial p_1}=0$ 唯一确定：

$$\alpha(1-\lambda)n(-p_1(1-\gamma\rho)f(p_1-\gamma p_1\rho)-F(p_1-\gamma p_1\rho)+1)+(1-\alpha)(1-\lambda)\rho n(-p_1\rho f(p_1\rho)-F(p_1\rho)+1)=0$$

然后将最优的 p_1^* 代入目标函数 $\pi_M(p_1(\rho),\rho)$ 中，如果能得到 $\pi_M(p_1(\rho),\rho)$ 是关于 ρ 凹的，也就可以证明 ρ^* 能够由 π_M 的一阶条件唯一确定。为了证明 $\pi_M(p_1(\rho),\rho)$ 是关于 ρ 凹的，需要判断其二阶偏导数为非正。

将最优的 p_1^* 代入 π_M 后有：

$$\frac{\partial\pi_M}{\partial\rho}=\frac{\partial\pi_M}{\partial\rho}+\frac{\partial\pi_M}{\partial p_1}\frac{\partial p_1}{\partial\rho}$$

因为最优 p_1^* 满足$\frac{\partial\pi_M}{\partial p_1}=0$，所以：

$$\frac{\partial\pi_M}{\partial\rho}=\frac{\partial\pi_m}{\partial\rho}\bigg|_{p_1=p_1^*}=p_1^*=\gamma np_1p_1\alpha(1-\lambda)f(p_1-\gamma p_1\rho)+$$

$$p_1n\left(-\frac{\alpha(1-\lambda)(-p_1(1-\gamma\rho)f(p_1-\gamma p_1\rho)-F(p_1-\gamma p_1\rho)+1)}{\rho}\right)$$

$$\frac{\partial^2\pi_M}{\partial\rho^2}=p_1(1-\lambda)n\left(\frac{\alpha(-p_1(\gamma\rho+1)f(p_1-\gamma p_1\rho)-F(p_1-\gamma p_1\rho)+1)}{\rho^2}\right)$$

分析$\frac{\partial^2\pi_M}{\partial\rho^2}$中圆括号的两项，根据引理 5.3 可以得到关系式：$-p_1(1-\gamma\rho)f(p_1-\gamma p_1\rho)-F(p_1-\gamma p_1\rho)+1\leqslant 0$，又因为 $1+\gamma\rho$ 必然大于 $1-\gamma\rho$，所以有$\frac{\alpha(-p_1(\gamma\rho+1)f(p_1-\gamma p_1\rho)-F(p_1-\gamma p_1\rho)+1)}{\rho^2}\leqslant 0$。因此，通过一阶条件可以得到命题 5.2。

D.6　关于推论 5.1 的证明

将目标函数式(5-4)整理后有：

$$\max_{p_1,\rho}\pi'_M=(1-\alpha)(1-\lambda)p_1\rho n(\gamma p_1-p_1\rho+1)+p_1\alpha(1-\lambda)n(\gamma p_1\rho-p_1+1)$$

对上式分别关于 p_1 和 ρ 的一阶和二阶偏导数后可以得到：

$$\frac{\partial\pi'_M}{\partial p_1}=(1-\alpha)(1-\lambda)\rho n(-p_1(\rho-\gamma)+\gamma p_1-p_1\rho+1)+\alpha(1-\lambda)n(\gamma p_1\rho-p_1(1-\gamma\rho)-p_1+1)$$

$$\frac{\partial^2\pi'_M}{\partial p_1^2}=-2(1-\alpha)(1-\lambda)\rho n(\rho-\gamma)-2\alpha(1-\lambda)n(1-\gamma\rho)$$

$$\frac{\partial\pi'_M}{\partial\rho}=(1-\alpha)(1-\lambda)p_1n(\gamma p_1-p_1\rho+1)+\gamma np_1p_1\alpha(1-\lambda)-(1-\alpha)(1-$$

$\lambda)np_1p_1\rho$，

$$\frac{\partial^2\pi'_M}{\partial\rho^2}=-2(1-\alpha)(1-\lambda)np_1p_1$$

很容易验证 $|H_1^1|$ 和 $|H_2^1|$ 均不大于 0。然后求解 $\frac{\partial^2\pi'_M}{\partial p_1\partial\rho}$ 和 $\frac{\partial^2\pi'_M}{\partial\rho\partial p_1}$ 有：

$$\frac{\partial^2\pi'_M}{\partial p_1\partial\rho}=\frac{\partial^2\pi'_M}{\partial\rho\partial p_1}=(1-\alpha)(1-\lambda)n(2\gamma p_1-4p_1\rho+1)+2\gamma np_1\alpha(1-\lambda)$$

所以有 $|H_{12}^2|=-(\lambda-1)^2n^2((\alpha-1)^2+4p_1^2(\alpha^2+3(\alpha-1)\gamma\rho+3(\alpha-1)^2\rho^2-\alpha+\gamma^2)-4(\alpha-1)p_1(2(\alpha-1)\rho+\gamma))$。因此，如果 $|H_{12}^1|\geqslant0$，则存在最优解且满足一阶条件，否则最优解不存在。

D.7 关于命题 5.7 的证明

将式(5-11)整理后目标函数如下：

$$\max_{p_U}\pi_U=p_U\min\{\widetilde{D_U},k_U\}-k_U\eta_U=p_U(\lambda K_Up_U-\int_0^{\lambda K_Up_U}H(x)\mathrm{d}x)-\lambda\lambda K_Up_Up_U$$

对上式求关于 p_U 的一阶和二阶偏导数后有：

$$\frac{\partial\pi_U}{\partial p_U}=\lambda K_Up_U-\int_0^{\lambda K_Up_U}H(x)\mathrm{d}x+p_UK_U\lambda\overline{H}(\lambda K_Up_U)-2\lambda\lambda K_Up_U$$

$$\frac{\partial^2\pi_U}{\partial p_U^2}=K_U(2\lambda\overline{H}(\lambda K_Up_U)-\lambda\lambda K_Up_Uh(\lambda K_Up_U)-2\lambda\lambda]$$

因此，$\frac{\partial^2\pi_U}{\partial p_U^2}\leqslant0$ 的条件为 $2\overline{H}(\lambda K_Up_U)-\lambda K_Up_Uh(\lambda K_Up_U)-2\lambda\leqslant0$。将式(5-11)进行整理后有：

$$\max_{p_U}\pi_U=p_U\min\{\widetilde{D_U},k_U\}-k_U\eta_U=p_U(\lambda K_Up_U-\int_0^{\lambda K_Up_U}H(x)\mathrm{d}x)-\lambda\lambda K_Up_Up_U$$

$$s.t.\begin{cases}k_U=K_U\eta_U\\ \eta_U=\lambda p_U\\ 2\overline{H}(\lambda K_Up_U)-\lambda K_Up_Uh(\lambda K_Up_U)-2\lambda\leqslant0\end{cases}$$

所以，利用KKT条件可以求得最优解，构造 *Lagrangian* 方程：

$$L(p_U,\mu)=\max_{p_U} p_U(\lambda K_U p_U-\int_0^{\lambda K_U p_U} H(x)\mathrm{d}x)-\lambda\lambda K_U p_U p_U-$$

$$\mu(-\lambda K_U p_U h(\lambda K_U p_U)+2H(\lambda K_U p_U)-2\lambda)$$

求解后可以发现：

①当 $\mu=0$ 时，p_U^* 满足条件：$(\lambda K_U p_U-\int_0^{\lambda K_U p_U} H(x)\mathrm{d}x)+p_U K_U\lambda\overline{H}(\lambda K_U p_U)=2\lambda\lambda K_U p_U$；所以有 $p_U^*=\dfrac{4(1-\lambda)}{3\lambda K_U}$，且有 $\lambda\in(0,1)$；

②当 $\mu>0$ 时，p_U^* 满足条件：$2\overline{H}(\lambda K_U p_U)-\lambda K_U p_U h(\lambda K_U p_U)=2\lambda$；可以得到 $p_U^*=\dfrac{2(1-\lambda)}{3\lambda K_U}$ 且 $\lambda\geqslant1$。

由于给定 $\lambda\in(0,1)$，所以有 $p_U^*=\dfrac{4(1-\lambda)}{3\lambda K_U}$。

下面分析M模型的最优策略，M模型下的目标函数有：

$$\max_{p_M,\rho}\pi_M=p_1\left(\frac{\lambda p_1 K_M}{\alpha}-\int_0^{\frac{\lambda p_1 K_M}{\alpha}} H(x)\mathrm{d}x\right)+\rho p_1\left(\frac{\lambda p_1\rho K_M}{1-\alpha}-\int_0^{\frac{\lambda p_1\rho K_M}{1-\alpha}} H(x)\mathrm{d}x\right)-$$

$$\lambda\lambda\rho p_1 p_1\rho K_M-\lambda\lambda p_1 p_1 K_M$$

当 p_1 给定时，对上式求关于 ρ 的一阶和二阶偏导数后有：

$$\frac{\partial\pi_M}{\partial\rho}=p_1\left(\frac{\lambda p_1\rho K_M}{1-\alpha}-\int^{\frac{\lambda p_1\rho K_M}{1-\alpha}} H(x)\mathrm{d}x\right)+\rho p_1\frac{\lambda p_1 K_M}{1-\alpha}\overline{H}\left(\frac{\lambda p_1\rho K_M}{1-\alpha}\right)-2\lambda\lambda p_1 p_1\rho K_M$$

$$\frac{\partial^2\pi_M}{\partial\rho^2}=2p_1\frac{\lambda p_1 K_M}{1-\alpha}\overline{H}\left(\frac{\lambda p_1\rho K_M}{1-\alpha}\right)-2\lambda\lambda p_1 p_1 K_M-\frac{p_1\rho(\lambda p_1 K_M)^2}{(1-\alpha)^2}h\left(\frac{\lambda p_1\rho K_M}{1-\alpha}\right)$$

可知 $2\overline{H}\left(\dfrac{\lambda p_1\rho K_M}{1-\alpha}\right)-\dfrac{\rho(\lambda p_1 K_M)h\left(\dfrac{\lambda p_1\rho K_M}{1-\alpha}\right)}{1-\alpha}-2(1-\alpha)\lambda\leqslant0$，存在最优解。

通过KKT条件，可以得到当 $\rho\geqslant\dfrac{2}{5}$ 时满足，所以 $\dfrac{\partial^2\pi_M}{\partial\rho^2}\leqslant0$，证明可以参考U模型的证明。然后求解当 ρ 给定时目标函数关于 p_1 的偏导数：

$$\frac{\partial \pi_M}{\partial p_1}=p_1\left(\frac{\lambda K_M}{\alpha}-\frac{\lambda K_M H\left(\frac{\lambda p_1 K_M}{\alpha}\right)}{\alpha}\right)+\left(\frac{\lambda p_1 K_M}{\alpha}-\int_0^{\frac{\lambda p_1 K_M}{\alpha}} H(x)\,\mathrm{d}x\right)-2\lambda\lambda p_1 K_M+$$

$$\rho p_1\left(\frac{\lambda\rho K_M}{1-\alpha}-\frac{\lambda\rho K_M H\left(\frac{\lambda p_1\rho K_M}{1-\alpha}\right)}{1-\alpha}\right)+\rho\left(\frac{\lambda p_1\rho K_M}{1-\alpha}-\int_0^{\frac{\lambda p_1\rho K_M}{1-\alpha}} H(x)\,\mathrm{d}x\right)-2\lambda\lambda p_1\rho\rho K_M$$

$$\frac{\partial^2 \pi_M}{\partial p_1^2}=2\frac{\lambda K_M}{\alpha}\overline{H}\left(\frac{\lambda p_1 K_M}{\alpha}\right)-p_1\left(\frac{\lambda K_M}{\alpha}\right)^2 h\left(\frac{\lambda p_1 K_M}{\alpha}\right)-2\lambda\lambda p_1 K_M+2\rho\frac{\lambda\rho K_M}{1-\alpha}\overline{H}$$

$$\left(\frac{\lambda p_1\rho K_M}{1-\alpha}\right)-2\lambda\lambda p_1\rho\rho K_M-p_1\rho\left(\frac{\lambda\rho K_M}{1-\alpha}\right)^2 h\left(\frac{\lambda p_1\rho K_M}{1-\alpha}\right)$$

根据$\frac{\partial^2 \pi_M}{\partial \rho^2}\leqslant 0$的条件，可以得到$\frac{\partial^2 \pi_M}{\partial p_1^2}\leqslant 0$。将最优的 p_1^* 代入$\frac{\partial \pi_M}{\partial \rho}$中可以得到：

$$\frac{\partial \pi_M}{\partial \rho}=(p_1-\rho)\left(\frac{\lambda p_1\rho K_M}{1-\alpha}-\int_0^{\frac{\lambda p_1\rho K_M}{1-\alpha}} H(x)\,\mathrm{d}x\right)-2\lambda p_1\rho K_M\lambda(p_1-\rho)-$$

$$p_1\left(\frac{\lambda K_M}{\alpha}-\frac{\lambda K_M H\left(\frac{\lambda p_1 K_M}{\alpha}\right)}{\alpha}\right)-\left(\frac{\lambda p_1 K_M}{\alpha}-\int_0^{\frac{\lambda p_1 K_M}{1-\alpha}} H(x)\,\mathrm{d}x\right)+2\lambda\lambda p_1 K_M$$

$$\frac{\partial^2 \pi_M}{\partial \rho^2}=-\left(\frac{\lambda p_1\rho K_M}{1-\alpha}-\int_0^{\frac{\lambda p_1\rho K_M}{1-\alpha}} H(x)\,\mathrm{d}x\right)+(p_1-\rho)\frac{\lambda p_1 K_M}{1-\alpha}\overline{H}\left(\frac{\lambda p_1\rho K_M}{1-\alpha}\right)-$$

$$2\lambda p_1 K_M\lambda(p_1-\rho+1)$$

因为 $p_1\in(0,1)$ 和 $\rho>1$，所以 $p_1-\rho\leqslant 0$。另外，$p_1-\rho+1\geqslant 0$，因此有$\frac{\partial^2 \pi_M}{\partial \rho^2}\leqslant 0$。根据一阶条件可以得到最优解。

D.8　关于命题 5.9 的证明

为了证明 π_M 是关于 p_1 和 ρ 凹的，应该验证利润函数 π_M 的 Hessian 矩阵为半负定且 $H(\pi_M)$ 如下所示：

$$H(\pi_M)=\begin{pmatrix}\dfrac{\partial^2\pi_M}{\partial p_1^2} & \dfrac{\partial^2\pi_M}{\partial p_1\partial\rho}\\[2ex] \dfrac{\partial^2\pi_M}{\partial\rho\partial p_1} & \dfrac{\partial^2\pi_M}{\partial\rho^2}\end{pmatrix}$$

首先，令 $|H_1^1|=\dfrac{\partial^2\pi_M}{\partial p_1^2}$，$|H_2^1|=\dfrac{\partial^2\pi_M}{\partial\rho^2}$，$|H_{12}^2|=\begin{vmatrix}\dfrac{\partial^2\pi_M}{\partial p_1^2} & \dfrac{\partial^2\pi_M}{\partial p_1\partial\rho}\\[2ex] \dfrac{\partial^2\pi_M}{\partial\rho\partial p_1} & \dfrac{\partial^2\pi_M}{\partial\rho^2}\end{vmatrix}$。

然后，给出矩阵中每个元素的值，通过分别求解 π_M 关于 p_1 和 ρ 的一阶和二阶导数后有：

$$\frac{\partial\pi_M}{\partial p_1}=(1-\lambda)n(p_1((\gamma\rho-1)f_{np}(p_1(1-\gamma\rho))-\rho^2f_p(p_1\rho))-F_{np}(p_1(1-\gamma\rho))-\rho F_p(p_1\rho)+\rho+1)$$

$$\frac{\partial^2\pi_M}{\partial p_1^2}=n(1-\lambda)(2(-1+\gamma\rho)f_{np}((1-\gamma\rho)p_1)-2\rho^2f_p(\rho p_1))$$

$$\frac{\partial\pi_M}{\partial\rho}=n(-1+\lambda)p_1(-1+F_p(\rho p_1)+p_1(-\gamma f_np((1-\gamma\rho)p_1)+\rho f_p(\rho p_1)))$$

$$\frac{\partial^2\pi_M}{\partial\rho^2}=n(-1+\lambda)p_1^2 2f_p(\rho p_1)$$

结合之前的参数设定，可以得到 $|H_1^1|=\dfrac{\partial^2\pi_M}{\partial p_1^2}\leqslant 0$ 和 $|H_2^1|=\dfrac{\partial^2\pi_M}{\partial\rho^2}\leqslant 0$。根据 $\dfrac{\partial\pi_M}{\partial\rho}=0$ 的一阶条件有：

$$F_p(\rho p_1)=1-p_1(-\gamma f_{np}((1-\gamma\rho)p_1)+\rho f_p(\rho p_1))$$

将其与 $\dfrac{\partial\pi_M}{\partial p_1}$ 进行结合后，可以推出：

$$\frac{\partial\pi_M}{\partial p_1}=n(-1+\lambda)(-1+p_1f_{np}((1-\gamma\rho)p_1)+F_{np}((1-\gamma\rho)p_1))$$

$$\frac{\partial^2\pi_M}{\partial p_1\partial\rho}=\frac{\partial^2\pi_M}{\partial\rho\partial p_1}=-n\gamma(-1+\lambda)p_1f_{np}((1-\gamma\rho)p_1)$$

然后有：

$$|H_{12}^2|=\frac{\partial^2\pi_M}{\partial p_1^2}\frac{\partial^2\pi_M}{\partial\rho^2}-\left(\frac{\partial^2\pi_M}{\partial p_1\partial\rho}\right)^2=n^2(-1+\lambda)^2p_1^2(-4(-1+\gamma\rho)f_{np}((1-\gamma\rho)p_1)$$

$$f_p(\rho p_1)+4\rho^2f_p(\rho p_1)^2-\gamma^2f_{np}((1-\gamma\rho)p_1)^2)$$

从上式中，发现如果约束 $f_p(\rho p_1)\geqslant\gamma f_{np}((1-\gamma\rho)p_1)$ 存在，则有 $|H_{12}^2|\geqslant 0$。

附录E 第5章中M模型下一种基于峰期的补贴比例模式

在U模型中，平台在所有时段使用统一的价格，这意味着两个时段的需求是相同的。然而，在M模型中，由于溢价因子的出现使得高峰期的需求与非高峰期的需求不同。为确保均衡分析的有效性和公平性，这里考虑M模型中的统一定价问题，即平台在面对服务提供者时采用基于峰期的补贴比例策略，如图E-1所示。为了方便起见，用下标“C”表示基于峰期的补贴比例模式，其目的是发现C模型与M模型的等价性。

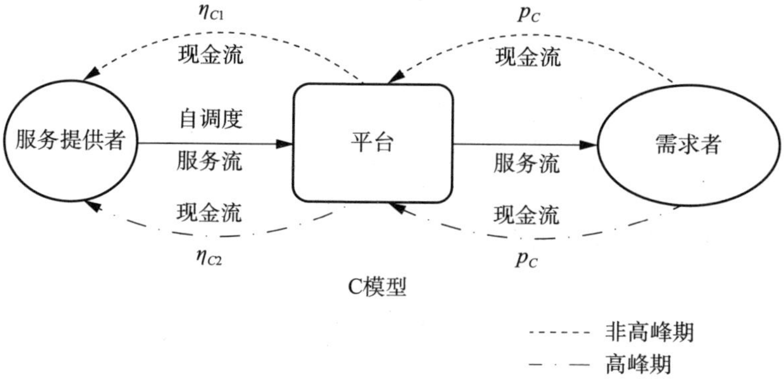

图E-1 C模型的运营示意图

将C模型下的价格表示为p_C，因为平台在C模型下使用单一的定价，所以可以将所有周期的需求者效用表示为$u_C=v-p_C$。因此，实际的总需求为$\boldsymbol{D_C}=n(1-F(p_C))$。对于服务提供者而言，C模型的参数与M模型下的相似但不同点在于平台可以在高峰期采用基于峰期的补贴比例而非一个固定的补贴比例，即在非高峰期使用一个正常的补贴比例$\boldsymbol{\lambda}$而在高峰期采用λ_C的补贴比例。因此，可以将实际的交易量表示为$\boldsymbol{Q_C}=\min\{\boldsymbol{D_C},\ \boldsymbol{k_C}\}$，其

中 $\boldsymbol{k}_C$ 满足：

$$\boldsymbol{k}_C=\begin{cases}K_C G(\lambda p_C)\text{，在非高峰时}\\K_C G(\lambda_C p_C)\text{，在高峰时}\end{cases}$$

平台的目标是选择价格 p_C、基于峰期的补贴比例 $\boldsymbol{\lambda}_C$、补贴 $\boldsymbol{\eta}_C$ 和服务提供者数量 K_C 最大化其期望收益 $\boldsymbol{\pi}_C$：

$$\max_{p_C,\boldsymbol{\eta}_C,K_C,\lambda_C}\boldsymbol{\pi}_C=p_C\min\{D_{C1},k_{C1}\}+p_C\min\{D_{C2},k_{C2}\}-\boldsymbol{k}_C\boldsymbol{\eta}_C \quad \text{(E-1)}$$

$$s.t.\begin{cases}k_{C1}=K_C G(\eta_{C1})\\k_{C2}=K_C G(\eta_{C2})\\\boldsymbol{D}_C=n(1-F(p_C))\\\eta_{C1}=\lambda p_C\\\eta_{C2}=\lambda_C p_C\end{cases}$$

其中，下标“C1”和“C2”分别表示 C 模型下的非高峰期和高峰期，$\boldsymbol{k}_C=\{k_{C1},k_{C2}\}$，$\boldsymbol{\eta}_C=\{\eta_{C1},\eta_{C2}\}$，$\boldsymbol{D}_C=\{D_{C1},D_{C2}\}$。从式(E-1)中可以发现由于价格单一且补贴比例不同，不同时期的供需不可能完全匹配。在这里考虑 $D_{C2}=k_{C2}$，原因是平台经常优先考虑高峰时期的供给和需求配给。因此，考虑 $D_{C1}\geqslant k_{C1}$ 和 $D_{C1}\leqslant k_{C1}$ 的情况。求解两种情况后，可以得到如下命题：

命题 E.1　在 $D_{C1}\leqslant k_{C1}$ 的情况下，平台的最优价格 $p_C^*=\frac{1}{2}$、基于峰期的补贴比例 $\lambda_C^*=\lambda\sqrt{n}$、总的招募数 $K_C^*=\frac{\sqrt{n}}{\lambda}$ 和最优期望利润 $\pi_C^*=\frac{1}{4}(-2\lambda\sqrt{n}+n+1)$。

另外，还分析 $D_{C1}\geqslant k_{C1}$ 的情况，但是发现最优的服务提供者招募数量 $K_C^*<0$，这表明如果平台采用基于峰期的补贴比例策略，服务提供者在非高峰时段将获得较低的收入。原因在于该平台可以通过提供较低的补贴避免非高峰期的供给分配。命题 E.1 表明 C 模型中的最优价格与 U 模型中的最优价格相同，这表示统一的定价方案将导致价格比较稳定。然而，与 U 模型不同的是，C 模型需要更多的潜在服务提供者，因为在高峰期较少的补

贴将使更多的潜在服务提供者不活跃。与 U 模型中的最优期望利润相比，可以得到如下推论：

推论 E. 1　C 模式比 U 模型为平台带来更多利润，即 $\pi_C^* \geqslant \pi_U^*$。

在某种程度上，推论 E. 1 表明 C 模型与 M 模型是等价的，因为 M 和 C 模型比 U 模型好。不同的是，当 $\alpha \in \left(\frac{4}{\gamma^2+4}, 1\right)$ 时 M 模型可能不存在，但 $\alpha \in (0, 1)$ 时 C 模型总是存在。另外还比较 C 模型和 M 模型的最优期望利润，发现 $\pi_M^* > \pi_C^*$ 的情况可能出现在区间 $\alpha \in \left(\frac{\gamma^2+2\gamma+2}{4\gamma} - \frac{1}{4}\sqrt{\frac{\gamma^4+4\gamma^3+8\gamma^2-8\gamma+4}{\gamma^2}}, \frac{4}{\gamma^2+4}\right)$。

附录 F　第 5 章中其他概率分布的鲁棒性检验

在第 5.3 节中，基于需求者感知价值是均匀分布的假设，给出闭环的均衡解。因此，还需要通过数值实验检验得到的结果在正态分布和[a, b]内均匀分布的鲁棒性。目的是确认这些分布下的结果与[0,1]内均匀分布下的结果是一致的。

F.1　需求者价值服从正态分布时的鲁棒性检验

首先认为需求者的估值是服从正态分布的，即 $v \sim N(\mu, \sigma^2)$。然后，通过设置 $\mu=0.5$、$\sigma^2=0.09$、$\lambda=0.5$ 和 $n=1$ 进行数值实验。求解式(5-1)中的平台优化问题后，可以推导出近似最优价格 $p_U^* \approx 0.45$。同样地，可以求解式(5-4)并得到图 F-1 所示的 M 模型均衡策略。下面将展示最优策略的鲁棒性：

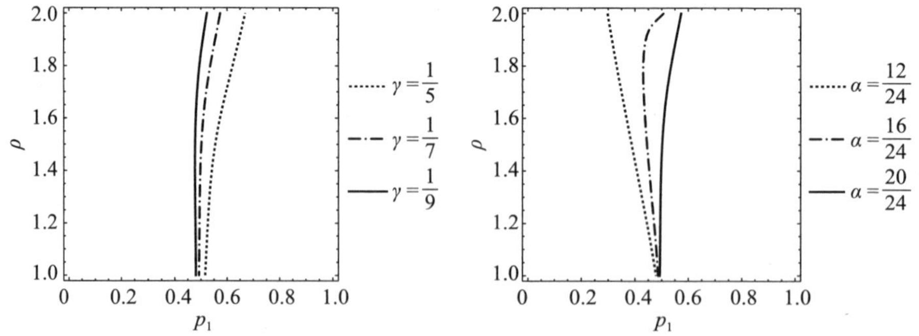

图 F-1　α 和 γ 对 p_1^* 和 ρ^* 之间关系的影响

注 F.1　当需求者的估值为正态分布时，最优价格 p_1^* 分别随着非高峰期的比例 α 或需求者敏感度 γ 的增加而增加，这与命题 5.4 是相一致的。

从图 F-1 中，可以发现当给定不同参数下的 ρ 相同时，随着 γ 或 α 的增加，平台制定的最优价格也会增加。

注 F. 2　当需求者的估值为正态分布时，如果需求者对溢价因子的敏感度较高，则平台采用 M 模型比 U 模型得到的利润更多，否则 U 模型产生更多的利润。这个结果与命题 5. 6 一致。

在图 F-2 中，绘制了 U 和 M 模型下最优期望利润差的等高线热度图，即给出 $\pi_M^*-\pi_U^*$ 的等高线且红线表示 p_1^* 和 ρ^* 之间的关系。从图 F-2 中可以看出，如果 γ 较小，U 模型总是比 M 模型产生更多的利润。如果 γ 较大，则平台可以采用 M 模型，这表明非高峰的比例 $\alpha\in\left(\frac{4}{\gamma^2+4},\ 1\right)$。

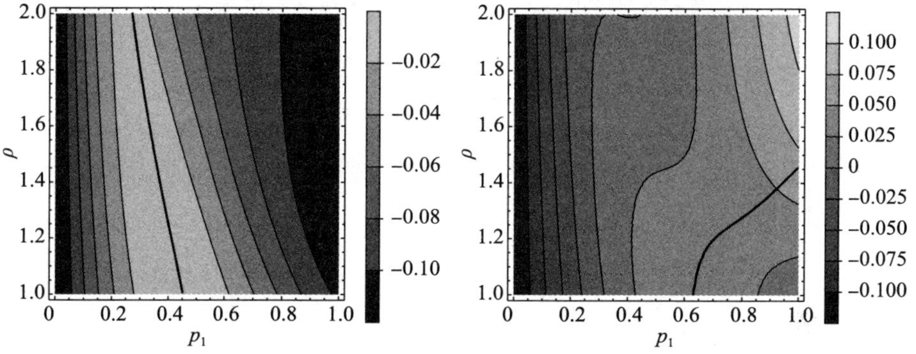

a）较小γ的情况　　b）较大γ的情况

图 F-2　π_M^* 和 π_U^* 的对比

F. 2　需求者价值服从 [a, b] 内均匀分布时的鲁棒性检验

当需求者价值服从 $[a,b]$，$1>b>a>0$ 内的均匀分布时，可以得到 $F(x)=\dfrac{x-a}{b-a}$和$f(x)=\dfrac{1}{b-a}$。将 $F(x)$ 代入式(5-1)中平台的最优决策问题，求解 π_U 关于 p_U 的一阶导数后可以得到 $p_U^*=\dfrac{b}{2}$和 $\pi_U^*=\dfrac{b^2(\lambda-1)n}{4(a-b)}$。求解式(5-3)中

平台的最优定价问题后，可以得到 $p_1^*=\frac{(\alpha-1)b(\gamma+2)}{\alpha\gamma^2+4\alpha-4}$、$\rho^*=\frac{-\alpha\gamma+2\alpha-2}{(\alpha-1)(\gamma+2)}$ 和 $\pi_M^*=\frac{(\alpha-1)b^2(\lambda-1)n(\alpha\gamma+1)}{(a-b)(\alpha(\gamma^2+4)-4)}$。通过分析比较不同模型下的均衡策略，可以得出如下结论：

注 F.3　当需求者的价值服从$[a,b]$内均匀分布时，M 模型下的最优价格 p_1^* 分别随着 α 或 γ 的增加而增加，即 $\frac{dp_1^*}{d\alpha}=\frac{b\gamma^2(\gamma+2)}{(\alpha(\gamma^2+4)-4)^2}\geqslant 0$ 和 $\frac{dp_1^*}{d\gamma}=-\frac{(\alpha-1)b(\alpha(\gamma(\gamma+4)-4)+4)}{(\alpha(\gamma^2+4)-4)^2}\geqslant 0$，这个结果与命题 5.4 相一致。

通过比较不同模型的最优价格，可以得到当 $\alpha\in\left(0,\ \frac{4}{\gamma^2+4}\right)$ 时，$p_1^*-p_U^*=-\frac{b\gamma(\alpha(\gamma-2)+2)}{2\alpha(\gamma^2+4)-8}\geqslant 0$，当 $\alpha\in\left(\frac{4}{\gamma^2+4},\ 1\right)$ 时，$p_1^*-p_U^*\leqslant 0$，这与推论 5.2 相一致。然后，可以计算出不同模型下的最优期望利润，并得出以下结论：

注 F.4　当 $\alpha\in\left(\frac{4}{\gamma^2+4},\ 1\right)$，平台采用 M 模型比 U 模型得到的利润更多；当 $\alpha\in\left(0,\ \frac{4}{\gamma^2+4}\right)$ 时，平台采用 U 模型可以得到更多的利润，这个结果与命题 5.6 相一致。

上述两种鲁棒性检验表明，对于不同的需求者价值分布形式，得到主要结果将保持不变，因此可以使用[0,1]的均匀分布简化计算。

附录 G　第 6 章的部分证明

G.1　关于命题 6.1 的证明

将 $k_n=G((\alpha+\theta)p_n)$ 代入平台的收益函数 $\pi_n(k_n)$，整理后可以得到：

$$\max_{p_n}\pi_n(k_n)=(1-\alpha)p_n(G((\alpha+\theta)p_n)-\int_0^{G((\alpha+\theta)p_n)}F(x)\mathrm{d}x)-\theta p_n G((\alpha+\theta)p_n)$$

对上式分别求 $\pi_n(k_n)$ 关于 p_n 的一阶和二阶偏导数后有：

$$\frac{\partial\pi_n(k_n)}{\partial p_n}=(1-\alpha)(G((\alpha+\theta)p_n)-\int_0^{G((\alpha+\theta)p_n)}F(x)\mathrm{d}x)+(1-\alpha)(\alpha+\theta)p_n g((\alpha+\theta)p_n)\overline{F}(k_n)-\theta G((\alpha+\theta)p_n)-(\alpha+\theta)\theta p_n g((\alpha+\theta)p_n)$$

$$\frac{\partial^2\pi_n(k_n)}{\partial p_n^2}=2(1-\alpha)(\alpha+\theta)g((\alpha+\theta)p_n)\overline{F}(k_n)-(1-\alpha)p_n((\alpha+\theta)g((\alpha+\theta)p_n))^2 f(k_n)-2(\alpha+\theta)\theta g((\alpha+\theta)p_n)$$

所以，当 $\frac{\partial^2\pi_n(k_n)}{\partial p_n^2}\leqslant 0$ 时系统存在唯一的最优解且最优解满足一阶条件，故有约束：$2\overline{F}(k_n)-p_n(\alpha+\theta)g((\alpha+\theta)p_n)f(k_n)-\frac{2\theta}{1-\alpha}\leqslant 0$。

当 τ_n 和 D_n 满足 $[0,1]$ 区间内的均匀分布时，有 $F(x)=x$ 和 $G(x)=x$，将其分别代入 $A=2\overline{F}(k_n)-p_n(\alpha+\theta)g((\alpha+\theta)p_n)f(k_n)-\frac{2\theta}{1-\alpha}$ 后，可以得到 $A=2(\theta-1)\leqslant 0$，所以存在最优解且最优解满足：

$$\frac{\partial \pi_n(k_n)}{\partial p_n}=\frac{(\alpha+\theta)p_n-\int_0^{(\alpha+\theta)p_n}x\mathrm{d}x}{\alpha+\theta}+p_n(1-(\alpha+\theta)p_n)-\frac{2\theta p_n}{1-\alpha}=0 \tag{G-1}$$

求解式(G-1)后，有最优价格为 $p_n^*=\frac{4(\alpha+\theta-1)}{3(\alpha-1)(\alpha+\theta)}$，将其代入目标函数后可以得到 $\pi_n^*=-\frac{16(\alpha+\theta-1)^3}{27(\alpha-1)^2(\alpha+\theta)}$。

G.2 关于命题 6.2 的证明

对式(6-3)进行整理后，可以得到式(G-2)：

$$\max_{p_w} EU(k_w)=\int_0^{k_w}((1-\alpha)p_wx-s_wk_w)f(x)\mathrm{d}x-\lambda\eta\int_0^{\frac{r+s_wk_w}{(1-\alpha)p_w}}(r-(1-\alpha)p_wx+s_wk_w)f(x)\mathrm{d}x+\int_{k_w}^1((1-\alpha)p_w-s_w)k_wf(x)\mathrm{d}x+\eta\int_{\frac{r+s_wk_w}{(1-\alpha)p_w}}^{k_w}((1-\alpha)p_wx-s_wk_w-r)f(x)\mathrm{d}x+\eta\int_{k_w}^1((1-\alpha)p_wk_w-s_wk_w-r)f(x)\mathrm{d}x \tag{G-2}$$

$$s.t.\begin{cases}r(k_w)=\beta(1-\theta)p_wk_w-(1-\beta)\theta p_wk_w\\ k_w=G((\alpha+\theta)p_w)\end{cases}$$

对式(G-2)分别求 $EU(k_w)$ 关于 p_w 的一阶和二阶偏导数后，可以得到：

$$\frac{\partial EU(k_w)}{\partial p_w}=(\alpha+\theta)p_wg((\alpha+\theta)p_w)((\alpha-1)((\beta-1)\eta-1)+(\alpha-1)(\beta\eta(\lambda-1)F(\beta G((\alpha+\theta)p_w))+(\eta+1)F(G((\alpha+\theta)p_w)))-\theta)+(\alpha-1)(\eta(\lambda\int_0^{\beta G((\alpha+\theta)p_w)}F(x)\mathrm{d}x+\int_{\beta G((\alpha+\theta)p_w)}^{G((\alpha+\theta)p_w)}F(x)\mathrm{d}x)+\int_0^{G((\alpha+\theta)p_w)}F(x)\mathrm{d}x)+((\alpha-1)((\beta-1)\eta-1)-\theta)G((\alpha+\theta)p_w)$$

$$\frac{\partial^2 EU(k_w)}{\partial p_w^2}=(\alpha+\theta)g((\alpha+\theta)p_w)(2(\alpha-1)((\beta-1)\eta-1)+(\alpha-1)((\alpha+\theta)p_wg((\alpha+\theta)p_w)(\beta^2\eta(\lambda-1)f(\beta G((\alpha+\theta)p_w))+(\eta+1)f(G((\alpha+$$

$\theta)p_w))) + 2\beta\eta(\lambda - 1)F(\beta G((\alpha + \theta)p_w)) + 2(\eta + 1)F(G((\alpha + \theta)p_w))) - 2\theta)$

所以，当 $B=(\alpha+\theta)p_w g((\alpha+\theta)p_w)(\beta^2\eta(\lambda-1)f(\beta k_w)+(\eta+1)f(k_w))+2\beta\eta(\lambda-1)F(\beta k_w)+2(\eta+1)F(k_w)\leqslant\frac{2\theta-2(1-\alpha)((1-\beta)\eta+1)}{1-\alpha}$ 时，有 $\frac{\partial^2 EU(k_w)}{\partial p_w^2}\leqslant 0$，因此这种情况下存在唯一最优的 p_w^* 且 p_w^* 满足一阶条件：

$$\frac{k_w}{g((\alpha+\theta)p_w)}+(\alpha+\theta)p_w=A_1+A_2$$

其中，$A_1=\frac{(1-\alpha)(\eta(\lambda\int_0^{\beta k_w}F(x)\mathrm{d}x+\int_{\beta k_w}^{k_w}F(x)\mathrm{d}x)+\int_0^{k_w}F(x)\mathrm{d}x)}{p_w((\alpha-1)((\beta-1)\eta-1)-\theta)g((\alpha+\theta)p_w)}$ 和 $A_2=\frac{(\alpha+\theta)((1-\alpha)((\eta+1)F(k_w)+\beta\eta(\lambda-1)F(\beta k_w)))}{(\alpha-1)((\beta-1)\eta-1)-\theta}$。将 $F(x)=x$ 和 $G(x)=x$ 代入 $\frac{\partial^2 EU(k_w)}{\partial p_w^2}$ 后可以得到：

$$\frac{\partial^2 EU(k_w)}{\partial p_w^2}=-2(\alpha+\theta)((\alpha-1)((\beta-1)\eta-1)-\theta)\leqslant 0$$

因此，最优解满足：

$$\frac{\partial EU(k_w)}{\partial p_w}=\frac{1}{2}(\alpha+\theta)p_w(4(\alpha-1)((\beta-1)\eta-1)-4\theta+3(\alpha-1)(\alpha+\theta)p_w(\beta^2\eta(\lambda-1)+\eta+1))=0$$

求解上式后很容易得到：$p_w^*=\frac{4(-(\alpha-1)(\beta-1)\eta+\alpha+\theta-1)}{3(\alpha-1)(\alpha+\theta)(\beta^2\eta(\lambda-1)+\eta+1)}$，将其代入 $\int_0^{k_w}((1-\alpha)p_w x-s_w k_w)f(x)\mathrm{d}x+\int_{k_w}^1((1-\alpha)p_w-s_w)k_w f(x)\mathrm{d}x$ 中可以得到：

$$\pi_w^*=-\frac{16(\theta-(\alpha-1)((\beta-1)\eta-1))^2(\alpha\beta\eta(3\beta(\lambda-1)+2)+\alpha\eta+\alpha+\beta\eta(3\beta(\theta-1)(\lambda-1)-2)+3\eta\theta-\eta+\theta-1)}{27(\alpha-1)^2(\alpha+\theta)(\beta^2\eta(\lambda-1)+\eta+1)^3}$$。

G.3 关于命题 6.5 的证明

将两种情境下平台的最优定价进行比较后，可以得到：

$$p_w^* - p_n^* = -\frac{4\eta(\beta^2(\lambda-1)(\alpha+\theta-1)+(\alpha-1)\beta+\theta)}{3(\alpha-1)(\alpha+\theta)(\beta^2\eta(\lambda-1)+\eta+1)}$$

很容易发现：当 $0<\theta\leqslant\frac{\beta^2\lambda-\beta^2+\beta}{\beta^2\lambda-\beta^2+1}$&$\frac{-\beta^2\theta\lambda+\beta^2\theta+\beta^2\lambda-\beta^2+\beta-\theta}{\beta^2\lambda-\beta^2+\beta}<\alpha<1-\theta$ 或者 $\frac{\beta^2\lambda-\beta^2+\beta}{\beta^2\lambda-\beta^2+1}<\theta<1$ 时，有 $p_w^* \geqslant p_n^*$。当 $0<\theta<\frac{\beta^2\lambda-\beta^2+\beta}{\beta^2\lambda-\beta^2+1}$&$0<\alpha<\frac{-\beta^2\theta\lambda+\beta^2\theta+\beta^2\lambda-\beta^2+\beta-\theta}{\beta^2\lambda-\beta^2+\beta}$时，有 $p_w^* \leqslant p_n^*$。分别求 $p_w^*-p_n^*$ 关于 θ 和 α 的一阶导数后，可以得到 $\frac{\mathrm{d}(p_w^*-p_n^*)}{\mathrm{d}\theta}=\frac{4\eta((\beta-1)(\alpha+\beta)-\beta^2\lambda)}{3(\alpha-1)(\alpha+\theta)^2(\beta^2\eta(\lambda-1)+\eta+1)}$ 和 $\frac{\mathrm{d}(p_w^*-p_n^*)}{\mathrm{d}\alpha}=\frac{4\eta(\beta^2(\lambda-1)(\alpha^2+2\alpha(\theta-1)+(\theta-1)\theta+1)+(\alpha-1)^2\beta+\theta(2\alpha+\theta-1))}{3(\alpha-1)^2(\alpha+\theta)^2(\beta^2\eta(\lambda-1)+\eta+1)}$。

因此，有 $\frac{\mathrm{d}(p_w^*-p_n^*)}{\mathrm{d}\theta}\geqslant 0$；当 $0<\alpha<\frac{1-\theta}{2}$&$0\leqslant\beta<\frac{-2\alpha\theta-\theta^2+\theta}{\alpha^2-2\alpha+1}$&$1\leqslant\lambda<\frac{\alpha^2\beta^2-\alpha^2\beta+2\alpha\beta^2\theta-2\alpha\beta^2+2\alpha\beta-2\alpha\theta+\beta^2\theta^2-\beta^2\theta+\beta^2-\beta-\theta^2+\theta}{\alpha^2\beta^2+2\alpha\beta^2\theta-2\alpha\beta^2+\beta^2\theta^2-\beta^2\theta+\beta^2}$，有$\frac{\mathrm{d}(p_w^*-p_n^*)}{\mathrm{d}\alpha}\geqslant 0$。

G.4 关于命题 6.6 的证明

将两种情况下平台的最优利润进行比较后可以得到：

$$\pi_n^*-\pi_w^*=\frac{16\left((\alpha+\theta-1)^3-\frac{((1-\alpha)((\beta-1)\eta-1)+\theta)^2(\alpha\beta\eta(3\beta(\lambda-1)+2)+\alpha\eta+\alpha+\beta\eta(3\beta(\theta-1)(\lambda-1)-2)+3\eta\theta-\eta+\theta-1)}{(\beta^2\eta(\lambda-1)+\eta+1)^3}\right)}{27(\alpha-1)^2(\alpha+\theta)}$$

由于 $\alpha+\theta\in(0,1)$，$\theta\in(0,\alpha)$，$\beta\in[0,1]$，$\eta\geqslant 1$，$\lambda\geqslant 1$，所以很容易得到：$\pi_n^*-\pi_w^*\geqslant 0$。

G.5 关于命题6.7的证明

命题6.7的证明与命题6.1的证明相似，当价格给定时，无参考依赖偏好下平台的目标函数为：

$$\max_{N_n}\pi'_n(k'_n)=R(k'_n)-\theta pk'_n \tag{G-3}$$

当$F(x)=x$和$G(x)=x$时，分别求式(G-3)关于N_n的一阶和二阶偏导数后可以得到：

$$\frac{\partial\pi'_n(k'_n)}{\partial N_n}=p^2(\alpha+\theta)((\alpha-1)(np(\alpha+\theta)-1)-\theta)$$

$$\frac{\partial^2\pi'_n(k'_n)}{\partial N_n^2}=-\frac{p(\alpha+\theta-1)^2}{2(\alpha-1)}$$

所以有：$N_n^*=\dfrac{\alpha+\theta-1}{(\alpha-1)p(\alpha+\theta)}$和$\pi_n'^*=\dfrac{1}{2}p(1-\alpha)^2$。

具有参考依赖偏好下平台的目标函数为：

$$\max_{N_w}EU'(k'_w)=\pi'_w(k'_w)+v'(x)$$

同样的方法可以得到：

$$\frac{\partial^2EU'(k'_w)}{\partial N_w^2}=(\alpha-1)p^3(\alpha+\theta)^2(\beta^2\eta(\lambda-1)+\eta+1)\leqslant 0$$

所以存在最优值且最优值满足一阶条件：

$$\frac{\partial EU'(k'_w)}{\partial N_w}=p^2(\alpha+\theta)(\alpha^2np(\beta^2\eta(\lambda-1)+\eta+1)+\alpha((\beta-1)\eta+(\theta-1)np$$
$$(\beta^2\eta(\lambda-1)+\eta+1)-1)-\eta(\beta+\beta^2\theta(\lambda-1)np+\theta np-1)-\theta(np+1)+1)=0$$

对上式求解后可得到：$N_w^*=\dfrac{-(\alpha-1)(\beta-1)\eta+\alpha+\theta-1}{(\alpha-1)p(\alpha+\theta)(\beta^2\eta(\lambda-1)+\eta+1)}$和$\pi_w'^*$

$$=\frac{p((\alpha-1)((\beta-1)\eta-1)-\theta)(\alpha\eta(2\beta^2(\lambda-1)+\beta+1)+\alpha+\eta(\beta(2\beta(\theta-1)(\lambda-1)-1)+2\theta)-\eta+\theta-1)}{2(\alpha-1)(\beta^2\eta(\lambda-1)+\eta+1)^2}$$。

G.6 关于命题 6.8 的证明

如果平台使用基于溢价因子的定价方式，在无参考依赖偏好的情况下，平台的目标函数为：

$$\max_{\rho_n, p_n'} \pi_n''(k_n'') = R\left(\frac{k_n''}{\gamma}\right) + R\left(\frac{k_n''}{1-\gamma}\right) - \theta p_n' k_n'' - \theta \rho_n\, p_n' k_n''$$

为了证明目标函数存在最优的 p_n' 和 ρ_n，需要证明 $\pi_n''(k_n'')$ 是凹的，即 Hessian 矩阵 π_n'' 为半负定：

$$H(\pi_n'') = \begin{pmatrix} \dfrac{\partial^2 \pi_n''}{\partial p_n'^2} & \dfrac{\partial^2 \pi_n''}{\partial p_n' \partial \rho_n} \\ \dfrac{\partial^2 \pi_n''}{\partial p_n' \partial \rho_n} & \dfrac{\partial^2 \pi_n''}{\partial \rho_n^2} \end{pmatrix}$$

令 $|H_1^1| = \dfrac{\partial^2 \pi_n''}{\partial p_n'^2}$、$|H_2^1| = \dfrac{\partial^2 \pi_n''}{\partial \rho_n^2}$ 和 $|H_{12}^2| = \begin{vmatrix} \dfrac{\partial^2 \pi_n''}{\partial p_n'^2} & \dfrac{\partial^2 \pi_n''}{\partial p_n'^2 \rho_n} \\ \dfrac{\partial^2 \pi_n''}{\partial p_n' \partial \rho_n} & \dfrac{\partial^2 \pi_n''}{\partial \rho_n^2} \end{vmatrix}$。

当 τ_n 和 D_n 都服从[0,1] 区间内的均匀分布时，有：

$$\frac{\partial \pi_n''}{\partial p_n'} = \frac{1}{2} p_n'(\alpha+\theta)\left(\frac{4\rho_n^2(\alpha-\gamma\theta+\theta-1)}{\gamma-1} - \frac{4(\alpha+\gamma\theta-1)}{\gamma} + \frac{3(\alpha-1)p_n'(\alpha+\theta)(\gamma(\gamma\rho_n^3+\gamma-2)+1)}{(\gamma-1)^2\gamma^2}\right)$$

$$\frac{\partial^2 \pi_n''}{\partial p_n'^2} = (\alpha+\theta)\left(\frac{2\rho_n^2(\alpha-\gamma\theta+\theta-1)}{\gamma-1} + \frac{3(\alpha-1)p_n'(\alpha+\theta) - 2\gamma(\alpha+\gamma\theta-1)}{\gamma^2} + \frac{3(\alpha-1)p_n'\rho_n^3(\alpha+\theta)}{(\gamma-1)^2}\right)$$

$$\frac{\partial \pi_n''}{\partial \rho_n} = \frac{p^2\rho_n(\alpha+\theta)(4(\gamma-1)(\alpha-\gamma\theta+\theta-1)+3(\alpha-1)p_n'\rho_n(\alpha+\theta))}{2(\gamma-1)^2}$$

$$\frac{\partial^2 \pi_n''}{\partial \rho_n^2} = \frac{p_n'^2(\alpha+\theta)(2(\gamma-1)(\alpha-\gamma\theta+\theta-1)+3(\alpha-1)p_n'\rho_n(\alpha+\theta))}{(\gamma-1)^2}$$

$$\frac{\partial^2 \pi_n''}{\partial p_n' \partial \rho_n} = \frac{\partial^2 \pi_n''}{\partial p_n' \partial \rho_n} = \frac{p_n'\rho_n(\alpha+\theta)(8(\gamma-1)(\alpha-\gamma\theta+\theta-1)+9(\alpha-1)p_n'\rho_n(\alpha+\theta))}{2(\gamma-1)^2}$$

为了更方便计算，首先假定最优值存在，其次将最优值代入海塞矩阵进行验证。根据一阶条件，可以得到：$p_n'^* = \frac{4(\alpha\gamma+\gamma^2\theta-\gamma)}{3(\alpha-1)(\alpha+\theta)}$和$\rho_n^* = \frac{(\gamma-1)(-\alpha+\gamma\theta-\theta+1)}{\gamma(\alpha+\gamma\theta-1)}$。将其代入$|H_1^1|$，$|H_2^1|$和$|H_{12}^2|$后，有：

$$\frac{\partial^2 \pi_n''}{\partial p_n'^2} = \frac{2(\alpha+\theta)((\gamma-1)(-\alpha+(\gamma-1)\theta+1)^3+\gamma(\alpha+\gamma\theta-1)^3)}{\gamma^2(\alpha+\gamma\theta-1)^2}$$

$$\frac{\partial^2 \pi_n''}{\partial \rho_n^2} = -\frac{32\gamma^2(\alpha-\gamma\theta+\theta-1)(\alpha+\gamma\theta-1)^2}{9(\alpha-1)^2(\gamma-1)(\alpha+\theta)}$$

$$|H_{12}^2| = \frac{\partial^2 \pi_n'' \partial^2 \pi_n''}{\partial p_n'^2 \ \partial \rho_n^2} - \left(\frac{\partial^2 \pi_n''}{\partial p_n' \partial \rho_n} \frac{\partial^2 \pi_n''}{\partial \rho_n \partial p_n'}\right) = -\frac{64\gamma(\alpha-\gamma\theta+\theta-1)(\alpha+\gamma\theta-1)^3}{9(\alpha-1)^2(\gamma-1)} \geqslant 0$$

很容易得到$|H_1^1| \leqslant 0$和$|H_2^1| \leqslant 0$，故最优值存在。

下面分析具有参考依赖偏好时平台的最优值问题。在具有参考依赖偏好的情况下，平台的目标函数为：

$$\max_{\rho_w, p_w'} EU''(k_w'') = \pi_w''(k_w'') + v''(x) \tag{G-4}$$

采用同样的方法，根据式(G-4)的一阶条件可以得到最优的定价和溢价因子需要满足以下关系式：

$$\begin{cases} p_w'^* = \dfrac{4(\gamma-1)\gamma(\gamma\rho_w^{*2}((\alpha-1)(\beta-1)(\gamma-1)\eta+\alpha-\gamma\theta+\theta-1) \\ +(\gamma-1)(\alpha((\beta-1)\gamma\eta-1)-\gamma((\beta-1)\eta+\theta))+\gamma-1)}{3(\alpha+\theta)(\gamma^2\rho_w^{*3}((2\alpha-1)\beta^2(\gamma-1)\eta\lambda-(\alpha-1)(\beta^2-1)(\gamma-1)\eta-\alpha+1) \\ +(1-\alpha)(\gamma-1)^2(\gamma\eta(\beta^2(\lambda-1)+1)+1))} \\ \rho_w^* = \dfrac{4(\gamma-1)((\alpha-1)(\beta-1)(\gamma-1)\eta+\alpha-\gamma\theta+\theta-1)}{3p_w'^*(\alpha+\theta)((2\alpha-1)\beta^2(\gamma-1)\eta\lambda-(\alpha-1)(\beta^2-1)(\gamma-1)\eta-\alpha+1)} \end{cases}$$

由于最优解的复杂性，这里仅考虑$\lambda=2$时的情况。给定$\lambda=2$，可以得到：

$$p_w'^* = \frac{4\gamma(-(\alpha-1)(\beta-1)\gamma\eta+\alpha+\gamma\theta-1)}{3(\alpha-1)(\alpha+\theta)((\beta^2+1)\gamma\eta+1)} \text{和} \rho_w^* = -\frac{(\alpha-1)(\gamma-1)((\beta^2+1)\gamma\eta+1)((\alpha-1)(\beta-1)(\gamma-1)\eta+\alpha-\gamma\theta+\theta-1)}{\gamma((\gamma-1)\eta((3\alpha-1)\beta^2+\alpha-1)-\alpha+1)((\alpha-1)((\beta-1)\gamma\eta-1)-\gamma\theta)}。$$

将其代入海塞矩阵后发现当$|H_1^1| \leqslant 0$、$|H_2^1| \leqslant 0$和$|H_{12}^2| \geqslant 0$时最优解存在。

根据海塞矩阵可以得到相应的约束，由于约束较为复杂，仅在分析时考虑而在这里对其省略。

G.7 关于命题 6.9 的证明

当平台决策者的参考点变为 $\hat{r}(\widehat{k_w})=\beta(\widehat{p_w}\widehat{k_w}-\widehat{s_w}\widehat{k_w})$ 时，其目标函数变为：

$$\max_{\widehat{p_w}} E\,\widehat{U}(\widehat{k_w})=\widehat{\pi}_w(\widehat{k_w})+\hat{v}(\widehat{k_w})$$

$$s.t.\begin{cases} r(\widehat{k_w})=\beta(\widehat{p_w}\widehat{k_w}-\widehat{s_w}\widehat{k_w}) \\ \widehat{k_w}=G((\alpha+\theta)\widehat{p_w}) \end{cases}$$

分别求解 $E\widehat{U}(\widehat{k_w})$ 关于 $\widehat{p_w}$ 的一阶和二阶偏导数后可以得到：

$$\frac{\partial E\widehat{U}(\widehat{k_w})}{\partial \widehat{p_w}}=\frac{\begin{aligned}&\widehat{p_w}(\alpha+\theta)(4\theta+3\alpha^3\widehat{p_w}(\beta^2\eta(\lambda-1)+\eta+1)+\alpha^2(4(\beta-1)\eta\\&+3\widehat{p_w}(\eta(\beta(\lambda-1)(\beta(3\theta-2)-2\theta)+\theta-2)+\theta-2)-4)+\alpha(4(\theta-2)\\&((\beta-1)\eta-1)+3\widehat{p_w}(\eta(\lambda-1)(\beta(\theta-1)-\theta)(\beta(3\theta-1)-\theta)\\&-2\eta\theta+\eta-2\theta+1))+\eta(3\beta^2(\theta-1)^2\theta(\lambda-1)\widehat{p_w}-2\beta(\theta-1)\\&(3\theta^2(\lambda-1)\widehat{p_w}+2)+3\theta^3(\lambda-1)\widehat{p_w}+\theta(3\widehat{p_w}+4)-4)+3\theta\widehat{p_w}-4)\end{aligned}}{2(\alpha-1)}$$

$$\frac{\partial^2 E\widehat{U}(\widehat{k_w})}{\partial \widehat{p_w}^2}=\frac{\begin{aligned}&(\alpha+\theta)(2\theta+3\alpha^3\widehat{p_w}(\beta^2\eta(\lambda-1)+\eta+1)+\alpha^2(2(\beta-1)\eta\\&+3\widehat{p_w}(\eta(\beta(\lambda-1)(\beta(3\theta-2)-2\theta)+\theta-2)+\theta-2)-2)+\alpha(2(\theta-2)\\&((\beta-1)\eta-1)+3\widehat{p_w}(\eta(\lambda-1)(\beta(\theta-1)-\theta)(\beta(3\theta-1)-\theta)\\&-2\eta\theta+\eta-2\theta+1))+\eta(3\beta^2(\theta-1)^2\theta(\lambda-1)\widehat{p_w}-2\beta(\theta-1)\\&(3\theta^2(\lambda-1)\widehat{p_w}+1)+3\theta^3(\lambda-1)\widehat{p_w}+\theta(3\widehat{p_w}+2)-2)+3\theta\widehat{p_w}-2)\end{aligned}}{\alpha-1}$$

根据一阶条件将其代入 $\dfrac{\partial^2 E\widehat{U}(\widehat{k_w})}{\partial \widehat{p_w}^2}$ 后可以得到：$-2(\alpha+\theta-1)(\alpha+\theta)((\beta-1)\eta-1)\leqslant 0$，所以最优值存在。

根据第 6.2 节的描述可以得到：

$$\widehat{p_w}^*-p_w^*=\frac{4\left(\dfrac{(\alpha-1)^2(\alpha+\theta-1)((\beta-1)\eta-1)}{\alpha^2(\beta^2\eta(\lambda-1)+\eta+1)+2\alpha(\eta(\beta(\lambda-1)(\beta(\theta-1)-\theta)-1)-1)+\eta(\lambda-1)(-\beta\theta+\beta+\theta)^2+\eta+1}-\dfrac{-(\alpha-1)(\beta-1)\eta+\alpha+\theta-1}{\beta^2\eta(\lambda-1)+\eta+1}\right)}{3(\alpha-1)(\alpha+\theta)}$$

$$\leqslant 0$$

$$\widehat{p_w}^*-p_n^*=\frac{4(\alpha+\theta-1)\left(\dfrac{(\alpha-1)^2((\beta-1)\eta-1)}{\alpha^2(\beta^2\eta(\lambda-1)+\eta+1)+2\alpha(\eta(\beta(\lambda-1)(\beta(\theta-1)-\theta)-1)-1)+\eta(\lambda-1)(-\beta\theta+\beta+\theta)^2+\eta+1}-1\right)}{3(\alpha-1)(\alpha+\theta)}$$

$$\leqslant 0,$$

$$\widehat{\pi_w}^*-\pi_n^*=-\frac{\begin{array}{c}16(\alpha-1)^2(\alpha+\theta-1)^3((\beta-1)\eta-1)^2(\alpha^2(\beta\eta(3\beta(\lambda-1)+2)+\eta+1)\\+6\alpha\beta\eta\lambda(\beta(\theta-1)-\theta)-2\alpha((\beta-1)\eta(3\beta(\theta-1)-1)+1)\\+\eta(3\beta^2(\theta-1)^2(\lambda-1)+\beta(6\theta(-\theta\lambda+\theta+\lambda-1)+2)+3\theta^2(\lambda-1)+1)+1)\end{array}}{\begin{array}{c}27(\alpha+\theta)(\alpha^2(\beta^2\eta(\lambda-1)+\eta+1)+2\alpha(\beta\eta\lambda(\beta(\theta-1)-\theta)\\-(\beta-1)\eta(\beta(\theta-1)-1)-1)+\eta(\lambda-1)(-\beta\theta+\beta+\theta)^2+\eta+1)^3\end{array}}$$

$$+\frac{16(\alpha+\theta-1)^3}{27(\alpha-1)^2(\alpha+\theta)}\leqslant 0,$$

$$\widehat{\pi_w}^*-\pi_w^*=\frac{\begin{array}{c}16(\theta-(\alpha-1)((\beta-1)\eta-1))^2(\alpha\beta\eta(3\beta(\lambda-1)+2)+\alpha\eta+\alpha\\+\beta\eta(3\beta(\theta-1)(\lambda-1)-2)+3\eta\theta-\eta+\theta-1)\end{array}}{27(\alpha-1)^2(\alpha+\theta)(\beta^2\eta(\lambda-1)+\eta+1)^3}$$

$$-\frac{\begin{array}{c}16(\alpha-1)^2(\alpha+\theta-1)^3((\beta-1)\eta-1)^2(\alpha^2(\beta\eta(3\beta(\lambda-1)+2)\\+\eta+1)+6\alpha\beta\eta\lambda(\beta(\theta-1)-\theta)-2\alpha((\beta-1)\\\eta(3\beta(\theta-1)-1)+1)+\eta(3\beta^2(\theta-1)^2(\lambda-1)\\+\beta(6\theta(-\theta\lambda+\theta+\lambda-1)+2)+3\theta^2(\lambda-1)+1)+1)\end{array}}{\begin{array}{c}27(\alpha+\theta)(\alpha^2(\beta^2\eta(\lambda-1)+\eta+1)+2\alpha(\beta\eta\lambda(\beta(\theta-1)-\theta)\\-(\beta-1)\eta(\beta(\theta-1)-1)-1)+\eta(\lambda-1)(-\beta\theta+\beta+\theta)^2+\eta+1)^3\end{array}}$$